人物からたどる近代日中関係史

池田維・嵯峨隆・小山三郎・栗田尚弥——編著

国書刊行会

序――「興亜」と「脱亜」のはざまで

池田　維

二〇一八年（平成三〇）、一般財団法人霞山会は創立七〇周年を迎えた。霞山会は、終戦の翌年に自主解散した「東亜同文会」の基本財産を引き継ぐ形で、一九四八年（昭和二三）「財団法人霞山倶楽部」として発足した（一九五八年［昭和三三］霞山会と改称）。東亜同文会が結成されたのは一八九八年（明治三一）であり、二〇一八年は東亜同文会結成一二〇年にもあたる。

霞山会の名は、東亜同文会の創設者近衛篤麿の雅号「霞山」に由来する。ちなみに、かつて東亜同文会本部が置かれていた霞山会館は、現在も霞が関コモンゲートの三七階にその名を留めている。では、近衛篤麿とはいかなる人物であり、東亜同文会とはいかなる団体だったのであろうか。

周知の如く欧米列強による西力東漸の「外圧」のなかで成立した明治日本にとって、国家の独立を維持し、列強に対峙しうる国家にまで育てあげることは焦眉の課題であった。この課題を克服するために政府は、欧米列強の「文明」に学ぶことにより「富国強兵」を図ろうとした。しかし、当時の日本の実力では、一国をもって列強に対抗することは到底不可能と考えられた。ここに、欧米列強に対抗するために、やはり「外圧」に直面していたアジアの諸民族・諸国民、特に中国・朝鮮を日本同様「文明」化することによって回復・復興させ、ともに列強に対抗していこうとする思想、いわゆる「興亜」思想（「興亜」論）が登場することになる。

魯迅研究の泰斗竹内好によれば、明治初年には「興亜」はあらゆる場面に顔を出したという。しかし、確実に「文明」化していく自国への自信と、遅々として「文明」化しない中国や朝鮮へのいらだちから、「興亜」の声は次第に小さなものとなっていった。かわって登場してくるのが、「脱亜」の主張である。例えば、福沢諭吉は一八八五年（明治一八）三月、自身が創刊した『時事新報』に論文「脱亜論」を発表（無署名）して、中国、朝鮮を「亜細亜東方の悪友」と規定し、日本には「支那〔中国〕、朝鮮と一緒になってアジアを興すゆとりなどない」と述べ、「悪友」と「謝絶」すべし、と主張した。福沢が「脱亜論」を書いた直接のきっかけは、彼自身も支援した金玉均ら朝鮮独立党の反閔氏政権クーデタ（甲申事変、一八八四年〔明治一七〕一二月）が清国の介入で無残にも失敗したことにあるが、意識の根底には、なかなか「文明」化しようとしない中国（清国）や朝鮮に対する福沢のいらだちがあったと思われる。実は福沢は、一八八一年（明治一四）に刊行した『時事小言』のなかでは、中国、朝鮮を「保護」し、「之を誘導し、速に我例に倣いて、近時の文明に入らしめ」ることを説いているのである。

福沢のこの「興亜」から「脱亜」への方向転換は、明治一〇年代後半以降の日本の対アジア観（対中国・朝鮮観）の変化を端的に物語っている。そして一八九四年（明治二七）から九五年にかけて戦われた日清戦争の勝利は、日本の「興亜」から「脱亜」への方向転換を確定的なものにした。日清戦争後、欧米列強間の中国分割競争（「支那分割」）は激化するが、日本も列強の後塵を拝して中国分割に参加するようになり、これと並行するように日本国民も中国や中国人に対する蔑視感情を強めていった。

このような傾向に懸念を抱いたのが、「文明」を学ぶために欧米に派遣されたかつての留学生たちであった。彼らは「富国強兵」の尖兵であったが、同時に欧米の有色人種に対する人種主義《レイシズム》を体験していた。例えば、『茶の本』などを執筆し、日本の芸術を欧米に紹介したことで知られる岡倉天心は、「ヨーロッパの栄光はアジアの屈辱である」（『東洋の目覚め』一九〇二年、英文）と語り、『東洋の理想』（一九〇三年、英文）のなかでは、冒頭で「アジアはひとつである」と述べ、アジアと日本の一体感を論じた。

また、時代は日露戦後までくだるが、文豪夏目漱石は、日本が日露戦争に勝利したことを率直に喜び安堵する。しかしその直後に書かれた小説『三四郎』のなかで、「広田先生」に「(日本は)滅びるね」と言わしめ、日本の将来を予言した。

五摂家筆頭近衛家の当主であり、貴族院議長の要職にあった公爵近衛篤麿も、「興亜」から「脱亜」への方向転換と中国や朝鮮、アジアに対する世論の驕慢化を憂うる一人であった。近衛は、一八八五年から九〇年にかけてオーストリア、ドイツに留学し、ライプチヒ大学より学位を授与されていた。近衛は、ヨーロッパの文明や社会、政治や経済に対しては終生変わらぬ敬意を抱いていたが、その一方で白色人種の有色人種に対する人種主義を身をもって体験していた。近衛が留学した当時のドイツは黄禍論の中心地でもあった。

一八九八年(明治三一)一月、近衛は雑誌『太陽』に「同人種同盟、附支那問題研究の必要」を発表した。この論文のなかで近衛は、「東洋の前途」が「黄白両人種の競争」になると予測、列強の「支那分割」の動きに警鐘をならし、日本と中国の「同人種同盟」を説いた。さらに、「支那分割」に参加しようとする日本の動きと国内世論の「驕慢」化を批判した。

近衛によれば、日本の「驕慢」化の原因は、維新以後ヨーロッパに学び、ヨーロッパを知っている日本人が多いのに比し、中国を知っている日本人が少ないことに最大の原因があった。「同人種同盟、附支那問題研究の必要」の発表から五カ月後(九八年六月)、近衛は中国問題を研究するための団体、同文会を組織する。同年一一月、同文会はやはり中国問題を研究するために設立された団体である東亜会と合併して東亜同文会となった。東亜同文会は、「支那を保全す」「支那の改善を助成す」「支那の時事を討究し実行を期す」「国論を喚起す」を四大目的(理念)として掲げた。東亜同文会の会長には近衛が就任し、幹事長には、新聞『日本』の主筆兼社長であった陸実（羯南）が就任した。陸もまた「西欧文明の善美」を「尊敬」していたが、日清戦争後の列強の動きを批判し、日本の「国民精神」の発揚を主張した。政治学者丸山眞男は、陸を「健全なナショナリスト」と評している。

東亜同文会の活動は、時事討究会などを通しての中国・アジアについての知識や情報の交換、『東亜時論』など機関誌や出版物を通しての中国・アジア関係情報の普及や国論の喚起、東亜同文書院等の学校経営など文化・教育事業に重点が置かれた。このうち特に重視されたのが教育事業であり、なかでも東亜同文書院の経営は、東亜同文会の教育事業の中心となった。東亜同文書院は、一九〇〇年（明治三三）五月、中国側の協力も得て、まず南京同文書院として南京に設立されたが、翌年上海に移転、改めて東亜同文書院となった。東亜同文書院は、東亜同文会の掲げた理念のもとに、日中の将来を担う人材を養成することを目的とし、太平洋戦争が終結する一九四五年（昭和二〇）まで四〇年以上にわたって四〇〇〇名以上の優秀な人材を世に送り出した。

東亜同文会には様々な人物が集った。近衛や陸、上海の東亜同文書院の初代・第三代院長に就任した根津一はもちろん、のちに右翼団体黒龍会を組織する内田良平や五・一五事件で軍部の凶弾に倒れる犬養毅も会員であった。明治を代表する思想家中江兆民の代表作『三酔人経綸問答』は、対外侵出論を説く「豪傑君」、平和主義者の「洋学紳士」、聞き手の「南海先生」が酒を酌み交わしながら日本の政治や外交について議論するという形をとっているが、東亜同文会はまさにそのような団体であった。ここに集った人々の思想は、内田や犬養を見ればわかるように様々であったが、中国やアジアとの関係が日本にとって重要であり、日本は中国やアジアと真摯に向き合う必要があると考える点は皆同じであった。東亜同文会はこれらの人々が一カ所に集い議論する場であった。ちなみに、中江兆民は、「重大なる国策を行はしむるに足るものは、近衛公を措いて外に其の人なし」と近衛を高く評価し、のちに近衛が組織した国民同盟会に加わり、重病に冒された身を押して同盟会主催の演説会の弁士を何度もつとめている。

やがて時代は大正、昭和となり、日中関係が複雑さを増すなか、東亜同文会を取り巻く環境も次第に厳しいものとなっていった。特に、昭和期は「軍部暴走による日本の中国大陸侵略が行われた、日中関係史にとって最大の汚点を残した不幸な時期であり」、東亜同文会が「わが国の誤れる対中政策との相克に苦しみつつ、時流に流され、時に国策への協力を余儀なくされた不本意な時代」（小崎昌業「あとがき」霞山会『東亜同文会史論考』）であった。東亜同文書院も同様であり、日中の架け橋たらんとした東亜同文書院の学生たちは、中国語通訳としての従軍を余儀なくされた。しかし、この時期にあっても、東亜同文会や同文書院は「興亜」の理念を捨てたわけではなかった。たとえば、大正期には、中国人学生のための中華学生部が東亜同文書院内につくられ、一九四五年一月まで続いた東亜同文会の機関誌『支那』は、国の対中政策に批判的な人々の論説も掲載した。

その理念は、霞山会に引き継がれることになる。霞山会は、日本とアジア諸国・地域、特に中国との文化交流を通じてアジアの諸国民・地域民との相互理解と友好の促進を図り、アジアひいては世界の平和と安定に貢献することを目的として設立された。その事業は、研究者・留学生の派遣と受け入れ、学術研究交流、教育・学術関係訪日団の招請、研究会・講演会・シンポジウムの開催、中国・アジア関係の専門誌・専門書・辞典の刊行、東亜学院（中国語・日本語学校）の運営など多岐にわたっている。

繰り返しになるが霞山会は、二〇一八年に創立七〇周年を迎えた。この間、日中の間にも様々な事態が生じたが、たとえば尖閣諸島国有化問題をきっかけとし、日中関係が国交正常化以後最悪と言われる時期においても霞山会の中国との文化交流は途絶えることはなかった。また台湾との交流も並行して続けている。東亜同文会以来の「興亜」の理念は、霞山会の歴史のなかに基本的に現在も脈々と続いていると言っても間違いではないだろう。

少し意外なエピソードを紹介したい。ノーベル文学賞を受賞したカズオ・イシグロと東亜同文会をつなぐ縁である。イシグロは五歳の時に父母とともにイギリスへ移住しているが、その祖父・石黒昌明はかつて長崎県から選ばれて上海に渡り東亜同文書院で学んだ学生（第五期生）であった。石黒昌明が学生時代に仲間数人とともに中国東北部の「熱河」と呼ばれていた地域を旅行し、卒業論文として学校に提出した旅行記が製本されて残っている。私はこの旅行記を読んで、イシグロの存在が急に身近なものに感じられるようになった。イシグロの小説の手法は、おぼろげな記憶をたどりながら自身がどういう人間であったかというアイデンティティを確かめる作業を行う点が特徴的である。もしかするとイシグロは、東亜同文書院に入学して上海に暮らし、中国奥地を調査した祖父の記録に対しても特別な関心を持つかもしれない。

どこの国の歴史の過程も同様ではあろうが、日本も近代化にあたっての選択肢、すなわち運命の分岐点はいくつかあったように思われる。日本が実際に辿ってきた歴史をこんにち振り返ってみて、間違いだったと糺すことはたやすい。しかしすべての局面で、的確な正しい選択を下すということは決して容易なことでもなかったのである。

本書『人物からたどる近代日中関係史』は、昨年出版された『近代中国人名辞典 修訂版』に続き、霞山会創立七〇周年記念事業の一環として出版されるものであり、二〇一六年から一八年にかけて、やはり七〇周年記念事業の一環として実施されたシンポジウムの報告がもとになっている（シンポジウムの詳細については、本書の「あとがき」を参照されたい）。本書で扱った人物は皆、日本と中国、あるいは台湾との間にあって、その関係のあるべき姿を真摯に追い求めた人々である。ありうべき日中間の姿を考えようとする時、本書は必ずやその一助となりうるであろう。

人物からたどる近代日中関係史＊目次

第一部　東亜同文会をめぐって

第二部　日本人と中国人の相互認識

第三部　日本の政治・経済人の業績

総　論

近代以前の日本と中国は、一九世紀半ばまでともに閉鎖的な対外政策をとっていた。江戸期日本は「鎖国」政策の下で、オランダ・中国・朝鮮以外との通交を禁じていた。また、中国も同様に海禁政策を実施し、広州一港のみを開港させる閉鎖的な経済政策をとっていた。このような両国の閉鎖的状態が、西洋の力によって強制的に終焉を迎え、その後両国が対照的な近代の道を歩んだことは周知のところである。しかし、その過程において、日本では列強に対抗すべく中国・朝鮮との同盟論、すなわち「興亜論」の原型ともいうべき言説が登場していた。日本では、中国の危機はアジア全体の危機につながるとの認識が、一部で生じつつあったのである。

明治維新を経た日本は、一八七一年（明治四）、中国（清）と日清修好条規を締結する。これは近代日本が外国と結んだ最初の対等条約である。しかし間もなく、日中両国は朝鮮問題をめぐって対立し、ついに一八九四年（明治二七）に至って干戈を交えることとなった（日清戦争）。戦争は日本の勝利によって終結し、日本は講和条約で台湾・澎湖諸島を獲得することとなった。これによって、日本と中国の立場は逆転する。すなわち、政治的関係はもとより、それまで文化的に尊敬の対象であったのが一転して、日本国民の多くが中国や中国人に対して侮蔑感情を持つようになるのである。そして、江戸期以来の興亜論は民間の団体や個人の活動の中で受け継がれていくものの、明治政府の方針を表現した「脱亜入欧」論が時代の趨勢となっていく。日本は欧米の後塵を拝しながらも、帝国主義国家として中国大陸へ侵出していくことになる。それとともに、抵抗する中国との間に軍事的緊張も高まり、やがて満洲事変や第一次上海事変を経て、日中戦争へと両国の関係は最悪の道を突き進むことになるのである。

しかし、日中関係の過去を敵対という側面から捉えるだけでは、歴史的全体像を見失うことになるだろう。初期の興亜論の事例に見られるように、民間レベルでは両国の共存と連携を求める側面があった。また、興亜を主張するか否かにかかわらず、両国の緊張状況の中では、それを緩和し協調へと向かわせようとする努力があった。それは外交の分野にしばしば見られる。こうした側面は常に成功を収めたとはいえないが、決して無視することができるものではない。本書は、このような二つの側面を考慮に入れながら、近代における日中両国の政治・経済・文化など各界の人物が、相手国に対してどのような認識を持っていたのか、またどのような業績を残したのかを検討したものである。

本書は二〇一八年（平成三〇）一〇月に開催された、一般財団法人霞山会創立七〇周年記念シンポジウム「人物からたどる近代日中関係史」に提出された論文に、新たに五編を加えて編集されたものである。全体の構成としては、それぞれのテーマによって三部構成としている。以下、各部の論文の内容を簡単に紹介しておくことにする。

第一部は、一八九八年（明治三一）一一月に「支那保全」を掲げて創設された東亜同文会に関わった人物として、近衛篤麿・文麿親子と根津一を取り上げている。

栗田論文は、「興亜」への使命感と欧州「文明」への敬意、さらには自身が直面した人種主義との間で苦闘する興亜論者の姿を、東亜同文会の創設者である近衛篤麿を中心に論じている。明治初年、興亜論は官民を問わず随所に顔を出すようになった。しかし、興亜を実現するためには理念としてそれを掲げるだけではなく、日本もアジアも「敵」である欧米列強の文明を学ぶ必要があった。こうして、明治日本は興亜を理念とする一方で、欧米列強をモデルとした文明化を目指し、多くの優れた人材を留学生として欧米に派遣することになった。興亜論の考え方には、アジア（特に中国、朝鮮）が興亜に立ち上がるためには、日本と同じように、あるいは日本の指導の下に文明化しなければならないという大前提があった。そして、この大前提が崩れた場合、興亜論は容易に脱亜論に転化する可能性を秘めていた。特に日清戦争後この傾向は顕著となり、日本は脱亜＝帝国主義国家化の道を歩むようになる。筆者によれば、この脱亜化に抗するように登場してきたのが、「同人種同盟」論であった。この主張を唱える者の多くが欧米留学組であり、その代表的人物が近衛篤麿であったのである。近衛は欧州留学中に、列強の帝国主義的政策の背景に人種主義があることを知り、脱亜化の道を歩む日本の現状を懸念し、黄色人種間の（特に中国との）同人種同盟と「支那保全」を唱え、興亜団体である東亜同文会を組織した。しかし、その一方で近衛は、欧州の文明に対しては終生変わらぬ敬意を抱いていた。その結果、近衛は興亜と文明への敬意、そして人種主義に対する反発の間でジレンマに陥ることになった。近衛はこのジレンマを止揚するために、東西文明を超えた「融合せる文化の力をもって世界に対する」ことを主張した。しかし結局、「融合せる文化の力」が如何なるものかについて、近衛は具体的に提示することはなかった、と筆者は結論づけている。

嵯峨論文は根津一の興亜思想に基づく教育論と中国観を扱っている。根津は、陸軍軍人を経て東亜同文会の幹部となり、中国情勢の分析を務めるとともに、同会が上海に設立した東亜同文書院の初代、第三代院長として青年の教育に当たった人物である。根津の思想は東洋的道徳思想を根幹に据えたものであった。根津は、神道・儒教・仏教には共通する要素があると見なし、それを国民の基本的道徳とすべきだと考えていた。それは様式においては「三教合一論」と見ることができるものである。しかし、その外枠をなす神道は道徳的内容を欠いているため、実質的には儒教がその内実としての役割を果たしていた。根津にとって、それは天皇制国家を維持するために必須のものであって、それを揺るがす危険性を持つ自由・平等といった西洋的価値は否定的に捉えられていた。根津にとっての興亜は、日本と中国の経済的関係の強化から始まるものであり、その役割を果たす人材を養成するのが東亜同文書院であった。中国で列強諸国の経済活動に対抗するには、有能な人材の養成が必要だったのである。同校は基本的にビジネスマン養成学校であったが、その創立要領には中国の伝統文化への強い崇敬の念が示されており、そのことは根津の中国文化への姿勢の反映であった。そのため、同校では儒教道徳が重んじられており、根津自身による倫理の講義はその熱意を表すものであった。根津の中国に対する姿勢は、東亜同文会の方針と同様に、中国の保全を前提として日本の勢力拡大を図るというものであった。それは具体的には、満洲地域からロシアの勢力を排除して、そこを日本の勢力下に置き、さらには中国との経済関係を拡大して日本の影響力を強めるというものであった。そのため、彼は中国政治の大きな変動は望まず、概ね現状維持を期待する傾向にあった。こうしたことから、根津の情勢分析が過度の楽観的見通しに流れる場合もあったことがわかる。

高村論文は、東亜同文会副会長就任（一九二二年［大正一一］）以降の近衛文麿の事績を追いながら、同会第四代会長牧野伸顕の存在をからめつつ、東亜同文会内における近衛の位置づけを試みている。筆者によれば、東亜同文会副会長に就任した当時、近衛は父・篤麿以来の興亜の理念の継承を決心していたという。しかし、当時会長を務めていた牧野は、同文会から政治的性格を排し、同会を純粋な文化事業団体に導こうとしていた。それ故、牧野は同文会の重要な役職に近衛が就任することを歓迎はしても、彼が副会長として政治的な発言をすることには批判的であった。同様の理由から、近衛の東亜同文書院院長就任（一九二六年［大正一五］）に際しても、牧野は岡上梁副院長を事実上の院長として書院の実務を担当させた。しかし、一九三六年（昭和一一）に牧野が会長を辞任し、近衛がその後任となると、彼は「日支関係の重大性と本会の使命に鑑み」、同文会の機構の拡充強化に乗り出し、会員の拡充も図ることになる。しかし、一九三七年（昭和一二）の首相就任によって、近衛は会長としての活動の自粛を余儀なくされる。とはいえ、日中戦争が勃発すると同文会も自らの使命達成のため、中国事情に関する講習会や座談会を開催するなど活動を活発化させた。また、近衛も会長としての活動は自粛したものの、時折同文会本部のある霞山会館を訪れ、会員や各界の有力者から意見を徴したという。このことに対して、政府の一部からは、同文会を近衛の別働隊だと批判する声が上がる。そして、企画院管轄の東亜研究所などが作られると、近衛と同文会の関係は次第に疎遠なものとなっていった。結論として著者は、東亜同文会会長時代の近衛は、中国での反日運動の高まりや日中衝突の解決を篤麿以来の興亜論に求めたものの、日中戦争の中でナショナリズムをもって成長しつつある中国を理解することはできなかったとする。近衛は、東亜同文会の理念である興亜と中国のナショナリズムという現実の間で苦悩するだけであった。

第二部は、日本人と中国人の相互認識を考える事例として、魯迅、蔣介石、汪精衛を取り上げている。いずれも歴史書ではよく目にする人物である。

小山論文は、魯迅の作家人生において日本の占める位置を論じている。魯迅は、小学校の国語教科書に随筆「故郷」、中学校の国語教科書に「藤野先生」が掲載され、歴史教科書の近現代史の中にもその名前が見られることから、日本人に最もなじみのある中国人作家といえる。彼と日本との関わりは、清朝末期の一九〇二年（明治三五）に官費留学生として来日し、仙台医学専門学校に在籍したことから始まる。結局、彼は卒業することなく帰国し、辛亥革命によって成立した中華民国教育部の役人となる。魯迅の作家人生は、「狂人日記」を発表した一九一〇年代半ばから始まるが、実際には既に日本留学期に作家活動が見られる。文壇に登場した北京の時期に彼は、海外文学を中国に積極的に紹介する翻訳者であり、教育部の仕事の合間に大量の古文献を収集していたことからわかるように、中国小説史を研究する研究者でもあった。筆者は魯迅の生涯を以下のように整理する。すなわち、魯迅は創作家であり、中国古典文学を専攻する研究者であり、海外の文学を中国に紹介し続けた翻訳家であり、晩年には雑文を執筆しながら、途絶えていた中国の民間の木版画を海外の木版画の技術を取り入れることで復興させ、民衆の文化を保存することに尽力した文人であった。魯迅は、生涯中国に新しい文学が生まれることを願い、新しい文学の創出が中国人の国民性の変革と結びついていると信じていた作家であったのである。筆者によれば、多様な文人像を持つ魯迅にとって、海外文学を紹介しようとする日本の熱意を学ぶべき対象としたのは、当然のことであった。魯迅は、生涯を通じて同時代の日本の翻訳界に注目し、数多くの評論や翻訳作品を中国語に重訳していたからである。その際に、日本人翻訳者の評論や海外文学の研究書は、世界文学の潮流を学ぶ手引書となり、魯迅が本来持っていた文学観と共鳴し、それを深めていった。魯迅と日本の翻訳界との関わりは、彼の中国文学の再生の試みの中で重要な役割を果たしていたのである。

家近論文は、一九三六年（昭和一一）一二月一二日に起きた西安事件の再検討を行っている。この事件の目的は、蔣介石の安内攘外政策を転換させ、中国共産党とともに「一致抗日」を実行させることにあった。この事件に対する中国共産党の評価は高い。何故なら、当時、共産党は蔣介石の激しい剿共戦にあい、壊滅状態であったからである。そのため、首謀者であった張学良と楊虎城には、今日の中華人民共和国の歴史教科書でも一貫して「偉大な愛国者」という高い評価が与えられている。共産党の革命史観によると、西安事件後中国共産党の指導の下に抗日民族統一戦線が結成されたことになる。しかし、筆者によれば事実は異なっているという。張学良は、事件後自らの行動の背後にはソ連の支持があるとの発言をしているが、ソ連は事件後ただちに声明を出し、ソ連が中国の事件には関与していないことを強調した。そこには日本に対する配慮があった。この時期ソ連は日本との関係は良好とはいえないが、戦争に至るほどではないと判断していた。また、中国の分裂は日本の侵略を激化させる可能性があるため、避けなければならず、そのためには蔣介石と国民政府による中国支配を崩すべきではないと考えていた。当時、中国共産党と毛沢東に対するソ連の評価は低く、彼らには中国全体を指導する力はないと判断していた。このようなソ連の蔣介石に対する評価と中国情勢に対する判断が、事件を平和裏に解決させたといえる。筆者によれば、この事件が日中関係に与えた影響は大きかった。事件を蔣介石の救出よりも武力で解決することを優先した何応欽・戴季陶らの親日派が国民政府内部で影響力を失い、蔣を命がけで救出した宋一族の欧米派が台頭することになるからである。このことは、後の蔣の外交戦略に影響を及ぼすことになった。また、事件後、日本は中国におけるナショナリズムの高まりを懸念し、華北分離政策を加速していく。一九三七年（昭和一二）前半においては、中国全体はただちに抗日に向かうことはなかったが、その機運が醸成されたことは事実だとされる。

関論文は、汪精衛に対する日本人の評価・認識の変遷を論じたものである。筆者は汪の政治的生涯を、⑴清末から一九二〇年代前半まで、⑵北伐から国民政府時期まで、⑶重慶国民政府の離脱から死去までに区分し、それぞれの時期における日本人の認識について、主としてマスコミの論調を素材として検討を加えている。筆者によれば、日本で汪精衛の名が最初に報じられたのは一九〇八年（明治四一）一二月のことだが、一〇年二月の摂政王載灃暗殺未遂事件で注目されたものの、清末から一九二〇年代前半にかけての報道は、ほぼ中国の革命党の一員としての活動紹介に終始するものであった。汪精衛への関心が高まるのは、広東を根拠地にしていた国民党勢力の拡大を契機とするものであった。この時期には汪精衛の具体的経歴が紹介されるようになり、中には直接面会した際の印象を記したものまで現れる。しかし、その政治的資質については機会主義者とするような否定的な見解もあった。むしろ、当時の日本人がより関心を抱くようになっていたのは、新たに台頭してきた蔣介石であった。ところが、一九三八年（昭和一三）一二月に重慶を脱して日本との和平を唱え、四〇年三月に新政権を樹立すると、日本では汪精衛に関する報道が激増する。内容も汪の政治活動から、人柄、家庭の事柄など多岐にわたるようになり、多方面の媒体を通して彼についての情報が日本人の間に広められた。当然、そこには批判的な議論はなく、「新中国の大指導者」というイメージが作られていったのである。しかし、汪精衛に対する注目の増加は日本による対中和平工作と密接に繋がっていたためであって、日本が敗戦を迎えると彼への関心は瞬く間に消えていった。すなわち、ブームの背後には政府と軍の意向があり、必ずしも日本人が汪を意識していたわけではなかったのである。最後に筆者は、日本社会が汪精衛に熱狂した事実を知ることは大事だが、それがどのような状況下で起き、如何なる特徴を持つのかということまで含めて理解することがいっそう重要であると指摘する。

第三部は、日本の政治・経済・外交の諸分野で中国に関わった人物を取り上げている。首相経験者である加藤高明は別格として、中川小十郎や石射猪太郎はこれまで一部を除いては研究が疎かにされてきた人物といってよく、藤根吉春に至ってはほとんど研究対象として取り上げられることはなかった。各論文を通して、彼らの業績の実態が知られることになるであろう。

櫻井論文は、外務省内の親英派の代表的人物とされる加藤高明の、日清・日露戦間期から一九二〇年代にわたる対中外交姿勢について論じている。加藤は、対華二一カ条約を中国に突きつけた当事者（第二次大隈内閣外相）でありながら、自らの内閣では外相として幣原喜重郎を登用し、大隈内閣時代とは異なる対中内政不干渉路線をとった。筆者の目的は、このような矛盾とも見える加藤の対中外交姿勢を明らかにし、対中外交における加藤のスタンスを再検討することにある。筆者によれば、加藤外交の基本は、イギリス対策を日本外交の軸に据える対英協調外交であり、彼はイギリスが東アジアにおいて主導者にならない場合には、日本が主導してイギリス政府を動かす必要があると考えていた。また彼は、貿易立国論の観点から中国を通商によって利益を生む場と見ていた。それ故、日露戦争後も日本が列強（特にイギリス）を無視するような外交行動をとることを否定し、中国に対しても不偏不党・不干渉の立場をとったのである。辛亥革命後の日本では、中国の内政に積極的に関与しようとする動きが出てくるが、加藤はイギリスの了解の下で対中国政策を進めようとした。この点において、知英派であった宇都宮太郎が、辛亥革命後の中国の内政改革や近代化に積極的に関与することによって、イギリスに対抗しようとしたのとは対称的であった。筆者によれば、加藤は対華二一カ条の要求についてもイギリスの了解を得ようとしていた。また、同要求は第一次大戦によって欧米列強が中国大陸に強く出ることができない国際環境を考慮した結果でもあった。そして、首相になった加藤は従来からの政策、すなわち「列国から突出することなく〔中国での〕現状の権益は確保」しつつ、「内政に干渉することなく、商工業の拡大によって日本の影響力を高めていこうとする貿易立国主義」を展開したと結論づけている。

呉論文は、台湾の農業近代化に貢献した藤根吉春の事績について論じている。日本が台湾の植民統治を開始してまもなく、台湾総督府は積極的に台湾の産業調査・開発を推進し、殖産部門管轄下に農事試験場（一八九九年〔明治三二〕）、種畜場（一九〇五年〔明治三八〕）、糖業試験場（一九〇六年〔明治三九〕）、園芸試験場（一九〇八年〔明治四一〕）、茶樹栽培試験場（一九一〇年〔明治四三〕）などの研究機関を設置した。これらの機関では内地から多くの専門知識を有する人材を招聘したが、渡台した多くの優秀な人材は、新渡戸稲造を始めとする主に札幌農学校出身者であった。彼らは、近代台湾の農事改良に卓越した業績を残し、多大な貢献をした。この中で藤根は、近代台湾農業が成立する過程において、まさに先駆者としての役割を果たした人物であるといえる。藤根は、日本の台湾統治開始直後に渡台し、技術系職員の立場から、台湾総督府による産業開発の企画とその推進に積極的に関わった。彼は、適切な人材を登用して農事試験場の運営に当たり、水稲と家畜の品種改良に尽力し、近代台湾の稲作と畜産の発展における基礎を築いた。彼が作った農事講習生制度は、日本統治時代の台湾において、台湾人の農事改良の人材を初めて育成したのである。彼は台湾総督府の職員の一人にすぎないが、筆者によればその貢献の度合いは群を抜いているとされる。しかし、戦後において台湾近代農業が論じられる場合、藤根自身に焦点が当てられることはそれほど多くはなく、こうしたことは台湾近代農業発展への正しい理解のためには誠に遺憾なことであった。こうした状況から、筆者は近代台湾農業の調査研究、水稲・畜産品種改良、農業人材の育成、近代農業知識・概念普及などにおける藤根吉春の役割を検討し、その貢献と位置づけを試みたのである。なお新渡戸稲造と藤根吉春は、同郷人であり、親密な関係にあった。新渡戸は甘藷の新品質の導入と普及に携わったことの貢献が評価され、藤根は農事試験場を主導したことで台湾農業発展史にその名を残したと指摘されている。

山崎論文は、中川小十郎とアジアとの関わりについて論じたものである。中川は教育者・教育官僚、実業家、銀行家、植民地官僚などの多くの顔を持っているが、筆者は彼の多彩なキャリアを考えるためのキーワードの一つが「アジア」であるとし、そのキャリアを「二つの資源」によって整理しようとする。「二つの資源」とは鉱産資源と人的資源である。中川が生涯を通して取り組んだのは、日本に不足していると考えられたこの「二つの資源」をどのような形で獲得・養成していくかという課題であった。そこで筆者は、中川の樺太および台湾時代を論の中心に置き、彼の意識と行動の分析を行っている。樺太庁第一部の部長時代の中川は、鉱産資源特に石炭開発とそのためのインフラ整備を積極的に行った。さらに彼は、樺太における人材の育成を図るために、同地の中心地である豊原に中学校を設立するなど、教育の面においても尽力したのである。その後、台湾銀行副頭取（後に頭取）として赴任した台湾において、中川は華南および南洋の鉱山資源の開発を進めるために、台湾をハブとした開発システムを設立し、金融・物流・情報メディアのネットワークを作り上げた。筆者は、台湾におけるもう一つの資源の開発、すなわち教育政策への中川の関与の度合いについては今後の研究課題としているが、植民地台湾で展開する事業に深く参与する立場にあった中川がこれに関わった可能性は高いと見ている。このような中川の遺産は、彼の教え子である石原広一郎に引き継がれ、石原が設立した石原産業はアジアの鉱産資源開発に大きな役割を果たすことになる。これまで、つかみどころがないように見られがちであった中川の人生は、「二つの資源」と関連づけることでその意味が理解可能となる、と筆者はいう。

劉論文は、日中関係が崩壊に向かう中で、「支那通」と言われた外交官の思想と行動の特徴、そしてそれらが日本の対中外交に及ぼした影響について、石射猪太郎を中心に論じたものである。一九三二年（昭和七）、総領事として上海に赴任した石射は、有吉明公使の下で満洲事変後の日中関係の改善に奔走した。三五年（昭和一〇）になり日中関係が改善に向けて動き出すと、有吉と石射は対中経済支援を軸とした日中経済提携を主唱した。筆者によれば、有吉や石射ら出先の外交官が日本の対中政策の転換をリードし、経済提携の形で一応軌道に乗せたことは、軍部が対中政策について圧力を強める中で「もっとも注目すべき事象の一つ」であったとされる。三七年（昭和一二）、石射は東亜局長に就任する。中国に対する融和政策を推進しようとする佐藤尚武外相（林銑十郎内閣）による人事であった。だが、間もなく近衛文麿内閣が成立すると、軍部の発言力はますます強まることになる。同年七月、盧溝橋事件が勃発すると、内閣は中国大陸への三個師団派遣を決定した。石射は既に派兵に反対の立場を表明しており、派兵が実施された後も、中国通の吉沢謙吉（元外相）らの支援を得て、戦争拡大を阻止すべく奔走し、三七年一〇月には石射の意見を基にした「支那事変対処要綱」が、四相会議において承認された。この「要綱」には、日本側の譲歩事項も含まれていた。しかし、戦争の拡大に伴い、中国への講和条件は次第に厳しさを増していった。日中戦争の長期化が予想されるようになると、石射は宇垣一成外相の下、蔣介石政権との交渉を前提とした「国民政府相手論」に基づく和平工作を進めた。しかし、汪兆銘（精衛）引き出し工作や「対華中央機関」設置問題によって和平工作は挫折し、宇垣は外相を辞任し、石射も東亜局長を辞することとなった。結局、石射らの努力は日中戦争の拡大を阻止することはできなかったが、筆者によれば、石射の理念は、彼が東亜局を去るまで外務省の対中国政策に色濃く反映されたという。

以上のように、本書の一〇編の論文は近代日本の各界の人物の中国に向けての思想的営為、政治・経済的業績、さらには中国人の日本への対応を多様な角度から論じている。読者は本書を通じて、彼らが時代と格闘した足跡を知ることができるだろう。本書が読者にとって、今後の日本と中国のあり方を考えるための一助となれば、執筆者一同としては大きな喜びである。

嵯峨　隆

第一部

東亜同文会をめぐって

「興亜」と「文明」のあいだ――近衛篤麿を中心に

栗田尚弥

はじめに

一九世紀、アジアの諸国家・諸地域は欧米列強による外圧（「西力東漸」）にさらされ、その多くが列強の植民地もしくは半植民地と化した。そして、やがて日本も、「西力東漸」の勢いに飲み込まれることになる。一八五四年（嘉永七）、徳川幕府は米国の軍事力に屈する形で日米和親条約を締結、二〇〇年以上におよぶ「鎖国」体制に自ら終止符を打った。さらに一八五八年（安政五）、米国との間でいわゆる「安政の不平等条約」と言われる日米修交通商条約を締結、同年中にオランダ、ロシア、イギリス、フランスとも同様の条約を締結した（安政五カ国条約）。

この「西力東漸」という現実のなかで、アジアの近隣諸国（特に中国、朝鮮）と連携し、アジアを回復・復興する過程のなかで日本の独立を維持し列強に対峙していこうとする思想、すなわち「興亜」思想（「興亜」論）が登場することになる。同時に、欧米の圧倒的な力を認識した人々は、〈敵〉である欧米の「文明」に深い関心を抱くようになった。

明治国家が成立すると、日本は「富国強兵」のために「文明開化」の道を歩むことになる。そして、多くの優秀な人材が、「文明」を学ぶために欧米（特にヨーロッパ）に赴いた。一方、明治初年においても、日本の独立と万国対峙を実現するためにアジア諸国と結ぶという「興亜」論は、多くの人々の心をとらえた。成立早々の明治国家が、日本一国の力をもって強大な力を有する列強に対抗することは不可能と思われたからである。

こうして明治初年、「興亜」と「文明」は密接に結びつくことになる。それは、いち早く「文明」化に踏み出した日本が、中国や朝鮮、アジアも「文明」化させ、「文明」化したのちのこれら国々と合従連衡して列強に対抗するというものであった。しかし、明治一〇年代後半になると、「文明」化を拒絶する中国や朝鮮、アジアを切り捨て、日本独自で「文明」化を推進し、「文明」国として列強の一員となるという「脱亜」の主張がなされるようになる。そして、それと平行するように国民世論も中国や朝鮮、アジアに対して次第に驕慢化していくことになった。

日本が「興亜」から「脱亜」へと〈方向転換〉しようとする時、これに抗するように登場してくるのが「同人種同盟」論である。この「同人種同盟」論者のなかには、欧米留学組が少なからず含まれていた。彼らの多くが、欧米の「文明」に魅了され、そこで学んだ成果を持ち帰った。それは、工業や産業、軍事といった、「富国強兵」に直結する分野だけではなく、政治・法制度、教育や文学、思想の領域にもおよんだ。しかし、彼らは同時に「文明」諸国による「西力東漸」（帝国主義）の現実を再認識し、その背景に白色人種のレイシズム（人種主義）が存在することを知っていた。彼らのうちには、「興亜」（そして日本の独立と万国対峙）への使命感と「文明」への思い、さらに人種主義に対する複雑な感情が混在することになった。本章では、特に近衛篤麿（一八六三～一九〇四）を中心に置いて、彼らがこの内なるカオス（混沌）とどのように向き合ったのかについて見ていきたいと思う。

一、「興亜」と「文明」の登場

一八世紀のイギリスで始まった産業革命を機に、ヨーロッパは資本主義の時代に突入した。欧州資本主義列強は、植民地や市場を求めて海外に侵出し、その勢いはアジアにもおよぶことになった。やがて日本もこの「西力東漸」の波に飲み込まれることになる。一七九二年（寛政四）のアダム・ラクスマンの根室来港以来、ロシア船は日本近海にしばしば姿を現すようになり、一八〇八年（文化五）には、英船フェートン号が長崎港に侵入した（フェートン号事件）。一九世紀初頭になると、米国やイギリスの捕鯨船も日本の近海に出没するようになり、一八四六年（弘化三）には、米東インド艦隊司令官ジェイムズ・ビッドルが日本との国交を求めて浦賀に入港した。そして、一八五四年（嘉永七）、徳川幕府は日米和親条約を締結、米国の軍事力に屈する形で日本はついに「開国」する。

このような状況下、幕末には、佐藤信淵《のぶひろ》（一七六九～一八五〇）、会沢安（正志斎、一七八二～一八六三）など原初の「興亜」論者とでも言うべき人々が登場する。

佐藤信淵の場合を見てみよう。一八二三年（文政六）『混同秘策』を上梓した信淵は、このなかで「皇国」が「世界ヲ混同シ万国ヲ統一」すること（要するに世界制覇）が「天理」であると論じ、さらに世界制覇の第一歩として「満洲」侵攻を説き、中国征服後の南京遷都を主張した。(1) 一見ユートピア的とも思えるこの海外侵出論の背景には、一八世紀末以降の「西力東漸」の現実、特にロシアの南下に対する信淵の強い懸念があった。

『混同秘策』から二六年後（一八四九年［嘉永二］）、信淵は『存華挫狄論』(2)を上梓する。このなかで信淵は、『混同秘策』においては征服すべき対象とした中国（清国）に対する復興支援と復興後の中国との同盟を説いた。阿片戦争（一八四〇～四二年）における中国の敗北という現実によって、信淵も他の多くの日本の知識人同様、「欧羅巴洲ノ人ハ利ヲ好ミ欲ヲ縦ニシ欺キ奪ノ念深クシテ貪極テ飽クコト無シ」という欧米（特にヨーロッパ）列強の帝国主義的欲望のすさまじさと軍事力の優越性を認識せざるをえなかった。圧倒的な「西力東漸」の勢いに対抗するためには、中国との同盟は不可欠であり、そのためには阿片戦争によって国力を衰退させられた中国の復興は、是非ともなされなければならなかった。阿片戦争によって象徴される「西力東漸」の現実は、信淵をユートピア的な侵出論者から原初の「興亜」論者へと〈方向転換〉させたのである。

「西力東漸」の現実は、日本人に「文明」の力を認識させる大きなきっかけにもなった。

長州藩兵学師範吉田松陰（一八三〇～五九）の場合を見てみよう。兵学師範すなわち軍事学教授という、ある意味最も合理性を有する職にありながら、松陰も当初は、欧米を夷狄視する伝統的な先入観から自由ではなかった。例えば一八四九年に著した兵学書『水陸戦略』のなかで、松陰は、西洋砲術の優秀性を説くものを「我が国砲術の精確なる事遠く西洋夷に勝り候訳を知らず[3]」と批判している。

ところが翌年の長崎および平戸（平戸藩）への留学体験は、松陰の「西洋の術」に対する認識を一変させる。当時の長崎、平戸は洋学や海外情報収集の先進地帯であり、松陰はこの留学中、塩谷宕陰《しおのやとういん》（一八〇九～六七）の『阿芙蓉異聞』をはじめ阿片戦争など海外情勢に関する多くの書物を読み、平戸藩の人士を通じて阿片戦争に関する生の情報にも接した。さらに、洋式砲術の実射も見学している[4]。そして、この留学中フランスの砲術書を読み終えた松陰は、「日記」（「西遊日記」）に「盆弁弾〔ボンベ弾＝爆裂弾〕皆敵舟を貫穿するを以て、之れを防拒するには重大なる舟鎧即ち鉄を被らしめ鉄舟を造るを用ひざるを得ず[5]」と書き、洋式砲の破壊力を素直に認めている。この留学からの帰藩後、松陰は直ちに藩当局に上申書を提出、洋式兵学採用の必要を説いている[6]。それは兵学という極めて限られた分野に限定されたものではあったが、明らかに〈敵〉である列強の「文明」に学ぶことの必要を説いたものであった。

このように「西力東漸」の現実は、理念としての「興亜」論を生み出すとともに、「西力東漸」の主体である欧米すなわち〈敵〉の「文明」を学ぶことの必要性を認識させることになった。ただし、原初の「興亜」論者佐藤信淵の欧米「文明」観は判然としないし、また、「文明」（兵学という一分野ではあるが）の必要を認識した吉田松陰の思想に「興亜」を見ることは難しい。だが、明らかに「興亜」論である三国（日本、中国、朝鮮）合従論(7)を説いた勝海舟（一八二三～九九）が、同時に幕末を代表する「文明」化論者であったように、やがて「興亜」と「文明」は、対外的独立と万国対峙という目的のもとに結びつくことになる。

二、原初の「興亜」主義団体、興亜会

幕末、「西力東漸」の歴史状況のなかで登場した「興亜」論（「興亜」思想）は、明治期になると「官といわず、民といわず」、「随所に顔を出す」ようになった(8)と言われるが、団体として「興亜」を掲げたのは、米沢出身の海軍軍人曾根俊虎（一八四七～一九一〇）らによって一八八〇年（明治一三）に組織された興亜会が嚆矢であろう。

一八七八年（七七年説もあり）曾根は、海軍関係者や南部藩出身の「興亜」論者南部次郎（東政図《ひがしまさみち》、一八三五～一九一一）らとともに、アジア振興を目的とした団体、振亜社を組織した。そして、一八八〇年三月、曾根は、南部次郎、長岡護美《もりよし》（後に東亜同文会副会長、一八四二～一九〇六）らと計り、興亜会を組織した。興亜会の会長には長岡護美、副会長には渡辺洪基（帝国大学初代総長、一八四八～一九〇一）が就任したが、事実上の中心は幹事となった曾根であり、「興亜会設立緒言」「興亜会章程」（会則）などは曾根が起草した。

この「興亜会設立緒言」(9)のなかで、曾根は「亜細亜全洲ノ大勢国相依ラズ人相輔ケズ、萎靡倫薄」という現状を嘆き、「亜細亜諸国」のなかで「能ク紀ヲ綱シ而シテ独立」している「本邦」と「支那」の「志士」が「協力共謀シ正道ヲ興」し、欧州列強に対抗すべきだとした。しかしながら、「両国ノ情勢未ダ孚セズ、猶ホ隔靴ノ憾ア

リ」というのが現状である。「本邦欧美諸洲ノ語ヲ良クスル者コレ有リ、而シテ支那ノ語ヲ能クスル者甚ダ少ナキ」というところにその原因があると曾根は指摘する。そこで曾根は、将来において「情勢相通ジ以テ大イニ講求スル」人材を育成するために、「学舎」を「東京」「上海」に設立し、「両国ノ士」に「原語」を「相伝エ」ることの急務を説いた（実際、興亜会は興亜会支那語学校を開設し、「生きて使われている中国語を身につけた人材の養成を図った[10]」）。「緒言」に記載はないが、興亜会設立の目的が「興亜」にあったことは、曾根が元清国駐日公使何如璋《かじょしょう》（一八三八〜九一）に対し、「興亜の二字は我が亜細亜衰退萎縮の大局を挽回せんことを要するの意なり。輒《すなわ》ち該全州の衰退を挽回せんと欲する時は、亜洲の諸邦合従連衡、相共に心志を同じうし、緩急相扶け、苦楽相共にするに非らずんば勢可ならざる也[11]」と語っていることからも明らかである。

曾根や興亜会の主張は、「日本と中国の対等な提携を模索した[12]」ものであったと言われる。だがその一方で、興亜会支那語学校教授吉田義静が述べているように、「亜細亜諸国の深睡熟眠を撓攪[13]」するという、ある種の優越感をともなった〈先駆者意識〉も興亜会は有していた。そして、この〈先駆者意識〉を支えていたのは、「我が間隙を窺」っている「碧眼人[14]」がつくり出した「文明」をいち早く取り入れたという自信であった。例えば、先の「緒言」のなかで曾根は、今日の欧州諸国の「隆盛」の原因が、「言語相ヒ通ジ而シテ緩急互ヒニ相ヒ維持スルヲ可」としたことにあると指摘する。そして、「我全洲諸国ヲシテ若シ此ノ如クニシムレバ、則チ衰退ヲ振興シ而シテ隆スルコト欧美諸洲ニ比シ豈其難ナルヤ」と続ける。曾根に語学学校設立のヒントを与えたのは、「言語相ヒ通ジ而シテ緩急互ヒニ相ヒ維持スル」という欧州「文明」の現実であった。

三、「興亜」と「脱亜」

すでに述べたように、「興亜」論も欧州「文明」の導入も、欧米列強に対して国家の独立と万国対峙をいかに実現するかという問題意識から出発している。したがって、もともと「興亜」論と欧州「文明」の導入は矛盾するものではなかった。

「興亜」と「文明」化が矛盾なく存在した典型例が、青木周蔵（一八四四～一九一四）である。青木は、欧米各国の公使・大使や外務次官、外務大臣を歴任した明治国家を代表する外交官である。特に、公使、大使としての在欧米勤務は合計二一年におよび、そのうち一九年は駐独公使としての滞欧である。外務省きってのドイツ通であった青木は、「ドイツの化身」と評され、ドイツの政治・経済・文化に「ベタ惚れ」であったという[15]。しかし、同時に青木は紛れもなく「興亜」論者であった。一八八三年（明治一六）、駐独公使であった青木は、「東亜共同の敵」であるロシアを「東亜より駆逐する」ための中国（清国）との「攻守同盟」の必要を外務卿井上馨（一八三六～一九一五）に「建言」[16]している。

亜細亜は亜細亜人の亜細亜なり。故に欧羅巴人と自称する露人は亜細亜の領域内に侵入するの権利を有せず。（中略）日本は清国と攻守同盟を締結し、両国の兵力を以て東亜共同の敵たる露国を圧迫し之を東亜より駆逐するは、最も機宜に適したる政策なりと思考せり[17]。

ここで青木は、ロシアが「亜細亜の領域内に侵入するの権利」を有しない根拠として、ロシアがヨーロッパ人を「自称」していることをあげている。青木によれば、「亜細亜は亜細亜人の亜細亜」であり、そもそも欧州諸国はアジアに「侵入」することは許されない。青木の「攻守同盟」論の根底には、「亜細亜は亜細亜人の亜細亜」というアジア人としての自覚に支えられた、欧米列強対アジアという対立図式が存在していたのである。

青木の「亜細亜は亜細亜人の亜細亜」意識がよりいっそう明確に示されているのが、外相として第一次山縣有朋内閣の諸閣僚に配布した「東亜細亜列国之権衡」（一八九〇年〔明治二三〕五月一九日）である。このなかで青木は、「欧洲の各強国」の東アジアへの「侵略政略」の現実に言及し、「東亜列国に於て首班の位地を占」める日本が中心となって「西洋の侵略政略に対し其疆土を保護するに必要なる計画を講ずる」ことの必要（アジア人種による対列強防衛計画の策定）を説いている。

当初この「計画」の「最も緊要なる領袖」として、青木が想定していたのは中国であった。しかし、現実には「其地勢に兵力に政治及智識の発達に、若くは人民生活上万般の進捗」を考慮すると、日本が「首班」となるのが好ましい、と青木は結論づける。[18]ここで青木が「首班」の条件として掲げている「其地勢に兵力に政治及智識の発達に、若くは人民生活上万般の進捗」とは、とりもなおさず「文明」化（欧州「文明」化）の度合いのことに他ならない。

実はこの青木言うところの「地勢に兵力に政治及智識の発達」「人民生活上万般の進捗」すなわち「文明」化の速度の相違が、「興亜」論に影を落とすことになる。

意外なことに、明治期を代表する「脱亜」論者である福沢諭吉（一八三五〜一九〇一）も、明治一〇年代（一八七〇年代後半〜八〇年代前半）までは紛れもなく「興亜」論者であった。例えば、一八八一年（明治一四）に刊行した『時事小言』のなかで福沢は、「東洋に迫る」欧米列強に対抗するために、「文以て之〔中国および朝鮮〕を誘導し、速に我例に倣いて、近時の文明に入らしめ」、日本と「運動を与にする国力を附与」することの必要を説いている。[19]この『時事小言』での主張は、しばしば福沢の「アジア改造論」と評されるが、福沢はこの「アジア改造論」の立場から、日本にならって朝鮮の近代化を目指し日本・中国との同盟（三和主義）を説いた金玉均《キムオッキョン》ら朝鮮独立党の運動を支援したのであった。しかし、金らの反閔《ミン》氏政権クーデタ（甲申事変）は中国（清国）の介入で失敗する（一八八四年〔明治一七〕一二月）。このクーデタ失敗の約三カ月後福沢は「脱亜論」を発表する。

〔中国、朝鮮の〕先づ政府を改めて共に人心を一新するが如き活動あらば格別なれども、若しも然らざるに於ては、今より数年を出でずして亡国と為り、其国土は世界文明諸国の分割に帰す可きこと、一点の疑あることなし。（中略）輔車唇歯とは、隣国相助くるの喩なれども、今の支那朝鮮は、我日本国のために一毫の援助と為らざるのみならず、西洋文明人の眼を以てすれば、三国の地相接するが為に、時に或は之を同一視し、支韓を評するの価を以て、我日本に命ずるの意味なきに非ず。（中略）左れば今日の謀を為すに、我国は隣国の開明を待て共に亜細亜を興すの猶予ある可らず、寧ろ其伍を脱して西洋の文明国と進退を共にし、其支那朝鮮に接するの法も、隣国なるが故にとて特別の会釈に及ばず。正に西洋人が之に接するの風に従て処分す可きのみ。悪友を親しむ者は、共に悪名を免かる可らず。我れは心に於て亜細亜東方の悪友を謝絶するものなり。(20)

まさに、「脱亜論」は、福沢の「興亜」（「隣国の開明を待て共に亜細亜を興す」）から「脱亜」への〈方向転換〉声明であった。日本がそのコースを進みつつあった「文明」化を所与の前提として、中国、朝鮮との提携を考えていた福沢にとって、「文明」化しない中国や朝鮮は最早切り捨てるべき対象であった。

福沢の「興亜」から「脱亜」への〈方向転換〉は、明治一〇年代後半から日清戦争後にかけての、日本の「興亜」から「脱亜」への〈方向転換〉を象徴的に示すものであった。そして日本のこの〈方向転換〉を支えていたのは、「文明」化に成功し、もはや「興亜」によらなくても独立と欧米対峙を実現しうるという自信と、「文明」化を進めれば「文明」国の一員（要するに列強の一員）になりうるという希望的観測であった。例えば、日清戦争当時の外相陸奥宗光（一八四四～九七）は、「欧洲人」には「欧洲文明の事物は全く欧洲人の専有に属し、欧洲以外の国民はその真味を咀嚼する能わざるものと臆測」する傾向があったが、日清戦争の勝利は「耶蘇教以外の国土には欧洲的の文明生息する能わず」とする「欧洲人」の「迷夢」を「一覚せしめた」と述べている。[21]そこにあるのは、もはや「興亜」によらなくとも「文明」国として自立しうるという自信であった。

そして、「脱亜」論者のなかからは、徳富蘇峰（一八六三～一九五七）のように、帝国主義国家としての発展こそ日本の進むべき道であると主張するものもあらわれるようになる。徳富は、日清戦争に際し『大日本膨張論』を書き、日清開戦は「他の膨張的各国民と対等の地位を占める」絶好の機会になると主張した。徳富によれば、帝国主義は「文明の公義」にもとづく「平和的膨張主義」であり、日本が進むべき世界の大勢であった。[22]

四、近衛篤麿の「同人種同盟」論

明治一〇年代後半から日清戦争後にかけて、明治国家が「興亜」から「脱亜」へと舵を切り、「文明」国の一員としての、さらには帝国主義国家の一員としての道を進もうとする時、国民世論も次第に驕慢化し、特に日清戦争以降は中国や朝鮮に対し抜きがたい蔑視感情を示すようになっていった。それは、外相として日清戦争を指導した陸奥宗光ですら、「一般の気象は壮心決意に狂躍し驕肆高慢に流れ」[23]と、嘆息するほどであった。

この日本国内の「脱亜」化に抗するように登場するのが、「同人種同盟」論である。その原初形態は、先に見た青木周蔵の例に見てとれるが、まとまった形で発表された「同人種同盟」論の嚆矢は、樽井藤吉（一八五〇～一九二二）の『大東合邦論』（一八九三年〔明治二六〕）であろう。樽井は「わが黄人を殄滅せんと欲する」白色人種に黄色人種が「勝つの道」は、「同人種の一致団結の勢力を養うに在るのみで」あるとし、将来における「アジア黄人国の一大連邦」（大東国）を提案した[24]。

樽井が『大東合邦論』を刊行したのと同じ年に『東京朝日新聞』紙上に発表されたのが、杉浦重剛《じゅうごう》（のちに東亜同文書院第二代院長、一八五五〜一九二四）の「日支の関係」である。このなかで杉浦は、「今日」の状況を「東西両洋二人種の競争」ととらえ、日本と中国を軸とする「東洋人種」の「連合」が「目下の急務である」と説いた[25]。

そして、一八九八年（明治三一）一月、雑誌『太陽』にひとつの論説が載せられた。近衛篤麿の「同人種同盟、附支那問題研究の必要」である[26]。この「同人種同盟、附支那問題研究の必要」のなかで近衛は、「欧洲列国の最近政略」は「主として異人種征服の目的」から「打算」されている、と論じる。欧米列強の帝国主義的侵出の背景には、白色人種の「異人種征服」の目的すなわち人種主義が存在するというわけである。

近衛篤麿（このえ・あつまろ　1863〜1904）

人種主義の存在について論じたのち、近衛は次のように続ける。今日までのところ黄色人種は、「物質的文明」においてはるかに「欧洲列国」におよばない。しかし、「体力の強弱、能力の優劣」を考慮した場合、黄色人種の将来は「容易に断定」できない。それ故、「他の未開地を征服するの感想を以て、黄人種国に臨む」ことは不可能であり、一国で黄色人種の国である「支那」を「征服」「分割」することはできない、と「列国」は考えている。そこで、「列国」は「同盟」を結び、「列国同盟」による「支那分割」が開始される。「列国同盟」による「支那分割」が始まる時、それはとりもなおさず「黄白両人種の競争」

＝白色人種と黄色人種の人種戦争の始まりである。その時日本も、中国同様「白人種の仇敵として認めらるゝの位置」に立つことを余儀なくされる。「支那人民の存亡」は、同時に黄色人種である「日本人自身の利害に関するもの」でもある。

　近衛によれば、今や「総ての黄人種国は大に同人種保護の策を講ずる」べき時にきている。にもかかわらず、日清戦争後の日本（日本人）は、「戦勝の余威によりて漸く驕慢の心を長じ、支那人を軽侮すること益々太甚しく」、「恰も欧洲人の支那人に対する如き態度を以て支那人を遇し」ている。近衛はこれを深く懸念し、「同人種同盟、附支那問題研究の必要」を発表することにより、中国や朝鮮に対し驕慢化し「脱亜」の道を進もうとする日本（日本人）に警鐘を鳴らしたのである。

「同人種同盟、附支那問題研究の必要」発表の翌年、近衛は欧米諸国を歴訪、自己の見解が誤りでなかったことを〈確認〉する。例えば、外遊後近衛は、当時日英両国で検討されていた日英同盟について懐疑的な見解を表明し、「〔日清戦争後、列強の日本に対する態度が変化したのは〕東洋に向て驥足を伸さんとするものは、須く日本の歓心を買はざる可からずと云ふの点に在り。換言すれば中々馬鹿にならぬ国也と悟りしに過ぎずして、其間に毫も日本人を尊重するの意味あるを見ず[27]」と語っている。

「同人種同盟」論発表の半年後（一八九八年六月）、近衛は中国研究団体同文会を組織するが（同年一一月、同文会は東亜会と合併、「興亜」団体東亜同文会となる）[28]、それに先立ち自身が発行した雑誌『中外時論』誌上において、「東洋は東洋の東洋なり。東洋問題を処理するもの、固と東洋人の責務に属す[29]」と論じ、さらに同年一一月、日本に亡命中の康有為《こうゆうい》（一八五八～一九二七）と会見し、「亜細亜のモンロー主義を実行するの義務」について語り、日中両国が「同人種同盟」の核となるべきことを説いている[30]。

五、人種主義の壁

近衛の「同人種同盟、附支那問題研究の必要」は、内外の注目を集め、特にドイツではいくつかの新聞が近衛を「白人排斥論者」であるとして批判し、近衛発言が国際問題となることを懸念した駐フランス公使栗野慎一郎（一八五一～一九三七）は、フランクフルト・ツァイツング紙上において近衛批判を展開した。

一九〇二年（明治三五）一月三〇日、ロシアを仮想敵国とした日英同盟がロンドンで締結された。イギリスにとって、貴族院議長であり、皇室とも近い関係にある近衛が「白人排斥論者」であることは懸念材料であった。同年四月二八日、近衛は青木周蔵（当時は枢密顧問官）から、「英人ドレージ」が近衛を「白人排斥論者なりとし」、もしそうであるならば「日英同盟は甚だ気遣はしき次第なり」と語っており、駐日英国公使クロード・マクドナルド（一八五二～一九一五）も「これに和し居りしとの事」を聞いている。[31]

確かに近衛は、欧米列強の幕末以来の「西力東漸」（帝国主義）の勢いを認識していた。例えば、一八八五年（明治一八）留学のための渡欧の途上、澎湖島に翻るフランス国旗を見た近衛は、「愍《あわ》レムヘキ哉　然レトモ我国モ隣国ノ地漸次ニ西人ノ蚕食スル所トナル　何ソ之ヲ対岸ノ火視シテ抛却《ほうきやく》シテ可ナランヤ」[32]と、「西人」のアジアへの「蚕食」とそれが日本に波及することを懸念している。しかし、このような懸念は明治期の指導的人物の共通の思いであった。それ故、明治国家は「西力東漸」の勢いに対抗するために、「西」の「力」の源泉とでも言うべき「文明」を吸収すべく「文明開化」「西欧化」の道を歩み始めたのである。

そして、「文明」化の尖兵とでもいうべきものが、近衛のように欧米に派遣された留学生たちであった。そんな彼らの前に立ちはだかったのが、レイシズム（人種主義）の壁である。例えば、「ドイツの化身」と言われた青木周蔵は、一八九五年（明治二八）五月一七日付けの山縣有朋（一八三八～一九二二）宛書簡のなかで、「黄人の勢力益々旺盛となり、白人社会は危害を受けるや必せり」と考えるフォン・ブラント（元駐日ドイツ公使、一八三五〜一九二〇）らドイツの黄禍論者の主張について、憤慨をもって語っている。[33]また、森鷗外（一八六二〜一九二二）は自身のドイツ留学体験をもとに、『黄禍論梗概』（一九〇四年〔明治三七〕）を刊行し、ロンドン大学などで学んだ杉浦重剛は、先に紹介した「日支の関係」のなかで、米国の中国人排斥の動きを「人種戦争」ととらえた。[34]さらに、一八八六年（明治一九）から八七年にかけて文部省図画取調掛主幹として欧米に滞在した岡倉天心（一八六三〜一九一三）は、英文の著作『東洋の目覚め』（一九〇二年〔明治三五〕）のなかで、「ヨーロッパの栄光は、アジアの屈辱である」[35]と断言し、ヨーロッパの精神や宗教、理念の持つ欺瞞性をほぼ全否定に近い形で批判した。

近衛篤麿の場合はどうであろうか。近衛も「文明」化の尖兵の一人として一八八五年から九〇年にかけてオーストリア、ドイツに学び、九〇年にはライプチヒ大学より法学博士の学位を授与された。また、イギリス、フランスなどにも遊び見聞を広めている。渡欧の途上帝国主義の実態を見、これを懸念した近衛ではあったが、同時に爛熟期を迎えたヨーロッパの「文明」に深く魅了された。留学中の近衛の日記や書簡からは、ヨーロッパに対する新鮮な好奇心と素直な評価を感じ取ることができる。

近衛のこのヨーロッパへの評価は終生変わらないものがあった。例えば、一八九九年（明治三二）の欧州再訪後の新聞談話のなかで近衛は、「行政、教育、実業等の上に於て、万事我国の状態彼〔ヨーロッパ〕に劣れるは争ふ可からざる次第」、「〔ヨーロッパに比し〕我国精神教育の甚だ不完全なるは慨嘆に余りあり」と語り、さらに「所謂紳士なる語は我国に於けるが如く、資力、生活の優劣なる標準に非ずして、全く徳性の善悪の標準たる也」と指摘している。そして、この欧米の優越性の最大の「原因」が「知育の傍ら宗教を以て徳育の最高基準となす」ことにあるとし、「余は今更に我国に基督教を輸入す可しとは言はざれども、欧米の徳育界に基督教の非常なる化教あるが如く、我国にも亦国民徳性を期一せしむる勢力を作らざる可らずと信ず」と述べている。[36]

だが、この近衛の前に立ちはだかったのも、やはり人種主義の壁であった。例えば、一八八六年一月一五日、実弟津軽英麿《ふさまろ》（一八七二〜一九一九）を早期にヨーロッパに留学させるよう祖父近衛忠煕《ただひろ》（一八〇八〜九八）に説いた書簡のなかで、近衛は「洋行は一年でも早きが宜敷候。西洋人の日本人を見下るは大人小供の差別無御座候間、大人に成てからは実に堪難き口惜しき事も有之、小供の間なれば其辺も格別気にかからず、稽古の為にも宜敷と存候」[37]と書いているが、ここからは近衛自身が「西洋人」から「実に堪難き口惜しき」扱いを受けたことが察せられる。白人人種主義者の眼から見れば、五摂家筆頭の当主も所詮は黄色人種であった。

もちろん人種主義に直面したのは、青木や森、杉浦、岡倉、そして近衛だけではなかったであろう。例えば陸奥宗光（オーストリアのシュタインのもとで国家学を学ぶ）も留学中には人種主義を体験していたはずである。しかし、陸奥は、「文明」化を推進すれば、「文明」国の一員になれる（その時人種主義も一掃される）という希望的観測を有している。

確かに陸奥の指摘するように、当時の欧米人の優越感に東西「文明」の現状があったことは事実であろう。しかし、その優越感の深層心理には、今日でも時として問題となる白色人種の有色人種に対するア・プリオリな優越感が存在していたことは否定できない。アルジェリア解放闘争の理論的指導者の一人フランツ・ファノンの言葉を借りるならば、「皮膚の色は最も目につきやすい人種的特徴であるがために、人間をその教育的獲得物を無視して判断する基準とされるのである」[38]。それ故、人種主義者にとって、皮膚の色は人種を判断する絶対的な基準となりうるのである。明治期の留学組の前に立ちはだかったのも、皮膚の色という「明瞭な可視性にもとづく偏見」[39]に裏打ちされた人種主義であった。陸奥は、この「明瞭な可視性にもとづく偏見」に対しあまりにも楽観的（オプティミスティック）である。それに対し、青木や杉浦や森、岡倉そして近衛は「明瞭な可視性にもとづく偏見」が日本と欧米の間に厳然と横たわっていることを感じ取っている。特に近衛が留学したのは、この「明瞭な可視性にもとづく偏見」に裏打ちされた人種主義の代表とでも言うべき黄禍論の中心地ドイツであった。近衛は、欧州「文明」に惹かれつつも、欧米列強のアジアへの帝国主義的侵出が、「明瞭な可視性にもとづく偏見」に裏打ちされた人種主義と密接に結びついていることを痛感せざるをえなかった。

だが、「明瞭な可視性にもとづく偏見」を認識しつつも、いわば〈名誉白人〉として欧米帝国主義国家の後塵を拝することを主張するものもあった。近衛の実弟津軽英麿もその一人である。白人優位の世界は「優勝劣敗」の法則に照らしてもはや「已む得ざる」ものであり、日本はこの現実を直視し、中国を助けて「欧洲各国の怨みを買」うよりも、「今のうちに泥棒〔欧米列強のこと〕の仲間入り」すべきである、と津軽は兄篤麿の「同人種同盟」論を批判する。[40]白色人種が優等民族として君臨する世界において、〈名誉白人〉として帝国主義国家の道を歩むことこそが、津軽にとって日本の進むべき道であった。

これに対し近衛は、津軽のように〈名誉白人〉化の道を選択せず、欧州「文明」を高く評価し、これを範とすべきとしながらも、「明瞭な可視性にもとづく偏見」に裏打ちされた人種主義に対抗すべく「同人種同盟」論を打ち出し、近衛が会長となった東亜同文会は、「支那領土分割の例は既に歴史上の事実にして今更支那の領土は一切分割するを許さずと云ふ保全主義も亦行はる可きに非ず[41]」というような中国分割を所与のものとする見方に反対し、「支那」の「保全」や「支那」の「改善」を「助成」することを発会決議のひとつに掲げたのである。[42]

ところで、津軽のような〈名誉白人〉論とは違う立場から、「欧洲各国の怨みを買」うことを避けるために近衛に自重を説いたものもいた。津軽と同時期ドイツに留学していた学習院教授中村進午《しんご》（一八七〇～一九三九）である。中村も近衛同様、日清戦争後の日本〔日本人〕の驕慢化を憂え、このまま「〔中国に対する〕軽侮心」がつのれば、やがては日本の「亡国」を招くと語り、中国を「友邦」とすることには賛意を表する〔したがって「脱亜」論とは異なる〕。だが同時に、中村は中国やアジア諸国の現状から見てこれらの国々との「同盟」は不可能と見、かえって

「同盟」は「欧米諸強国を敵」とすることになり「日本の不利益」を招くとして、国益重視の観点から近衛に自重を求めた。(43)

近衛も、「同人種同盟、附支那問題研究の必要」のなかで、「支那人民の存亡」は、同時に黄色人種である「日本人自身の利害に関するもの」と語っているように、日本の国益を考えなかったわけではない。それどころか、近衛は日本の国益を中国側に隠そうともしていない。例えば、一八九九年（明治三二）一〇月二九日、近衛は南京における劉坤一《りゅうこんいつ》（一八三〇〜一九〇二）との会見において、「日本の官民」が「貴邦の為に一臂《いっぴ》の力を添へんと」するのは、「一遍の義俠心よる出づるにはあらずして、貴国の盛衰は即ち我邦之に密接に関係あればなり」と述べている。(44) 要するに、近衛の「同人種同盟」論は、中国、朝鮮、アジアのためだけを考える「義俠心よる出づる」、すなわち〈ヒロイック〉な、あるいは〈没日本的〉な思想ではない。同時に日本の国益のみを追究するものとも異なる。近衛の「同人種同盟」論は、中国をはじめとするアジア諸国と日本の〈共栄〉を前提としていたと考えられる。「興亜」論という観点からするならば、近衛にとって「興亜」なき〈興日本〉はありえず、逆に〈興日本〉なき「興亜」もありえなかったのである。

もちろん近衛も、中国やアジアの現状を是としていたわけではない。「支那の改善を助成す」という言葉は、中国の現状が〈遅れている〉という認識を前提としている。したがって、近衛の「同人種同盟」論は、中国やアジアの現状を現状として承認しつつ同盟するというものではなく、「文明」化した日本を基準として、同盟することによって同盟相手を「改善」し、さらに同盟関係を強化するというものであった。〈方向転換〉以前の福沢諭吉の「アジア改造論」に近い主張とも言えるが、近衛は福沢と異なり、日本が「文明」化しない中国や朝鮮、アジアと「謝絶」し、「興亜」を捨てて「脱亜」や〈名誉白人〉化の道を進もうとする時、あくまで「興亜」にとどまろうとしたのである。

六、「同人種同盟」を超えて

近衛の「同人種同盟」論は、白人「列国」が「列国同盟」を結び中国分割（「支那分割」）を推進し、やがてそれが「黄白両人種の競争」に発展するという認識に立っていた。しかし、間もなく国際情勢は大きく変化する。近衛が「同人種同盟、附支那問題研究の必要」を発表した当時、列強による中国分割は最盛期を迎えていた。しかし、列強による分割競争激化による租借地の拡大は、経済的観点からすれば、列強にとって必ずしも好ましいものではなかった。分割競争激化による経済的損失を憂慮したイギリスの働きかけにより、ジョン・ヘイ米国国務長官は、一八九九年（明治三二）九月から一一月にかけて、英、独、露、日、伊、仏に対し通牒を送り、経済的な機会均等を訴え（第一次門戸開放宣言）、さらに、一九〇〇年、米国は、経済的な機会均等のみならず、地理的に中国を分割することへの反対、すなわち中国の領土保全（正確には分割の現状維持）も表明した（第二次門戸解放宣言）。そして日本も、列国の同意を条件に、これを承認する立場をとった。「列国」は「支那分割」に向けての「列国同盟」ではなく、「支那保全」に向けて協同歩調を取り始めたのである（ただし、ロシアを除く）。

このような国際情勢の変化に直面して、近衛はかつてそれに対し懐疑的な見解を表明していた日英同盟を支持するようになる。例えば、一九〇二年（明治三五）二月二六日に開催された国民同盟会主催の日英同盟成立の祝賀会において、「今則ち此の二大勢力〔日本とイギリス〕の連結を見る。（中略）其れ何事か成らざるあらん」[46]と日英同盟を歓迎する演説をなしている。[45]異人種同盟である日英同盟を支持するこの演説は、見方によっては「同人種同盟」論〈撤回〉宣言である（うがった見方をすれば、「同人種同盟」のパートナーである中国をロシアから護るための迂回作戦と考えることもできるが）。

確かに門戸開放宣言以降、地理学的な意味での中国分割は縮小化の方向をたどった。だが、門戸解放は、経済侵出という列強による新たな形の侵略、三谷太一郎言うところの「植民地なき植民地帝国[47]」構築の始まりであった。そもそも列強が門戸開放以降「支那保全」論に転じたとしても、それはあくまで経済的な事情によるものであり、人種主義が否定されたわけではない。「同人種同盟、附支那問題研究の必要」のなかで近衛が予測した、「列国同盟」による中国分割とそれをきっかけとする人種戦争の可能性は、門戸開放によって減少したと言えるかもしれないが、白色人種の人種主義が存在する限り人種対立の可能性は常に存在しているのである。

近衛はこの現実にいかに対処しようとしたのであろうか[48]。結論から言えば、近衛は「同人種同盟」を超えた新たなる文化の創造を模索していたのではないだろうか。

一八九〇年（明治二三）のある日、近衛は米国留学から帰国したばかりの大内暢三《ちょうぞう》（のちに東亜同文書院第六代院長、一八七四～一九四四）と面会した。他の日本人欧米留学生同様、米国において黄色人種に対する差別を体験していた大内は、近衛の「賛成を期待」して、「太平洋上におけるレース・アントゴニズム〔race antagonism、人種的敵対主義〕」について論じた。だが近衛は大内の期待に反し「左様な人種競争と云ふものはない」と大内の論を一蹴した[49]。すでに見たように、近衛は「同人種同盟、附支那問題研究の必要」のなかで、白色人種の人種主義について論じている。一見矛盾とも見える二つの発言は何を意味しているのであろうか。大内の「太平洋上におけるレース・アントゴニズム」論を否定したのち、近衛は「君が人種競争だと思ふて居るのは間違だ、人種競争を云ふものはない。併しながら文化の競争はある。文化の勝れた者が文化の劣つたものゝ為に圧倒されたと云ふことはない。西洋人が人種競争をやつて黄色人種を圧迫してゐると君は考へて居るが、それは我々の文化が足らぬからである[50]」と続けている。

現実の欧米において、皮膚の色という「明瞭な可視性にもとづく」差別が存在していることは事実である。これは近衛も身をもって体験している。にもかかわらず、この大内とのやりとりにおいて近衛は、皮膚の色を差別の決定的要因とは見ていない。黄色人種が差別されるのは、「文化が足らぬからである」と近衛は断言する。すでに見てきたように、近衛は、「行政、教育、実業」「精神教育」「社会の制裁」などすべての点において、日本は欧米に遅れていると見ていた。そして、これは中国など他のアジア諸国も同様であった。まさに欧米に比しアジアは「文化が足らぬ」状態にあると近衛は見ていた。

皮膚の色は「明瞭な可視性」を持っており、可変不能なものである。しかし、有色人種は有色人種であるが故に差別されるわけではない、と近衛は考える。近衛たちが生きていた時代には、明らかに有色人種は、白色人種に比し「文化が足らぬ」状態にあったかもしれない。したがってこの時点では、〈白色人種＝優等、黄色人種＝劣等〉の図式が確かに成立する。それ故、近衛によれば〈白色人種＝優等、黄色人種＝劣等〉の図式を打ち壊すのも、「文化」だったのである。すでに近衛はヨーロッパ留学中に「若シ我国ノ文化進ミ百般ノコト欧州ヲ睥睨《へいげい》スルニ至ラハ宗教ハ変セストモ耶蘇教ハ腰ヲ屈メ相交際センコトヲ望ムハ鏡ニ掛テ見カ如シ」[51]と、日本の「文化」が進めば、「耶蘇教」＝欧米は「腰ヲ屈メ相交際センコトヲ望ム」ようになると語っている。そして先の大内への忠告のなかで近衛は、中国と協力して「東洋の文化を大に発揚する」ことと、さらには西洋と東洋を「融合せる文化の力」で世界に対峙することを説いている[52]。

何やら、「アジアは一つである」[53]と語り、「アジアのすべての民族の共通の思想的遺産」である「愛」を武器に欧米に対抗しようとした岡倉天心を彷彿とさせる主張である。しかし、岡倉が欧米に対してそれを「寄生虫」[54]視するほどシヴィアな認識を持っていたのに対し、近衛は、欧米の帝国主義や人種主義を懸念しつつも、ヨーロッパには終生変わらぬ敬意を持っていた。「同人種同盟」を超えた先に近衛が思い描いたのは、「西欧文化に対応」するために「日支両国の親善の下に東洋固有の文化を闡明《せんめい》」し、その後「世界人類」が「東西文明」を「接触切磋」し、「世界人類の福祉を増進し相互依存の繁栄を致」す世界であった[55]。そしてこの世界の実現は、同時に人種主義の超越と「興亜」の目的達成を意味していたのである。

おわりに

明治国家にとって、欧米列強の「西力東漸」の勢いに抗して国家の独立を維持し、万国対峙を実現するということは喫緊の課題であった。そして、この喫緊の課題を前に、「興亜」と「文明」は結びつくことになった。中国、朝鮮、アジアを日本が「文明」化させ、その結果強化されたこれらの国々と結び、欧米列強に対抗しようというわけである。しかし、中国、朝鮮の「文明」化は遅々として進まず、両国の「文明」化を前提とした「興亜」論は次第にその勢いを失い、日本は「興亜」から「脱亜」へと舵をきるようになる。「興亜」から「脱亜」への〈方向転換〉は、明治一〇年代後半から強まり、日清戦争の勝利によって決定的となる。そして、〈方向転換〉と並行するように、中国や朝鮮、アジアに対する日本国民の態度も驕慢化の一途をたどることになった。

このような国内状況に抗するように登場してきたのが、「同人種同盟」論であり、その代表格とでも言うべきものが、近衛篤麿の「同人種同盟、附支那問題研究の必要」であった。多くの「同人種同盟」論者同様、近衛も「文明」を学ぶべく欧米に赴いた一人であった。近衛のヨーロッパへの敬意は深いものがあり、それは終生変わらなかった。しかし近衛は同時に、白色人種の「明瞭な可視性にもとづく」人種主義を体験し、この人種主義が帝国主義を支えていることを認識していた。近衛にとって、「興亜」論から「脱亜」論への〈方向転換〉は、あまりにも機会主義的（オポチュニスティック）なものであり、国民世論の驕慢化は座視すべからざる事態であった。近衛が「同人種同盟」論を唱えた理由がここにある。

近衛の「同人種同盟」論は、白人列強が黄色人種掃討のために同盟し中国に侵出することによって人種戦争が勃発するという予測のもとに成り立っていた。しかし、ジョン・ヘイによる門戸開放宣言以降、列強は自らの利益のために「支那保全」に舵をきった。一九〇二年（明治三五）、日本がイギリスと日英同盟を締結すると、近衛はこれを歓迎し、白人列強による対黄色人種同盟の締結を前提とした「同人種同盟」論を〈撤回〉する。

だが、門戸開放宣言は、列強による「植民地なき植民帝国」構築の始まりであり、また、門戸開放によって欧米列強の人種主義が消えたわけではなかった。近衛もこのことはよく認識していた、と筆者は考える。そして近衛は、「植民地なき植民帝国」の時代に対処するために、東西文化を超えた「融合せる文化の力をもつて世界に対する」ことを主張したのである。それは、「世界人類」が「東西文明」を「接触切磋」し、「世界人類の福祉を増進し相互依存の繁栄を致」す世界であった。さらにこの世界は、「興亜」（このなかには日本の独立と万国対峙ももちろん含まれる）と「文明」への思い、人種主義に対する複雑な感情という彼自身の内なるカオス（これは、当時の欧米留学組に共通するものであっただろう）を止揚する世界でもあった。

とは言っても、結局近衛は、東西文化を超えた「融合せる文化の力」が如何なるものかを具体的に提示することはなかった。また、たとえ近衛がこの「融合せる文化の力」を提示しえたとしても、それが白色人種の人種主義に対してどれだけの説得力を持ちえたかについて予測することは難しい。

ただ、明らかなことは、日露戦争後（この時近衛はすでに死去）、日本は「アジアにおける新生英国」[56]として、「脱亜」あるいは〈名誉白人〉化の道を歩み、新興帝国主義国家としてアジアに対峙していったということである。しかし、「アジアにおける新生英国」という言葉とは裏腹に、日本が帝国主義国家として〈成長〉していくのにともない、白人列強の〈黄色い帝国主義国家〉日本に対する警戒心は高まっていった。日露戦争後の日本は、「白色人種と黄色人種のいずれの側からもその真意を疑われねばならぬような微妙な段階[57]」に入ることになったのである。やがて日本は「白人帝国主義からのアジア解放」をスローガンに掲げ、太平洋戦争に突入することになる。

この時、近衛の「同人種同盟」論は、岡倉天心の「アジアは一つ」論とともに、日本のアジア侵出と「大東亜戦争」を肯定するイデオロギーとして読み直されるのであった。しかし、そこには、近衛が終生もっていた「興亜」の理想や天心が重視した「愛」という言葉の片鱗すら存在しなかった。そして、アジアの諸民族にとって、日本は欧米列強同様すでに紛れもなく帝国主義国家であり、もはや「同人種同盟」のリーダーとして期待される存在ではなかったのである。

註

（1）佐藤信淵「混同秘策」（一八二三年）、尾藤正英・島崎隆夫編『安藤昌益・佐藤信淵』（日本思想体系四五）、岩波書店、一九七七年、四二六〜四八五頁。

（2）本稿で引用した『存華挫狄論』は、早稲田大学図書館所蔵の和本である。

（3）吉田松陰「水陸戦略」（一八四九年）、山口県教育委員会編『吉田松陰全集』（普及版）第一巻、岩波書店、一九四〇年、二四七頁。

（4）この点に関しては、栗田尚弥「葉山佐内の思想に関する一考察――『思想家』吉田松陰誕生前史」、『法学新法』第一二一巻第九・第一〇号（合併号）、二〇一五年三月、一八五〜二三二頁、を参照されたい。

（5）吉田松陰「西遊日記」（一八五〇年）、『吉田松陰全集』第一〇巻、一九三九年、八〇頁。

（6）吉田松陰「文武稽古万世不朽の御仕法立気附書」（一八五一年）、前掲『吉田松陰全集』第一巻、二六三〜二八五頁。

（7）例えば勝海舟は、『氷川清話』において、「おれなどは維新前から日清韓三国合従の策を主唱して、支那朝鮮の海軍は日本で引受くる事を計画したものサ」と述べている（勝海舟『氷川清話』、講談社文庫、一九七四年、二四四頁）。

（8）竹内好「日本人のアジア観」、『日本とアジア』（竹内好評論集第三巻）、筑摩書房、一九六六年、八七頁。

（9）ここで引用した「興亜会緒言」は、国立国会図書館によって公開されているデジタル・ライブラリー版『興亜会仮規則』所収のものである（原漢文）。
(10)並木頼寿「明治初期の興亜論と曽根俊虎について」、『中国研究月報』一九九三年六月号、一九頁。
(11)『興亜会報告』第二集（一八八〇年四月一日）、引用は同右、一九頁。
(12)同右、二二頁。
(13)『興亜会報告』第七集（一八八〇年六月三〇日）、引用は同右、一九頁。
(14)『興亜会報告』第二集、引用は同右、一三頁。
(15)坂根義久「解説」、同編『青木周蔵自伝』、平凡社、一九七〇年、三五三頁。
(16)前掲『青木周蔵自伝』、九八頁。
(17)同右、九八頁。
(18)同右、九九～一〇〇頁。
(19)福沢諭吉「時事小言」（一八八一年）、『福沢諭吉選集』第五巻、岩波書店、一九八一年、二六〇～二六一頁。
(20)福沢諭吉「脱亜論」（『時事新報』一八八五年三月一六日、ただし無署名記事として発表）、『福沢諭吉選集』第七巻、一九八一年、二二三～二二四頁。
(21)陸奥宗光「蹇蹇録」（一九二九年）、萩原延寿編『陸奥宗光』（日本の名著三五）、中央公論社、一九七三年、一四八頁。
(22)徳富蘇峰『大日本膨張論』（一八九四年）、植手通有編『徳富蘇峰集』（明治文学全集三四）、筑摩書房、一九七四年、二四五～二七四頁。
(23)陸奥宗光、前掲『陸奥宗光』、一四九頁。
(24)樽井藤吉「大東合邦論」（竹内好による漢文読み下し版）、竹内好編『アジア主義』（現代日本思想体系九）、筑摩書房、一九六三年、一〇六～一二九頁。
(25)杉浦重剛「日支の関係」（『東京朝日新聞』一八九三年七月二六日・二七日）、東亜文化研究所編『東亜同文会史』、霞山会、一九八八年、二三〇頁。
(26)以下、本稿での近衛篤麿「同人種同盟、附支那問題研究の必要」からの引用は、近衛篤麿日記刊行会編『近衛篤麿日記』付属文書、六二～六三頁にもとづく。なお、『近衛篤麿日記』（第一～五巻＋付属文書）は、一九六八年から六九年にかけて鹿島研究所出版会から刊行された。
(27)「近衛公爵の談話」(『日本』一八九九年一一月二八日)、『近衛篤麿日記』第二巻、四七七頁。
(28)さらに一九〇〇年、興亜会の後身亜細亜協会(一八八三年に名称変更)が東亜同文会に合流する。
(29)工藤武重『近衛篤麿公』(復刻版)、大空社、一九九七年、一三五頁。
(30)前掲『近衛篤麿日記』第二巻、一九五頁。米大統領ジェームズ・モンローが唱えたモンロー主義は、米国の南北アメリカ大陸での排他的覇権宣言であるが、近衛の「亜細亜のモンロー主義」は、欧米の人種主義や「異人種征服の目的」に対する強い抵抗の姿勢のもとに発せられたものであり、日本の中国あるいはアジアでの排他的覇権宣言と見ることはできない。なお、明治期から昭和戦前期のアジア・モンロー主義については、嵯峨隆『アジア主義と近代日中の思想的交差』(慶應義塾大学出版会、二〇一六年)の第一章「アジア連帯思想の形成と展開」を参照されたい。
(31)前掲『近衛篤麿日記』第五巻、一九六〇年、九一頁。
(32)近衛篤麿「航西紀行」、『蛍雪余聞』、陽明文庫、一九三八年、二七四頁。
(33)前掲『青木周蔵自伝』、一八六頁。
(34)杉浦重剛、前掲『東亜同文会史』、二二九頁。
(35)岡倉天心/夏野広訳「東洋の目覚め」(一九〇二年)、色川大吉編『岡倉天心』(日本の名著三九)、中央公論社、一九七〇年、七〇頁。
(36)前掲「近衛公爵の談話」、前掲『近衛篤麿日記』第二巻、四七七~四七八頁。
(37)近衛篤麿「近衛忠煕宛書簡」(一八八六年一月一五日)、前掲『近衛篤麿日記』付属文書、五六七頁。
(38)フランツ・ファノン/海老坂武・加藤晴久訳『黒い皮膚・白い仮面』(フランツ・ファノン著作集I)、みすず書房、一九七〇年、七七頁。
(39)栗原彬『歴史とアイデンティティ――近代日本の心理=歴史研究』、新曜社、一九八二年、一三七頁。
(40)津軽英麿「近衛篤麿宛書簡」(一八九八年三月一日)、前掲『近衛篤麿日記』第二巻、五八頁。
(41)浮田和民「日本の帝国主義」、『帝国主義と教育』、民友社、一九〇一年、三五~三六頁。
(42)「東亜同文会発会決議」(一八九八年一一月)、前掲『東亜同文会史』、二六六頁。

(43) 中村進午「近衛篤麿宛書簡」(一八九八年四月一二日)、前掲『近衛篤麿日記』第二巻、四九頁。
(44) 前掲『近衛篤麿日記』第二巻、四四四頁。
(45) 国民同盟会は、「支那保全」論の立場から対外硬（対ロシア）の世論を喚起する目的で、東亜同文会の会員を軸に一九〇〇年九月、近衛を会長として組織された。
(46) 近衛篤麿「日英同盟の成立」(『日本』一九〇二年二月一六日)、前掲『近衛篤麿日記』第五巻、一九六九年、三四〜三五頁。
(47) 三谷太一郎『日本の近代とは何であったのか』、岩波書店、二〇一七年、一四九頁。
(48) 近衛は「植民地なき植民地帝国」主義に対しては、経済的には〈同人種協商〉のような新たな形の「同人種同盟」を模索していたのではないか、と筆者は考えている。この点については、拙稿「同人種同盟論を巡って」、霞山会編・発行『シンポジウム 近衛篤麿とその時代――近衛篤麿と明治アジア主義』、二〇一六年、四〇〜五〇頁、を参照されたい。
(49) 大内暢三「近衛霞山公と東亜同文会」、『支那』第二五巻第二・三合併号、一九三四年二月、一四五〜一四六頁。
(50) 同右、一四六頁。
(51) 近衛篤麿「松村任三郎ニ質ス」、前掲『蛍雪余聞』、四六一頁。
(52) 大内暢三、前掲『支那』第二五巻第二・三合併号、一四六頁。
(53) 岡倉天心／夏野広・森才子訳「東洋の理想」(一九〇三年)、前掲『岡倉天心』、一〇六頁。
(54) 岡倉天心「東洋の目覚め」、同右、八八頁。
(55) 東亜同文会第一回南京同文書院留学生への近衛篤麿の訓示（一八九九年一〇月）、岡野増次郎「故近衛篤麿爵師を偲ぶ」、前掲『支那』第二五巻第二・三合併号、一九三頁。
(56) 山室信一『日露戦争の世紀――連鎖視点から見る日本と世界』、岩波書店、二〇〇五年、一九二頁。
(57) 橋川文三『黄禍物語』、筑摩書房、一九七六年、一二四頁。

根津一の興亜思想について

嵯峨　隆

はじめに

根津一（ねづ・はじめ、一八六〇〜一九二七）は軍人・教育家・中国問題分析家という三つの側面を持つ人物である。軍人としては日清戦争に従軍したが、一八九五年に現役を離脱した後は、献策を行うことを除いては軍事に直接的に関わることはなくなる。その後の彼は、東亜同文会の主要な会員として中国の政治・経済の分析に務める一方、上海の東亜同文書院の初代・第三代院長として日中間で活動する人材の育成に務めたことで知られる。

しかし、何よりも根津は興亜論者であった。「興亜論」とは「アジア主義」に先行する名称で、中国などアジア諸国と連帯して欧米列強の脅威に抵抗し、その支配からアジアを解放しようとする主張である。彼は早くから中国を始めとするアジアの再興を求めており、その延長線上に東亜同文書院との関わりが生じることになるのである。

今日に至るまで、東亜同文書院についての研究はかなりの成果を上げてきた。しかし、その運営に実質的に関わった根津の思想と中国観に関しては、必ずしも十分な研究がなされてきたとはいえないように思われる。根津に関する代表的な論考としては、森時彦、栗田尚弥、鈴木隆、大島隆雄らの研究がある。(1)それらは、いずれも先

根津一（ねづ・はじめ　1860～1927）

行研究としては優れたものである。しかし、根津がどのような思想に基づいて学校の運営と教育に当たったのか、そして清末・民国初期の中国の政治変動にどのように対応したのかは、彼の全体像を知る上でなおも考察の余地が残されていると考えられる。

そこで本稿は、以下において根津の思想形成から説き起こし、東亜同文書院の建学精神の特徴と、そこでの根津の教えを検討し、更には現実の中国政治への考え方を見ていくことにする。恐らくそこからは、伝統への強い愛着と政治面での楽観主義が織り合わさった彼の思考態度が見えてくることであろう。

一、根津思想の形成とその特徴

根津一は一八六〇年（万延元）六月二〇日、甲斐国山梨郡一町田中（現在の山梨市）に、根津勝七の次男として生まれた。幼名は伝次郎、一一歳の時に名を一と改め、後に山洲と号した。根津家は代々庄屋名主を務め、地方の豪族として勢望があったといわれる。根津は幼少の頃、漢学に造詣が深い伯父が近在で私塾を開いていたことから、そこに足繁く通い知識を蓄えたという。

それでは、少年時代の根津はどのような本を読んでいたのであろうか。旧知の人が語るところによれば、初めのうちは頼山陽の『日本外史』や『日本政記』のような日本語の文献が主であったが、その後は「あらゆる漢籍を渉猟し、大学中庸論語孟子等の四書の類、それから易まで読んだ」ようで、特に『大学』はいつも手から離したことがなかったということである。[2] 彼は幼少の頃から、儒教の経典と身近に生活していたことが分かる。とりわけ、彼が『大学』に特別な関心を示していたことは、後に大きな影響を与えることになる。

一六歳となった根津は外国留学を目指し、横浜に出て師範学校に入学したが病気のため挫折し、軍人への道を歩むことを決意する。その後、彼は陸軍教導団（下士官養成機関）を経て陸軍士官学校に入学すると、谷中会という精神主義的団体で生涯の盟友となる荒尾精と出会い、中国問題への関心を深めることとなる。その一方で、彼は自由民権論者として知られる中江兆民とも親交を持っている。当時、根津はフランス政治学に関心を持っており、中江の自宅を訪ねて兵学を教授し、替わりに政治学を学んでいたのである。[3] 後の強烈な反欧化主義からすれば、意外な一面であるといえる。

根津は士官学校を卒業すると陸軍大学校に入学した。しかし一八八六年（明治一九）、彼はドイツ人軍事顧問メッケル（Klemens W. J. Meckel）の教育方針に異を唱えたため退学処分となった。根津の記すところでは、メッケルが「予にして独逸の兵一師団を率ゐ来らば、日本陸軍の如きは、縦横に駆け破ること容易なり」[4]と豪語したことが彼の反抗のきっかけであった。彼としては、如何にドイツが軍事的に先進国とはいえ、日本人を見下す態度に我慢がならなかったのであろう。

陸軍大学校を退学した翌年、根津は「将徳論」と「哲理論」という論説を発表している。根津は自叙伝で「陸軍名将の缺乏を来さんことを憂慮し、将徳論一篇、及び名将を造出せんには哲学を盛にすべしとの意見にて、哲理論一篇を著し」たと記している。[5] いずれも軍人の精神的在り方について書かれたものである。

「将徳論」において、根津は陸軍が西洋の制度に学ぶことは良しとはしながらも、「本邦固有の事物」については、国俗に照らし人情に基づいて、「前人の事跡と先哲の遺訓」とを採ることは当然であるとする。それでは「固有の事物」とは何かといえば、それは「心術」であり、これこそ「将徳」すなわち軍人道徳であるとされる。軍事面で西洋の制度を採用するのは、その長を取って短を補うためであって、外形を除くその他一切は不要のものとして捨て去るべきである。もし、「本邦固有の大値たる心術の大点」を忘れることがあれば、それは「長を取りて長を捨つる」ものであった。(6) ここでは肝心の「心術」の内容が論じられておらず、要領を得た説明といえるものではないが、こうした考えが当時の中国の中体西用論に通ずるものであったことは確かである。

他方、「哲理論」では軍人が哲理の知識を持つ必要性が説かれている。根津によれば、物理は有形の間に止まる一方、哲理は無形百般の理を包括するものである。そのため、「物理固《もと》より世に要用なり。哲理を須《ま》って始めて其の効を見るべし。故に哲理は事物万物の本と知るべし」とされるのである。彼は、哲理は物理に優先すると考えていたのである。

根津によれば、西洋諸国では軍事を学ぶに当たっては兵略学、戦術学、補助学を順序とするという。彼はそれを誤りではないとしながらも、「其の一を知りて其の二を知らざるもの」と批判する。「其の二」とは何かといえば、「明哲心理学」すなわち哲理である。そのため、西洋には名将と称される者がいたとしても、それは「兵に将たるの程度」であって、「将に将たる」才能を備えた人物ではない。

しかし、日本においてはそのような名将を輩出することは可能である。何故なら、「欧洲人は器械的性に富みて哲理に乏し」い一方、アジア人は天性として哲理に富んでいると考えられたからである。(7) しかも、西洋哲学は平易だが浅薄であるため得るところは少ないが、アジアは哲学書に富み、様々な兵法の書、更には論語や禅学の如き高尚深遠な哲理の域に入る書物も多い。将たる者は、そうした哲理を身につけるべきなのである。根津の考えるところでは、軍隊の本質は軍人精神の良否であったということができる。

「哲理論」は、西洋の戦術と武器の吸収にのみ汲々とする当時の軍内部の欧化派に対する批判であった。(8) 根津はこれらの論文を書いた頃から、急速に西洋的価値観への反発を深めるようになったと見られる。一八八九年（明治二二）には「欧行者愚となるの論」を陸軍の『月曜会雑誌』に発表し、軍内部で審査・懲罰の問題を起こしていたほどである。そしてこの年、彼は南部藩儒・太田代恒徳という経学の大家がいることを聞き、東京で易の講義を受けたところ大いに感銘するところがあった。その後、根津は九五年に軍の現役を離れると京都に移り住み、九七年からは「〔太田代〕先生を京都に聘礼し同居を請ひ、朝夕経書の講義を聞き直すこと二年」に及んだのである。(9)

この太田代という人物は、現在の岩手県花巻市に生まれ、江戸に出て昌平黌で学んだ南部藩下随一の漢学者と称されており、明治維新後には東京に移り塾を開いて学問を講じていた。その著作には『大学説』などの書があったといわれ、恐らく、根津はこの数年間に、少年時代から慣れ親しんだ『大学』を集中的に研鑽したものと推測される。そうだとすれば、後に見る東亜同文書院創立要領に現れる根津の思想的根幹は、この時期に形成されたと見ることができるかもしれない。

さて、根津の思想的大要は、一九一一年（明治四四）から翌年にかけて発表された「無政府主義者絶滅案」から窺うことができる。この論説は、前年五月に発生した大逆事件に刺激を受けて書かれたものである。

根津の考えでは、国家の存立において最も危険なことは国民思想の混乱である。欧州社会は「蕪雑の主義思想」が氾濫しており、宗教力の影響が低下するに従って、国民の間には慈悲の精神が失われ、貧富の格差は甚だしく、その結果ストライキが頻発している状態である。このような事態が日本で発生することは絶対に避けなければならない。そのためには、偏った見解を増長させることのないように思想的安定が必要ということになる。

それでは、根津の考える日本の正統的道徳思想とはどのようなものであったのか。彼によれば、日本の道徳観念は「儒仏二教の極致と一致して戻るなきが故に、相須《あいま》って涵養蘊蓄、以て今日に至る」もので、「皇祖神教の要旨たる至誠（真心）を以て心の体とし、智仁勇を以て其用」とするものであった。[10] そして、この至誠なるものは天皇自らの率先垂範によって社会に行き渡るものとなる。すなわち、「天皇先づ此道を修して至誠の身となり、天下に君臨以て其範を垂れ、万民をして、日常奉範、知らず識らず真心の人となり以て其智仁勇の天徳を全ふせしむる」のである。[11]

根津の考えでは、神道こそ日本の国家経綸の淵源であるが、それだけでは道徳思想としての内実を欠くものであった。そのため、そこには儒教・仏教という宗教的かつ道徳的概念を充塡しなければならなかった。その理由は、「儒仏二教の我国家の経綸に裨益したるの功徳は実に広大無辺、挙げて枚《かぞ》ふべからず」というところにあり、儒仏が有益である原因は、「其の教原の皇祖神教の旨と密合して戻らざるに因る」ためであった。とりわけ、儒教の本源は堯が舜に伝えたという「允《まこと》に其の中を執《と》れ」の「中」、『易経』にある「元亨利貞」の「元」、そして『中庸』にいう「天の命ずる之を性と謂う」の「性」であって、これこそ神道の真心の本体であるとされる。[12] ここに、儒教は神仏の教えと合致するものと見なされたのである。

以上のような考えに基づく理想的な政治体制は、天皇を頂点に据えた身分制秩序にほかならない。当然、それは自由・平等と相容れるものではない。それらは西洋の産物であって、日本にあっては社会的混乱の因子となるものである。根津は、西洋社会においては、天賦人権の自由・平等の原理に基づく政治があってよいし、マルクスの唯物史観の如きも「一応道理ある議論」と認められるとしつつも、次のように述べる。

> 然るに我れに在りては仁義を以て人間の賦性とし、（中略）之れに基づき国家社会を経綸するものにして、平等自由観念の流行は、思想界に於て甚だ危険なるものなり。（中略）其の平等観は無差別即ち悪平等となり、自由観は放縦即ち悪差別となり[13]（後略）。

根津の考えでは、日本のように名教によって成り立つ国家においては、義務観念が未成熟の段階で権利の観念のみを増長させれば、平等意識は悪平等を生み、自由意識は悪差別を生むとされるのである。彼の思想の根底に、西洋的価値観に対する強烈な敵対心が存在していたことが理解されるであろう。

以上のような言説から見えてくる根津の思想は、神道を外枠としつつも、その内実を支えるものとして儒教と仏教があった。しかし、儒仏いずれに重きが置かれていたかといえば、前者であったということができる。そして、彼が正統とする儒教は陽明学であるが、このことについては後に触れることにする。

二、東亜同文書院と根津

（一）東亜同文書院設立に至るまで

根津一が中国問題に関心を抱いたのは、陸軍士官学校時代に知己となった荒尾精を通じてのことであった。一八五九年（安政六）生まれの荒尾は根津よりも一年歳下だが、教導団および陸軍士官学校では一期後輩に当たる人物である。彼らはともに、西力東漸を防ぐには中国を覚醒させ、富強に導くことが必要だと語り合っていたという。根津は既に興亜の志を持っていたのである。荒尾は一八八六年、参謀本部の命を受け情報収集のために中国に渡り、漢口楽善堂を調査活動の拠点とした。この時、荒尾は根津に向かって「予先づ支那に赴かん、君は大学に入り高等戦略を学び、然る後、渡支せられよ」と述べたといわれる(14)。

この後、根津はしばしば予備役に退いて中国に渡航することを申し出たが、陸軍当局は許可しなかった。荒尾は一八八九年（明治二二）一旦帰国して復命書を提出し、翌年には貿易立国の教育機関として日清貿易研究所を上海に設立する計画を立て、学生募集と資金調達に奔走した。その結果、研究所はようやく設立の運びとなったが、楽善堂の一部分子の中に不穏な動きがあることが発覚し、それを説得する任務として根津に現地渡航が許されることとなった。同年七月、彼はついに念願の中国の地に渡ることとなったのである。

一八九〇年（明治二三）九月、日清貿易研究所は上海に開校し、一一月には漢口での任務を果たした根津がここに合流した。以後、三年間にわたって、根津は代理所長として学生たちの教育と監督に当たった。結局、研究所は運営資金難によって閉鎖されたが、日本が世界の経済大国となるには「必ずや東洋を凌駕し、欧米を睥睨し、厳然として商権を洋の東西に振ふの素を養はざるべからず[15]」とする荒尾の貿易立国の精神が、この後の根津に受け継がれたことは間違いない。

根津は日清戦争開始直前の一八九四年（明治二七）七月、参謀本部に復職し、中国情勢の視察のために派遣され、一旦帰国した後には司令官となって戦地に赴任し戦争の指導に当たった。そして、戦後は現役を離れて京都に移り、面会を一切絶った隠棲生活に入った。その彼を再び現実社会に引き寄せたのが近衛篤麿であった。

近衛は貴族院議員であると同時に、アジア・モンロー主義を唱えたことでも知られる。その主張は、白人種に対抗するためには全ての黄色人種の団結が必要だとするものであった。こうした考えの延長線上に「支那保全」論があり、その主張に基づいて結成されたのが東亜同文会であった。

他方において、学習院の院長を務める近衛は日本と中国の教育交流にも熱心であった。近衛は一八九九年（明治三二）四月から外遊に出たが、ヨーロッパ諸国を経由して九月に中国に至り、一〇月二九日には南京で両江総督の地位にあった劉坤一と会談した。この時、近衛は日中両国の交流の必要性を述べたうえで、東亜同文会について説明し、南京に学校を設立することへの協力を求めると、劉は「及ぶ丈の便宜を与ふべし」と好意的な対応を示したのである[16]。

近衛が帰国するのは一一月のことであり、京都に滞在した同月二二・二三日のいずれかに根津と面談したものと見られる。根津の年譜には、「支那に大規模の学校を設立するの急務と方法の大略とに関し京都にて近衛公と会ふ」[17]と記されていることからすれば、両者の間で学校設立が主要なテーマとなっていたことが推察される。

近衛は根津との会談に好印象を抱いたのであろう。この後、東亜同文会による中国での学校建設は急進展を見ることとなり、一九〇〇年（明治三三）五月二一日、南京同文書院が設立された。当初、院長には佐藤正（元・陸軍少将）が予定されていたが病気のため就任せず、代わりに根津が就任することとなった（根津はこの後、東亜同文会幹事長をも兼任する）。しかし、義和団事件の影響を受け、同校は同年八月に上海に移転し、名称も東亜同文書院と改めて翌年五月二六日に開校したのである。

根津は前述したような強烈な伝統的精神をバックボーンに持ちながらも、荒尾精と同様に貿易立国論者であった。その意味からすれば、彼らの立場と近衛の教育立国論と合体したものが東亜同文会であり東亜同文書院だったとする竹内好の説は当たっているといえるかもしれない[18]。また、栗田尚弥が指摘するように、東亜同文書院の性格は基本的にビジネス・スクールであり、それが目指したものは、日本と中国を経済において結びつける日中の人材、特に経済人を養成することにあり、日中提携の基礎を築くことにあった[19]。

しかし、「支那保全」を綱領に掲げる東亜同文会を経営母体とする東亜同文書院が、政治的・思想的に無色透明なビジネス・スクールであるはずはなかった。そこには、東亜同文会固有の対外観が濃厚な形で付与されていたことはいうまでもなく、更には学校の運営に直接携わった根津の思想傾向、すなわち「根津精神」が反映されていたものと見られる。そこで、次に東亜同文書院建学の精神と教育方針を見ていくことにする。

（二）東亜同文書院創立要領

まず、東亜同文書院の創立要領について見ていくことにしよう。一九〇〇年五月の南京同文書院設立に当たり、根津は創立要領を作成した。その原文は、「創立南京同文書院要領」と題して『東亜同文会報告』第一八回に収められているが、[20]彼は義和団事件の最中の九月に近衛の代理として劉坤一と会見した際、これを彼に提示したところ賛同を得たといわれている。この文章は「興学要旨」と「立教綱領」の二つの部分から成っている。「興学要旨」の冒頭には次のようにある。

中外の実学を講じ、日清の英才を育つ。一には以て清国富強の基を樹て、一には以て日清輯協の根を固む。期する所は清国を保全し、東亜久安の策を定め、宇内永和の計を立つるに在り。[21]

ここでは、東亜同文会の綱領である「支那保全」が前面に打ち出され、それを前提にした日中提携に基づくアジアの安定と世界平和の希求が提示されている。その状況認識によれば、中国は広大な版図を有するにもかかわらず、統治が弛み、民衆の危疑の感情は噴出している。その結果、「〔中国の〕山沢の富、関市の利は海外列国の羨望し、奔競する所」となっている。中国が未だ分割されずにいるのは、たまたま列強の勢力均衡が保たれているからに過ぎないのである。

しかし、一たび中国の分割が実行されることになれば、その危機は救うべくもなく、禍乱は東アジア全体に及ぶところとなり、ひいては世界の平和を攪乱する事態となるであろう。こうした事態の出現を防ぐためには、何よりも大国である中国と強国である日本の提携によって、西洋列強に対抗していくことが必要であるという。しかし、中国が弱体化した現状のままでの両国の提携は、さほどの効果を上げることはないであろう。中国が富強を成し遂げ、提携の基礎を固めることが現在の急務なのである。

富国強兵の道は多様である。然るに、学校を興し人材を養うことこそ「捷且つ便」であるとされる。何故なら、「国の富強は民の智徳を以て本と為し、民の智徳は士大夫の智徳を以て準と為」すからである。東亜同文書院の建学の理由はここにあった。

それでは、如何なる教育によって人材を育成するのか。端的にいえば、それは儒教精神と西洋の近代科学の兼修によってである。「孔孟仁義の教え」は、日中両国ともに過去より修身治国を道としており、そこには何の隔たりもない。ただ、西洋近代科学は日本が中国に先行して吸収し、既に民衆生活向上の手段としており、その運用においては西洋諸国に並ぶものがある。だが、この東亜同文書院の創設を機に、将来において教育面での両国の協力が進めば、中国各地に学校を興し、両国の優秀な人材を集めて、仁義忠孝の教え、格物致知の学（近代科学）、更には言語文字、実用諸科を教育することによって、「其の徳性を砥礪《しれい》し、其の智能を啓発すれば、則ち東亜人才の勃興は翹足《ぎょうそく》して待つべし」とされたのである。

以上のように、東亜同文書院は興亜主義を掲げる教育機関たることを宣言した。これに先行する教育機関としては、東洋学館（一八八四〜八五）と前述した日清貿易研究所があったが、東亜同文書院がそれらと比べて特徴的であった点は、中国の伝統文化に対して強い崇敬の念を懐いていたことである。そのことは、「興学要旨」で次のように述べていることからも分かる。古代以来、「彼（中国）は常に我の師表たり、彼の典章文物は常に我の模範たり。礼楽刑政教化の具より、以て医卜暦数、技芸百工の事に至るまで、彼に学びて我に資せし者は数うるに勝《た》うべからず」。これまで日本は常に中国文化の教えを受けてきたのであり、このことについて日本は感謝しなければならないというのである。

この数十年間、日本は欧米の近代的学術を取り入れることによって、文明を開化させ国力を充実させてきた。しかし、そうした成果をもたらすことができたのも、中国から伝わった儒教の基盤があったためであって、これがなければ不可能であったとされる。それ故、「興学要旨」は「支那の徳の我に於けるや大なり。我の支那に負う所は重し」といい、日本は中国の徳に報い、恩に酬いるべきだとするのである。当時の興亜論ないしアジア主義関連の文書で、これほど中国文化を崇めたものは恐らく他にないだろう。ここには、根津の中国文化への姿勢が強く反映されている。

「立教綱領」では教育方針が述べられている。綱領によれば、中国に欠けているものは西洋の科学であり、これを学ぶことによって富国強兵の緒に就かなければならない。しかし、中国がこれを諸外国語を学んでから習得するのでは時間がかかり過ぎるので、先んじて受容した日本から学ぶことが効果的であるという。すなわち、「今、清の学生に授くるに我が言語文章を以てし、我が人を師とし、我が書に由って日用百科を学ぶことを得しむれば、則ち列国の言文は学ぶを待たず」とされるのである。

然るに、東亜同文書院の教育方針において、最も注目すべきことは儒教の経典を介して道徳教育を重んじたことであった。すなわち、「立教綱領」の冒頭では、「徳教を経と為し、聖経賢伝に拠りて之を施し、智育を緯と為し」、「期する所は各自通達強立、国家有用の士、当世必需の才を成すに在り」と記されているのである。このことは、書院の前身であった日清貿易研究所が、「重きを徳育に置くと雖も、亦必ず厚く智育に致し[22]」としていたことと比較すれば、その重視の度合の大きさが窺えるであろう。

根津の考えでは、国家有用の人材は「尽忠報国」の大義を明らかにして「利用厚生」の実務に通じつつ、国際情勢を知り経世の術に長けていることが必要であった。そのため、東亜同文書院では実学を学ぶと同時に、「徳教の本、道学の源」である儒学が是非とも講じられなければならないと考えられたのである。根津は、西洋伝来る。
の近代的知識を優先するあまり、儒教思想を顧みない風潮に不満を感じていたと見られる。それ故、「本書院は、首《ま》ず経学の科を設け、先聖先儒の大道を講明し、以て窮理、正心、修己、治人の本と為す」と明記されたのである。

さて、一九一五年（大正四）に東亜同文書院に入学した中山優の記すところでは、「日本の大学、専門学校で経学を道徳教育の基礎として堂々とかかげたのは書院だけである」[23]とされている。現に、書院の授業科目の筆頭には倫理が置かれており、その重視度が知られるところである。倫理科目は院長である根津自らが担当した。このように、東亜同文書院はビジネスマン養成学校でありながら、儒教倫理を前面に掲げたという点において、他に類を見ない特徴を持った教育機関であったということができる。そこで最後に、根津の倫理教育について見ておくことにする。

根津は『大学』についての講義を行っている。その内容の一部は、当時の学生が記録したものを通して知ることができるが[24]、そこでの第一の特徴は、彼が『大学』を主として経書に基づいて解釈しつつ、不足の箇所は仏教で補いながら説明していることである。彼はかつて鎌倉で今北洪川に、京都で由理滴水に禅を学んだ経験を持ち、仏教理論にも精通していたのである。

第二の特徴は、『古本大学』を教材としていることからも分かるように、根津は陽明学の立場から倫理を説いていることである。彼は『大学』の主旨を「心を大人にするの学問」と捉え、朝野を問わず、人物の大小を問わず、如何なる人であっても君子としての「徳を成し聖を致すの学問」であるとしている。したがって、三綱領といわれる「明明徳」（明徳を明らかにす）、「親民」（民に親しむ）、「止於至善」（至善に止まる）は朱子学のように国家経綸の立場から解釈されるべきものではなかった。

すなわち、「明明徳」は心の本体である明知・明徳に復することであり、それは王陽明の「大学古本序」にある

「正心は其の体に復するなり、修身は其の用を著すなり」に合致するものである。そうだとすれば、「親民」も朱子学のように「新民」（民を新たにす）に読み替えられる必要はなく、それは「心理学上の所謂心と物と一体になることを云うものにして、本心の働き」を意味すると解釈される。そして、明徳をもって天地間の万事万物に対すれば、心が至善のものとして現れるとされる。このように、根津は『大学』を人間の修養の一点で理解しようとした。彼が講義を通じて学生に求めたものは、宇宙万物を貫く「仁」の精神を完成させることであったのである。

講義録を読めば、根津が確かに陽明学の徒であったことが分かる。しかし、彼にとっての陽明学は社会的性格を伴ったものではなかった。儒教的な理想政治が目標に据えられていたとしても、根津にとって重要なことは三綱領を中心とした個人の修養であった。彼の考えでは、儒教的価値観を身につけることは、良き日本人になるとともに、中国人社会に入り込むために必要不可欠なことであったのである。

三、中国政治への対応——根津の興亜論の実態

根津一は東亜同文会幹事長となった後、積極的に中国の内政・外交問題についての分析と発言を行うことになる。それは概ね、中国の保全を前提として日本の影響力の拡大を図るという、東亜同文会の方針に沿うものであった。

一九〇〇年（明治三三）の義和団事件に際して、根津は日本の可能な対応策を著し政府に提出した。それは、現状保全策、連邦保全策と放任保全策の三案からなり、そのうち最も有効なものは連邦保全策であるとされた。すなわち、それは「先づ李鴻章、劉坤一、張之洞等の人物を従約し、其管下の疆土を結で《ママ》南部諸省連邦の形を成し、隠然我国保護の下に置き、漸次中西部を之に加へ、他日時機之を要するに至らば更に之を打して一団と為し、以

て我一大保護国たらしむるを期す」[25]というものであった。

根津は清朝の頑迷派の抵抗が激化すれば、各地で反乱が発生する可能性もあり、そうなれば列強は「北清の艱難を憤り、南部中部の沿岸を騒がす如き謬挙に出」ることも予想されると考えていた。[26]そうした考えに基づく「連邦保全策」は、明らかに劉坤一、張之洞、盛宣懐といった中国南方の指導者たちが提唱した「東南互保」の主張に対応するものであった。彼の意見は近衛篤麿の容れるところとなり、東亜同文会も人脈を使って南方の分離工作を行ったのであるが、劉・張らは清朝への反乱の疑義を恐れて応じることはなく、結局は実現されることはなかった。また、日本政府が八月初旬に第五師団（およそ八千名）を派兵したことは、根津の中では優先順位が低い「現状保全策」が採用されたことを意味し、彼の本意とするところではなかったと考えられる。

清朝政府は一九〇一年（明治三四）一月の変法上諭以降、「光緒新政」と呼ばれる改革政策を開始した。それは、立憲君主制への移行、科挙廃止を含む教育改革、新軍の建設などを含むものであり、劉坤一と張之洞による「江楚会奏三折」を踏まえたものであった。根津はこの動きを自分の想像を越えたものであったとするが、劉らの上奏については、「之を清国の革新案と謂ふも亦過たりと為さじ」[27]として、その政策の実現に強い期待をかけることになる。そして、今回の改革が「全然張之洞等が論ずる如くいかぬでも、半ば以上は往くだろうと思ひます」[28]というように、彼は政策の実現について楽観的な見通しを持っていた。

しかし、中国の改革に不安な要素がないわけでもなかった。それは、義和団事件後も満洲に居座り続けるロシアの存在である。根津の考えによれば、今回の改革が順調に進めば中国がロシアに対抗し得る力をつける可能性がある。然るに、「露西亜は（中略）支那が事物の発達して行く時に頻りに彼の発達を妨げやうと」しており、今後様々な手段を使って妨害活動を行うだろうと考えられた。[29]この点で、日本はロシアに功を奏させないように努力することが必要となる。その具体策は満洲からのロシアの影響力の排除である。しかも、満洲問題の解決は

「東洋の安危、日本の隆替」に関わること甚大である。そのため、戦争という手段に訴えてもロシアの南下を許してはならないものであった[30]。

しかし、そもそも満洲は中国の一部ではないのか。根津は「満洲は清国の領土也。仮令《たとい》露人を駆逐し去るも、取りて我が有と為すべからざるは言を待たず」という意見があることを知っていた[31]。しかし彼は、対ロシア戦勝の暁には日本が当地に影響力を行使するのは当然であるとして次のように述べる。

今戦勝の余時に乗じて満洲に特権の統治策を施し、其の門戸を開放して、五方雑居中外互益の境と為し、戦利に属する満洲鉄路は朝鮮の京義線に連結して各国の経済的利便に供し、我が同胞の手を以て学校を興し、教育を進め、産業を勧め、武備を修め、良疆土となして以て露人南侵の路を杜絶せば、名は清国の領有に沿《よ》ると雖も、実は我が邦の外府に異ならず[32]。

根津は満洲を日本の「外府」すなわち経済基地とした後は、朝鮮経営の功を挙げて日本の藩屏となし、更には中国本土への影響も一層深めることを考えていた。とりわけ、将来の中国においては教育面での日本の影響力の拡大が必要であるとする。すなわち、省都にある大学、専門学校以下、各府の中学以上の教師には日本人が当ることはもちろん、全国の学校の普通科目に日本語を入れることによって、「今後十年にして州県に瀰漫する中学卒業以上の士民、悉く邦語を解するに至」れば、清朝のあらゆる改革政策は日本の意に沿うところとなるであろう。このようにすれば、「実に清国の名を仮りて一大日本を支那大陸に建立する」ことになるとされたのである[33]。

以上のような非現実的ともいえる計画は、あたかも根津の中にある中国の伝統への崇敬の念とは矛盾するかのようである。ただ彼が、人心の獲得のためには、教育が最も効果的であると考えていたことは事実である。そして当時、列強の中には義和団事件の賠償金によって中国に学校を建設し、中国人への教育を行う事例が現れており、今後は各国で教育の競争が起こってくる可能性があると彼は考えており、日本もそれに対抗する必要があると考えていた。そのことは、「〔教育面で〕日本も各国に劣らず後へに立たずして、其方からも一歩も譲らぬ覚悟を取らねばならぬと思ひます[34]」という発言から明瞭に窺うことができる。こうしたことから、彼の興亜論の実態が、中国に対する日本の影響力の増大を伴うものであったことが理解されるであろう。

当時の根津は、改革の途上にある中国の将来については一貫して楽観的であった。彼は今後一五年ないし二〇年間は平和が続くと見ていた。そして中国の革命運動についても、日本の新聞では勢力が盛んであるかのように書いているが、実際を見ると極めて微々たるものでしかなく、内乱の可能性は当面ないだろうと述べている[35]。この平和な時代において、日本は対中国経済活動を活発に展開しなければならないのである。

恐らく、この時期には欧米列強も経済活動を強めることが予想される。しかし当面、彼らは天津、漢口、上海、香港の四港以外には入ろうとはしないだろう。何故なら、彼らは「支那語が分らぬ、支那の事情に通ぜぬ、支那の商業習慣が分らぬ、支那の度量衡が分らぬ、支那の通貨が分らぬ、支那の銀行制度が分らぬ[36]」からである。そのため、この間において、日本は欧米人が入ることのできない内地に入り込み、経済経営の基礎を立てることが必要だとされる。当然のことであるが、そうした任務に当たるのが東亜同文書院の卒業生を中心とするビジネスマンであった。

清朝最後の年になっても、根津は中国の情勢を楽観視する発言を続けている。この年まで、革命派の反乱は頻発し、社会不安が蔓延していたことを根津はこの頃には十分承知していたはずである。にもかかわらず、彼は公式の場では中国政府の鉄道国有化政策を含めて全て肯定的に捉え、「隣誼の情切に其達効を祈る[37]」としているのである。ただ、彼は軍備拡充には批判的であり、これが逆に内乱を激発する危険性があるとも述べている。そして、彼がそれ以上に不安なこととして挙げるのは「思想界の不統一に基く民心の変化」である。[38] 彼は民衆の思想的不統一が国家の前途を危うくすると指摘しているが、そうした考えは後に発表された「無政府主義者絶滅案」のモチーフと軌を一にするものであった。

　辛亥革命が発生すると、根津は頭山満、河野広中、杉田定一と共に「善隣同志会」を結成し宣言を発した。宣言は根津の手によるものと見られるが、そこでは「清朝の国を建つるや、其の政治の組織、強て《ママ》満漢箝制を則とす。初より偏あり陂あり、王道の旨と相容れず[39]」とし、革命軍の勝利を祈ると共に、日本政府には内政干渉をしないように求めていた。宣言の翌年、彼は次のように述べている。

　要するに満朝の亡びたのは自然の運命であって、外部より強いて潰滅したのではない。自身已に潰滅の時期に達して居ったのである。少数の満人が多数の漢人に敵し得ざるの理を現はした迄である。[40]

　ここからは、僅か数カ月前までの清朝支持とは打って変わった現状追認の姿勢が見て取れる。しかし、根津は本来儒教国家であるべき中国が共和制を採用することについては、明快な説明を行うことができなかった。彼は、「共和政治の思想は昔から学問の上にチヤンと現はれて居る。即ち、堯舜時代の政治が一種の共和政治である」とするが、その内容は伝説上あったといわれる禅譲と、天子が民意に基づいた天命を受けて政治を行ったということであった。[41] 彼はこのような論理によってしか「共和」を説明できなかったのである。

　常に中国の現状を肯定的に捉え、共和の実態も十分に理解できない根津にとっては、中華民国成立後に実権を握った袁世凱に対する評価が転変することも当然の成り行きであったといえるだろう。袁が権力を得たのは、借款など外国との交渉、内政の改革、税法の整理など難問山積の状況下で、「今日の場合袁世凱を利用して諸般の仕事を遣らせなければ、到底時局を収集することが出来ぬ」という意見が多く見られたためである。しかし、根津の人物評価では、袁は「左程の大器では無い。到底支那全土を統一し得る程の大手腕を具えた偉人ではない」。むしろ下卑た「陰険酷薄の資質を具えた政治家」と見なされている[42]。

しかし、根津は個人的評価とは別に、中国の安定のためには袁世凱を大総統の地位に置かなければならないとする。そして、一九一三年（大正二）に入り第二革命も噂される中、彼はその発生の可能性を否定して、「輿望と、兵力と、金力と、外国の信用と、此の四者を有する点に於いて、南方〔革命派〕は袁世凱に及ばざる事遠い」とし、「袁に非ざれば、民国の現状を収拾するを得ない。現在、政治的手腕に於いては袁に比肩すべき人物がない」と述べていた。更には、「僅に宋教仁暗殺の一事を除けば支那開闢以来の平和時代である」、「是れより以後、政治は漸く其体を備へ、共和の政を楽しむべき時が来る」とも述べていたのである[43]。だが、彼の予想を裏切って第二革命は勃発する。根津の分析の誤りは、日中提携のための前提として、中国政治の現状維持に期待をかけ過ぎたことに起因するといえるだろう。

第二革命が鎮圧されると、根津は一九一四年（大正三）中半に至って、「中央政府の施政略《ほ》ぼ綱立ち目整はんとするを見る。海内小康の形勢将に大に定まらんとするものあるに似たり」[44]として、権力を集中化させる袁世凱を肯定する立場を示す。人間性の良し悪しは別として、現状を安定させるに当たって、彼に代わり得る人物がいないためであった。同年一〇月の論説では、第三革命の可能性を否定し「袁が大総統となって支那の政治が着々進捗し、財政状態も其の面目を一新して居るのを見ても、大凡今後の事を窺知し得る」[45]と事態を楽観的に論じていたのである。

さて、袁世凱政権の下、ヨーロッパ大戦がアジアに及び、青島を中心とした山東半島のドイツ租借権をめぐって日独間に戦争が勃発するところとなった。これに当たって、根津は意見書を発表し、日本は膠州湾攻略を行うべきであるが、作戦成功の暁には膠州湾のみならず、日露戦争によって獲得した関東州をも中国に返還し、併せてイギリスにも威海衛の返還を勧めるべきだとしている[46]。また、青島問題の処理に当たっては、人心収攬の工作が必要であるため、まず中国人の信頼感を作り上げ、更に経済復興を成し遂げた後に、青島を「支那に返還し、之と関連して日支提携、東洋安泰の対支政策を解決すべき」であるとした[47]。

以上のような根津の提案は、中国の秩序が回復した状況で、袁世凱および中央政府の威信を失墜させることは、逆に日本の利権獲得の妨げとなると考えられたためである。また将来、日本としては、大連の租借期限の延長を要求するに止め、関東州少なくとも旅順は中国に返還すべきであるとし、更には日本の治外法権を廃止すべきだとしている。しかし、そうした主張は、「半植民地的権益の重要部分の放棄という大胆な提案[48]」というべき性質のものではない。そのことは、根津の以下の発言から明確である。

我国の対支経営たるもの、須《すべか》らく現下名を避け実を植《た》つるを要とし、其政治権の大樹立に就ては其短兵急なるは宜しく慎むべく、将来彼国時々大勢の転動変化を利導善用し、漸次其実勢を確乎と進展し、以て遂に東洋全体の覇を握り、其大局の維持、亜東民生の平和安泰の運命を統攬するに至るを期すべく、是れ実に王道の実行なり[49]。

ここで根津は「王道」という言葉を使っているが、そこに含意されているのは中国への日本の影響力拡大を通して、アジア全体の実権を握るということに外ならず、それは逆に「覇道」に向かう可能性を持つものであった。

しかし根津の提言とは逆に、日本政府は一九一五年（大正四）一月一八日に「対華二一カ条要求」を発した。この問題は同年五月二五日、交換公文の調印によって決着を見たが、彼はこれによって中国人が感情を損ねたとし、

「其悪寒の表現所在歴々たり。是れ東洋の大局、日支の関係に鑑みて甚だ憂ふべきことに属す[50]」と述べている。こうした批判は、彼が主張するような人心の収攬を無視した、拙劣な外交戦術に向けられたものであって、内政不干渉の規範的な正当性に由来するものではなかったというべきであろう[51]。

袁世凱存命中、根津は帝制問題を詳しく論じたことはなかった。名教の護持を訴える彼が、袁による尊孔運動の進展を知らなかったはずはないのだが、これを論じた文章も全くない。袁の徳性に疑問を持つ根津は、彼の帝位就任に嫌悪を覚えていたのかもしれない。彼は、儒教国家である中国は帝制であることが当然であると考えている。しかし同時に彼によれば、「天下の大勢は帝制は希望ではあるけれども、袁世凱が天子になるのは不同意だと云ふ」世論を、袁世凱は見通せなかったとされる[52]。民国成立以降、名教の攪乱を憂う根津ではあったが、名教国家の再建は袁の下では不可能であると考えられたのである。

根津によれば、興亜に向けての日本と中国の連携の基礎には、共通した思想としての儒教精神がなければならなかった。一九一七年（大正六）五月、彼は宗方小太郎、井手三郎ら六名と連名で「対支意見書」を提出した。これについては、「事実上の日本による中国併呑を主張」したとする評価もあるが[53]、その中で精神的な連盟を作り上げるために経学大学（儒教大学）の建設が説かれていることは興味深い。意見書によれば、平和同盟にせよ経済提携にせよ、いずれにしても利害をもって結合するものである。然るに、「利害を以て結びたるものは精神的結合を得て始めて鞏固《きょうこ》なるを得べし」とされ、儒教をもって日中両国の精神的結合の基とすべく、山東に儒教大学を建設すると同時に、湯島聖堂を再興して両国から教師を招聘して学生の教育に当たるべきだとされたのである[54]。

経学大学の構想は、一九一四年（大正三）一一月の青島占領の頃から唱えられていたが、根津はその設立に当たっての費用を算出していることからしても[55]、かなり真剣に考えていたことが推察される。しかし、意見書を閲読した外務官僚が余白に書き込んだ批評は辛辣である。そこには、「邦人さへも最早儒教を以て永く支配を為べき望みなきにあらずや」とあり、これをもって日中の精神的結合の根拠としようという意見は、「漢学中毒者」の言であって、「天下の愚挙施策なり」と切って捨てられたのである[56]。

袁世凱死後の日本の対中国政策について、根津は政治面では消極的に、経済面では積極的であるべきだとしている。紛争を引き起こすような事態に陥らせないようにしつつ、貿易の進展を第一義とし、資本投下は第二義とし、日中合弁は壟断主義とならないようにすることが必要であるという。しかし、彼が主張する大陸経綸策は十数年前に唱えられたものとほとんど変化はない。すなわち、ロシアの南下に対抗するために満洲雑居政策を採用し、それをもって中国との提携を深めようとするのである。そして、多くの日本人が知識と資本を持って中国に赴き、利源の開発を指導すれば必ずや経済同盟を実現することができるという。このような時期に達すれば、日本は政治上において東洋の覇権を掌握し得て、いわゆる「大亜細亜主義」を実現することができるとされたのである[57]。

おわりに

本稿では、根津一の思想的特徴と、それを基盤に据えた東亜同文書院の綱領と教育、そして中国の現実政治への対応を検討してきた。

根津の思想は、東洋的道徳思想を根幹に据えたものであった。それは、神道、儒教、仏教に共通する要素があると見なすものであった。それは様式においては「三教合一論」と見ることができる[58]。しかし、その外枠をなす神道は道徳的内容を欠いており、実質的には儒教がその内実としての役割を果たしていた。それは天皇制国家を維持するために必須のものであって、それを揺るがす危険性を持つ自由・平等といった西洋的価値を、社会的に蔓延させてはならないと考えられていた。

根津にとっての興亜は、日本と中国の経済的関係の強化から始まるものであり、その役割を果たすのが東亜同文書院であった。同校は基本的にビジネスマン養成学校であったが、その創立要領には中国の伝統文化への強い崇敬の念が示されており、そのことは根津の中国文化への姿勢の反映であった。そのため、同校では儒教道徳が重んじられており、根津自身による倫理の講義はその熱意を表すものであった。彼の考えの中には、中国が現在および未来にわたって儒教国家であるという確信があり、日本人もそれに応えていく必要があるとの思いがあったのである。

根津の中国に対する姿勢は、東亜同文会の方針と同様に、中国の保全を前提として日本の勢力拡大を図るというものであった。それは、満洲からロシアの勢力を排除してそこを手中に収め、中国との経済関係を拡大して日本の影響力を強めるというものであった。そのため、彼は中国政治の大きな変動は望まず、概ね現状維持を期待していた。そのせいもあって、彼の情勢分析は過度の楽観的見通しに流れる場合もあった。辛亥革命直前や中華民国初期の分析には、そうした傾向が顕著であったということができる。

根津は一九一八年に至って、「興亜」に代えて「大亜細亜主義」という言葉を使うようになった。しかし名称は同じであっても、その内容は一九一〇年代から二〇年代の中国で唱えられたアジア主義と質を同じくするものではなかった。経済同盟とはいいながらも、その前提となるのは日本の指導であり、しかも最終的に求められているのは日本によるアジアの覇権の獲得であったからである。この意味で、彼の興亜論＝亜細亜主義は膨張主義を内実とするものであり、中国文化への崇敬の念とはアンビバレントな関係をなすものであったといえるのである。

註

（1）森時彦「東亜同文書院の軌跡と役割――『根津精神』の究明」（『歴史公論』第五巻第四号、一九七九年四月）、栗田尚弥『上海東亜同文書院』（新人物往来社、一九九三年、第二章）、鈴木隆「根津一の中国論点描――その袁世凱観と日中関係論について」（『紀要　国際情勢』第七七号、二〇〇七年二月）、大島隆雄「根津一の対中国観」（『愛知大学東亜同文書院大学記念センター　オープン・リサーチ・センター年報』第四号、二〇〇九年度版）。

（2）東亜同文書院滬友同窓会編『山洲根津先生伝』、根津先生伝記編纂部、一九三〇年、六頁。

（3）根津一「自叙伝」（一九二五年）、同右、三六九頁。

（4）同右、三七一頁。

（5）同右、三七三頁。

（6）根津一「将徳論」（一八八七年）、前掲『山洲根津先生伝』、二五九頁。

（7）根津一「哲理論」（一八八七年）、同右、二六二頁。

（8）前掲、森時彦「東亜同文書院の軌跡と役割」、『歴史公論』第五巻第四号、四八頁。

（9）前掲、根津一「自叙伝」、『山洲根津先生伝』、三九〇頁。

（10）根津一「無政府主義者絶滅案」、『奉公』第一〇八号、一九一二年一月一一日、五頁。

（11）同右。

（12）同右、六頁。

（13）根津一「普選後教化意見」（一九二四年）、前掲『山洲根津先生伝』、三五八頁。

（14）前掲『山洲根津先生伝』、一九頁。

（15）荒尾精「日清貿易研究所開所式訓示」（一八九〇年九月二〇日）、東亜文化研究所編『東亜同文会史』、霞山会、一九八八年、一二八頁。

（16）近衛篤麿日記刊行会編『近衛篤麿日記』第二巻、鹿島研究所出版会、一九六八年、四四四頁。

（17）前掲『山洲根津先生伝』、四六六～四六七頁。

（18）竹内好「東亜同文会と東亜同文書院」、『日本と中国』、筑摩書房、一九九三年（初出は一九六五年八月）、四三九頁。

(19)栗田尚弥「引き裂かれたアイデンティティ——東亜同文書院の精神史的考察」、ピーター・ドウス、小林英夫編『帝国という幻想——「大東亜共栄圏」の思想と現実』、青木書店、一九九八年、一一三頁。
(20)『東亜同文会報告』第一八回、一九〇一年五月、五〜一二頁。
(21)ここでは「清国」という言葉が使われているが、時代の変化とともに「中国」に改められ、他の文言にも若干の変化が見られるようになる。
(22)荒尾精「教育の精神」(一八九〇年)、前掲『東亜同文会史』、一二八頁。
(23)中山優「根津先師を偲びて」、『東亜同文書院大学史』、滬友会、一九五五年、八八頁。
(24)「根津院長『古本大学』講義」、大学史編纂委員会編『東亜同文書院大学史——創立八十周年記念誌』、滬友会、一九八二年、七一八〜七二六頁。なお、この講義は一九〇三年九月一四日と一一月四・五日に行われたものである。
(25)根津一「北清変乱に対する支那処分案」(一九〇〇年七月)、前掲『東亜同文会史』、一二四八頁。
(26)同右、一二四九頁。
(27)根津一「清国の現在及未来」、『東洋』第二巻第一号、一九〇一年一〇月、一七頁。
(28)根津一「清国の現状に関して余の希望の形勢」、『支那問題』第三号、一九〇二年五月、三〇頁。
(29)根津一「清国現未の形勢」、『東亜同文会報告』第二四回、一九〇一年一一月、五五頁。
(30)根津一「対露主戦策」(一九〇三年八月)、前掲『山洲根津先生伝』、二九七頁。
(31)同右、三〇八頁。
(32)同右、三〇九頁。
(33)同右。
(34)前掲、根津一「清国の現状に関して余の希望の形勢」、『支那問題』第三号、三三頁。
(35)根津一「清国経済界の前途と之に対する列国及我国の経済経営並に上海東亜同文書院の関係」(一九〇八年)、『東亜同文会史』、二五一頁。
(36)同右、二五二頁。
(37)根津一「東亜同文書院第八回卒業式に於ける根津院長の告辞」(一九一一年六月)、前掲『東亜同文会史』、四九六頁。

(38)根津一「清国の前途に憂ふべき大問題は何であるか」、『海外之日本』第一巻第六号、一九一一年六月、一〇頁。
(39)「善隣同志会宣言決議並会則」(一九一一年一二月二七日)、前掲『山洲根津先生伝』、三三一頁。
(40)根津一「根津一君談」、『太陽』第一八巻第五号、一九一二年二月、一二二頁。
(41)根津一「支那は共和国となる運命を有す」、『実業之世界』第八巻第二四号、一九一一年一二月、四〇頁。
(42)前掲、根津一「根津一君談」、『太陽』第一八巻第五号、一二〇頁。
(43)根津一「誰か中華民国の前途を危しとする者ぞ」、『実業之世界』第一〇巻第一〇号、一九一三年五月一五日、二六〜二八頁。
(44)「東亜同文書院第十一期学生卒業式に於ける根津院長の告辞」(一九一四年六月)、前掲『東亜同文会史』、五三七頁。
(45)根津一「浅薄なる支那論」、『大陸』第一五号、一九一四年一〇月、四五頁。
(46)根津一「対時局要領」(一九一四年一一月一二日)、前掲『東亜同文会史』、二五七頁。
(47)根津一「青島処分案要領」(一九一四年一一月一六日)、前掲『東亜同文会史』、二五九頁。
(48)大島隆雄、前掲『愛知大学東亜同文書院大学記念センター オープン・リサーチ・センター年報』第四号、二五五頁。
(49)根津一「卑見」(一九一五年二月二四日)、前掲『東亜同文会史』、二六一頁。
(50)根津一「東亜同文書院第十二期学生卒業式に於ける根津院長の告辞」(一九一五年六月)、前掲『東亜同文会史』、五四四頁。
(51)前掲、鈴木隆「根津一の中国論点描」、『紀要 国際情勢』、六九頁。
(52)根津一「袁世凱論」、『雄弁』第七巻第六号、一九一六年五月、七頁。
(53)前掲、鈴木隆「根津一の中国論点描」、『紀要 国際情勢』、七一頁。
(54)根津一他「対支意見書」(一九一七年五月)、アジア歴史資料センター、Ref.B03030273400。
(55)根津一「儒教大学創設費経常費予算案」、前掲『山洲根津先生伝』、三四二頁。
(56)前掲、根津一他「対支意見書」。
(57)根津一「支那の将来と対支政策」、『経済時報』第一八二号、一九一八年三月、一一頁。
(58)前掲、森時彦「東亜同文書院の軌跡と役割」、『歴史公論』第五巻第四号、四八頁。

東亜同文会の経営と近衛文麿

高村聰史

はじめに

近衛文麿（一八九一～一九四五）が父近衛篤麿の創設した東亜同文会の会長に就任したのは、一九三六年（昭和一一）一二月のことである。以後一九四五年（昭和二〇）一二月一六日に自ら命を絶つまでの九年間、近衛は東亜同文会の会長職にあった。もっとも、近衛は一九二二年（大正一一）二月から副会長の職に就いており、副会長時代を含めると、二三年の長きにわたって、東亜同文会の主要幹部の立場にあったことになる。さらに、近衛は東亜同文会の最重要教育機関である東亜同文書院の院長も兼任（一九二六年［大正一五］五月～三一年［昭和六］一二月）していた。近衛は、父篤麿以上に東亜同文会内において重要な位置に置かれていたといってよい。そして文麿が、東亜同文会副会長および会長の職にあった二三年間は、東亜同文会、日中関係、そして日本にとって極めて重大な時期に相当していた。

この時期（昭和戦前・戦中期）の東亜同文会について、同会の後継団体である霞山会の常任理事小崎昌業《まさなり》は、「［東亜同文会が］わが国の誤れる対中政策との相克に苦しみつつ、時流に流され、時に国策への協力を余儀なくされた不本意な時代(1)」であった、と述べている。小崎の言うとおり、東亜同文会の教育文化事業の核であった東亜同文

近衛文麿（このえ・ふみまろ　1891〜1945）

書院が、「スパイ学校」視されるなど、昭和戦前・戦中期が東亜同文会にとって「不本意な時代」であったことは確かであろう。東亜同文会は、創設以来、その綱領にある「支那の保全」と「支那の改革」の「助成」を理念・目的として事業を進めてきた。しかし、次第に混迷化を深めていく中国情勢・東アジア情勢のなかで、東亜同文会は「会の輝かしい伝統も崇高な創立の精神、理想もその光を遮られて精彩を失うに至った(2)」のである。

　近衛文麿については、戦争責任という視点から、また政治的な立場や家柄、思想、人物像などについて多くの研究蓄積がある。他方、東亜同文会の会長・副会長、東亜同文書院院長としての近衛についての具体的研究は、決して多くない(3)。しかし東亜同文会は、近代日中関係において極めて重要な組織である。また、近衛は戦前・戦中期のキーパーソンの一人である。近衛が、東亜同文会のトップとしていかなる役割を果したかを明らかにすることは、近代日中関係史研究において十分な意義があると思われる。そこで本稿では、近衛の副会長就任から会長就任の時期を中心に、東亜同文会にとって近衛文麿はいかなる存在であったのか、ということについて明らかにしたい。また、その際、近衛の前任者として一九年間（一九一七年［大正六］〜三六年［昭和一一］）にわたって会長職にあった牧野伸《のぶ》顕《あき》の影響力についても触れたいと思う。

一、牧野東亜同文会会長のもとでの近衛副会長

（一）牧野伸顕の東亜同文会会長就任

近衛文麿は、東亜同文会の創設者近衛篤麿の長男として、一八九一年（明治二四）東京に生まれた。泰明尋常小学校を経て学習院中等科に進むが、中等科在学中の一九〇四年（明治三七）父が没したため、わずか一四歳にして襲爵し近衛家の当主となった。その後第一高等学校を経て京都帝国大学に進み、京大在学中に貴族院議員の資格を世襲した。一九一九年（大正八）には弱冠二七歳で、パリ講和会議（日本全権・西園寺公望）に参加、その前年に雑誌『日本及日本人』誌上に発表した論文「英米本位の平和主義を排す」は、第一次大戦後の英米を中心とする世界秩序の再編成を批判するものとして注目された。近衛文麿のブレーン集団である昭和研究会のメンバーであり、その外交部会長を務めた政治学者矢部貞治《ていじ》は、この論文を「近衛の生涯を貫流する思想を表現」したものであり、「近衛の生涯に幾変転があるにもかかわらず、それを貫くかれの基本的な考え方」が示された論文と評している。[4]

一九二一年（大正一〇）、三一歳で貴族院仮議長に就任すると、近衛は「だんだん政界にその存在を示」すようになった。[5]とりわけ貴族院改革などに取り掛かろうとする近衛の政治的革新性は注目を集めたが、この革新性と近衛篤麿の長男という事実は、東亜同文会にとって重要な魅力となっていった。後述する近衛文麿の東亜同文会副会長就任も、このあたりにその背景があったと言える。

ところで、大正期に入ると東亜同文書院の入学者総数は開校以来三〇〇〇名を越え、一九一四年（大正三）の時点で八五四名の卒業生（準卒業含む）を輩出していた。[6]そのため、東亜同文会は徐家滙虹橋路に東亜同文書院の新校舎を竣工させるなど中国において活発な事業活動を進めたが、第一次世界大戦中に大隈重信内閣が中国に対し

て突き付けた「二一カ条の要求」への反対運動が中国国内で高まると、日本国内では中国人留学生の帰国者が相次ぎ、東亜同文会が東京で経営していた東京同文書院でも三二名が帰国したほか、翌五年には同盟休校に発展し留学生は一七名にまで減少する騒ぎとなった。[7] さらに一九一九年（大正八）に北京で発生した反帝国主義・反日運動（五四運動）は、東亜同文会の書院経営理念の根幹を揺るがす事件であった。

このような事態は東亜同文会にとって決して好ましいものではない。一九一八年（大正七）九月、同会は、第一次山本権兵衛内閣で外務大臣などを務めた貴族院議員であり、枢密院顧問官でもあった牧野伸顕を東亜同文会副会長に据えた。穏健なリベラル派として知られ対外協調路線を志向し、多方面に融通が利く牧野の登用は、当時同文会がいかに危機的な状況にあったかを物語っている。ちなみに、東亜同文会は一九一四年（大正三）から副会長二名制をとっており、牧野が就任した時には、すでに陸軍大将福島安正が副会長職にあった。

牧野が副会長に就任すると間もなく（一九一八年一二月）、東亜同文会は、「時勢の進運も亦益々本会の拡張を必要とするやうな状態」になったとして、組織改正を行った。会長と副会長とは別に総裁を一名を置くこととし、総裁にはそれまで会長であった鍋島直大を、会長には副会長に就任したばかりの牧野があらためて就任することになった。「侯爵を総裁に男爵を会長にお願ひしたいやふな考へ」のもとでの人事であったが、同会の会員からは「或は宮様を奉戴したいといふ」考えもあったという。[8] 牧野の会長就任にともない、東亜同文会は「会則」においてその機能を「会長ハ本支部を統括シ外ニ対シテ本会ヲ代表ス」といった抽象的なものから、「会長ハ一切ノ会務ヲ統括シ」と強力なものにあらためた。なお、牧野の会長就任により、副会長は事実上の一人制（福島安正）となり、一九二一年（大正一〇）の鍋島直大の死去にともない、総裁制も廃止された。

会長就任に際し、牧野は就任の条件として、東亜同文会の活動を「純粋な文化教育事業に限る」ことを挙げている。[9] 当時、五・四運動に象徴されるように、中国国内で反帝国主義運動が高まったこともあり、欧米列強の中国に対する関心は教育や文化政策などに転じつつあった。日本政府もこれにならい、東亜同文会に対して東亜同文書院の拡充や中国人教育機関の新設を要請していた。このことは牧野が東亜同文会の事業を、教育と文化に限定したことと無関係ではない。東亜同文会は、東亜同文書院中華学生部の開設（一九二〇年［大正九］九月）、天津同文書院（のちに中日学院）の開校（一九二一年一二月）、漢口同文書院（のちに江漢中学）の開校（一九二二年三月）など次々と教育・文化事業を拡充させていった。

（二）近衛文麿の副会長就任

牧野会長時代、東亜同文会は財団法人に改組された（一九二二［大正一一］年二月）。その際作成された「財団法人東亜同文会寄付行為」は、同会設立の「目的」が、「日華両国ノ文化発達セシメ両国人士ノ交誼ヲ厚ウシ其ノ福利厚生ヲ増進スル」ことにあるとしている。この文章は、牧野会長のもとでの東亜同文会の方向性、目的を明確にしたという点で大きな意味をもっている。そしてこの文章は、「初代会長近衛篤麿時代に同文会がややもすればもっていた政治的性格の否定」[10]を意味するものであり、牧野による東亜同文会の再構築・軌道修正、「純粋な文化教育事業」への方向転換を明らかにしたものであった。

また法人化にともない、東亜同文会は理事会を置くことになり、理事長には日清貿易研究所出身の白岩龍平が就任した。そして、一九一九年（大正八）の福島安正の死去以降欠員となっていた副会長には、近衛文麿が就任することになった。近衛の就任は一九二二年（大正一一）三月に東亜同文会役員内部での内定事項となり[11]、同年六月三〇日に開催された東亜同文会会員大会で正式決定となった。副会長就任挨拶で文麿は、「先代に対する孝道の一端」として「大役をお受け」すると述べた[12]。牧野会長は近衛を「此会の為に、多大な力を取り下さつたこともある」と紹介し、続けて近衛文麿が父篤麿の遺志を継いで本会の事業に直接関係できるようになったことについて、「本会に取って大変仕合せ」と祝している。牧野としては、新生東亜同文会の副会長は、やはり「近衛」でなくてはならないといった考えもあったのであろう。牧野には、自分より三〇歳も若い近衛を副会長に据えることには多少の不安もあったが、貴族院議員としての経験や東亜同文会の創設者「篤麿」の長男であることを考慮した結果であった。

東亜同文会副会長に就任する四年前に発表した「英米本位の平和主義を排す」の主張から考えて、副会長就任に際し近衛は父篤麿が掲げていた「興亜」（アジア主義）の理念の継承を決心していたと思われる。しかし、先に指摘したように会長牧野は、同文会の運営を政治的な方向にもっていくことに対しては否定的であった。牧野は、近衛の副会長就任に対する会員たちの期待について語っても、近衛を副会長として迎える意義については何ら言及していないのである。そして近衛は、会長に就任するまでの約一〇年間、この牧野会長の〈管理〉のもとで副会長を務めることになる。

二、東亜同文書院院長としての近衛

（一）岡上梁の東亜同文書院副院長就任

一九二六年（大正一五）五月、病気のため辞任した大津麟平に替わり、東亜同文会副会長であった近衛が東亜同文書院の第五代院長に就任し、両職を兼任することとなった。すでに副会長就任から三年半を経ていたが、この間近衛は、体調を崩した牧野に代わり会員大会において開会宣言し議長を代理した程度で、あまり目立った仕事をしていない。その近衛が今度は東亜同文書院院長に就任したわけである。

ところが近衛の院長就任からわずか数日後、副院長としてある人物が着任する。岡上梁である。岡上は熊本県の出身で、就任以前は母校の熊本第五高等学校（現・熊本大学）の教頭であった。院長とは言っても、近衛が上海の東亜同文書院に常駐することは不可能であった。それ故、書院には、近衛に代わって実質的にその運営を任せられる人物が必要であった。この人物の選考作業の中心となったのが牧野伸顕である。牧野はこの人選に際して「先般来各方面ニ相談」し、岡上に白羽の矢を立てた。牧野は岡上を書院にとって「極メテ必要ノ人物」、「最モ適任」と高く評価している。(13) 岡上梁の副院長就任経緯を追ってみよう。

岡上に書院への協力を直接依頼したのは、理事長の白岩龍平であった。そして、牧野や近衛、白岩ら東亜同文会幹部による岡上の面談が実施され、岡上は正式に東亜同文書院副院長の就任を依頼されることになった。面談の時期は、近衛の一九二六年（大正一五）四月八日付け白岩龍平宛書簡のなかに、「枢局議長ノ事モアリ色々御都合モ可有之候モ岡上氏ニ面会ハ矢張会長ト共ニ願度」(14) とあるように、同年の四月頃であろう。

副院長就任の依頼を受けた岡上は、「先般上京之節ニ《ママ》は御厚情相蒙り難有」と牧野に礼を述べたあと、「相〔一字不明〕之上又熟慮之結果愈御懇命を相受し駑鈍に鞭うちて御厚意ニ《ママ》報ゐんと決心仕候」と就任の決意を述べ、「何《ママ》分御指導と御援助とを仰き度奉願候」と述べている。ただ当時岡上は教頭職にあったため、「小生御採用之事ニ《ママ》付テ《ママ》者一応閣下より表向きニ《ママ》当校長ニ《ママ》親展書を以て御交渉被下候様願上候」と依頼している。なぜなら、当時の溝渕進馬第五高等学校長が岡上に対し、後任が得られるまでは五高に「留り呉れ」と懇願しており、同校が「目下折角後任者物色中」という状況にあったからである。その後、「漸く一段落片付」き「書院之今後之方針ニ《ママ》つき考慮する余裕を得」た岡上は、ようやく日本を離れ、二六年六月二五日、東亜同文書院に着任した。(15)

一方近衛は、院長就任五カ月後の一〇月一四日、夫人を伴って上海に渡り、新院長として初めて東亜同文書院を訪問した。国内で貴族院議員、東亜同文会副会長という重大な役割を担っていた文麿が、院長として上海を訪問したのは、一九三一年（昭和六）に辞任するまでの間、この時を含めたった二回に過ぎない。

（二）岡上副院長と近衛院長の役割

岡上の牧野宛書簡によれば、白岩理事長は岡上に、「院長之実際之仕事」は岡上に依頼し、近衛を「名誉院長」とすると伝えている。[16]「名誉院長」という肩書は、東亜同文会史・同文書院史上恐らくこの時が初出であろう。近衛が書院院長として上海に常駐することも、頻繁に上海を訪問することもできないことは、誰の目にも明らかだったのである。同じ書簡のなかで岡上は、「小生之職名者何といふ事ニ《ママ》相成可申候哉一応御尋申上候」と尋ねているが、岡上の役割は、紛れもなく事実上の「院長」であった。実は、「副院長」というポストは、岡上就任に際し、急遽つくられたポストであった。岡上は、「実務ハ《ママ》小生担当」であることを十分に承知したうえで、副院長に就任したのである。

これまで東亜同文書院の院長や東亜同文会の理事長といったポストは、東亜同文会創設前後から同会に深く関わっていた関係者が就任してきた。岡上のような旧制高校の教育者、それも無名に近い教員を外から呼んで突然採用するなどということは皆無であった。岡上の副院長就任は、異例の大抜擢であった。後述するように、一九三一年（昭和六）に岡上が副院長を辞任した直後に大内暢三《ちょうぞう》が「院長代理」に就任することになるが、「副院長」というポストに就いたのは、書院の歴史上岡上ただ一人であった。

近衛が貴族院議員、東亜同文会の副会長を務めつつ東亜同文書院の院長をも兼務することは不可能であることを、同文会側は最初から分かっていた。では、「副院長」職を新たに設置してまで、なぜ近衛を院長の座に据えざるを得なかったのか。その理由は他でもない。東亜同文会の活動を「純粋な文化教育事業に限る」ためには、「近衛」という〈冠〉が必要だったのである。東亜同文会創立以来の同会の歴史を継承するシンボル的な人物は、初代会長近衛篤麿を継承する長男文麿以外考えられず、「名誉職」として院長に据えざるを得なかったのである。

（二）岡上副院長の書院改革

では岡上に副院長を依頼した牧野伸顕東亜同文会会長は、岡上にどのような期待を抱いていたのであろうか。牧野は副院長就任を受け入れた岡上に対し、東亜同文書院を「国際間ニ《ママ》於ける教育施設と致候処極めて大切なる機関」と説明している。(17) 東亜同文会における理念の具現化である最重要施設は東亜同文書院であるが、同書院はあくまで「教育施設」であるべきだというのは、牧野の一貫した認識である。牧野にとって、同文書院は、あくまでも政治色を排した日中の教育文化機関でなくてはならなかった。にもかかわらず、近衛の新院長就任に際し、牧野は書院の経営方針の何らかの転換を図っていたと思われる。一九二六年（大正一五）五月四日、牧野は多分岡上宛と思われる書簡のなかで、「今日迄已ニ相当成績ヲ挙居候得共今度ハ〔一字不明〕々内容ニ改良ヲ加ヘ時運之要求ニ相応致候設備ヲ整ヘ候必要ニ迫居」と東亜同文書院の今後の方向性について述べ、そしてそのためには「経歴人格等」優れたものでなくては、「目的」の「達成」は「覚束なく存候」と続けている。(18)

牧野の言う「目的」が何なのかは定かではない。ただ周知のように、一九二〇年代から中国・東アジアの情勢は激変していた。上海などの都市部では極度のインフレと国民党による反帝国主義運動が活発化しており、一九二六年（大正一五）五月には在華紡の一つである内外綿株式会社上海工場での暴動事件が発生、イギリス租界では多数の死傷者を出している。また同年七月九日には国民党政府が北伐を開始、九月には漢陽、漢口が占領されるなど、中国国内の情勢は予断を許さないものになっていた。中国や東アジアに関係する者には、〈変わっていく中国〉に対する柔軟な対応が必要となったのである。それは、東亜同文会や東亜同文書院も同様であった。

書院副院長就任後、岡上は「目的達成」に向けて動きだした。彼は着任早々より中国国内の各大学を頻繁に視察し、連絡のため日本と中国の間を何度も往復した。また、「非常な努力を以て書院経営の上に全力を注ぎ、職員の更迭、教務の刷新等種々改善」を加えた。その結果、「同文書院の面目は従来に比し余程変りつゝあると信ずる」ほどに牧野らの期待に応えた。(19)

岡上は、第四学年に毎週四時間程度のタイプライター教授時間を設定し、開校以来中国人の請負で実施されてきた書院内の学生食堂の衛生や調理法、栄養配分が「時勢とそぐわなくなった」として、食堂施設や設備を一新して学生の自治的運営に転換、さらに学生浴場の大改装も実施している。(20)一九二九年（昭和四）以降から具現化される東亜同文書院の施設拡充を目的とする「東亜同文書院土地買収計画」も、岡上副院長のもとで一九二七年（昭和二）度から開始された。(21)

一九二七年（昭和二）八月一五日、中国から帰国し、大内暢三の来訪を受けた牧野は、岡上の〈奮闘〉ぶりを聞き日記に次のように綴っている。

就中《なかんずく》最も満足に聞きたるは、岡上副院長の好評なり。殆んど関係方面全部、其人格、手腕に感服せるものゝ如し。殊に大内君親しく其仕事を目撃したる結果、口を極めて推賞せり。書院あつての今日の如く折合能きは未曽有なり抔云へり。兎に角就任当時疑懼の念に駆られたるに顧み大に安心せり。(22)

一九二八年（昭和三）二月、岡上が書院の状況報告のため牧野のもとを訪れ、書院の内容改善や施設が着手中であることを伝えると、牧野は「教育出の人丈け着眼適切なり」と岡上を絶賛している。(23)院長の近衛もまた一九三〇年（昭和五）四月の新入学生招見式に際して、「色々の事情で内地を去つて、書院に始終居るといふ次第ではないのでありますが」、と前置きしたうえで、「幸に副院長の岡上先生は多年教育に経験ある人で、此方が万事学校の事をやつて居ります」ので「諸君は副院長岡上先生の指導に依て益々学業に励み、人格を鍛錬されることを希望します」と語っている。[24]近衛もまた岡上に全幅の信頼を置いて指導を任せていたのである。ともあれ、中国・東アジア情勢が混迷の度合いを深めるこの時期の東亜同文書院の運営は、岡上のような優れた教育者でなければ不可能であり、近衛には到底無理であった。しかし、一九三一年（昭和六）一月、岡上は約五年間にわたってその職にあった同文書院副院長の職を辞する。前年一一月から始まった書院の学園紛争[25]がその原因であったと考えられる。そして同年一二月、近衛も貴族院副議長就任を理由に東亜同文書院院長を辞任した。

三、近衛文麿会長のもとでの東亜同文会

（一）近衛文麿の東亜同文会会長就任

一九三六年（昭和一一）一二月一九日、長年にわたって東亜同文会の会長職にあった牧野伸顕がその職をを辞任した。そして牧野に替わって副会長であった近衛が、新たに東亜同文会の会長に就任した。

牧野の辞任については、同年春以来本人からたびたび申し出があった。しかし、その都度同文会側が慰留したが、ついに牧野は病気を理由に強く辞任を表明した。そのため東亜同文会の評議員会が開催され、牧野の辞任を承認するとともに新会長を選考した。その結果、「御先代から本会と御関係の深い」現副会長近衛公爵を評議員会として推薦することになった。なお、牧野の辞任の表明と同時に、東亜同文会創設前後から三〇年にわたり経営に関わり、一九二一年（大正一〇）以降は理事長として長年にわたり牧野会長を補佐してきた白岩龍平も、病気を理由に辞任を申し出た。これも「事情已むを得ざるもの」として承認されることになった。[26]

役職名	爵位・本務など	氏名
会長	公爵	近衛文麿
理事長	子爵	岡部長景
理事	衆議院議員	一宮房治郎
		井上雅二
	法学博士	林毅陸
	外務次官	堀内謙介
		荻野元太郎
	文部次官	河原春作
	海軍中将	津田静枝
	東京帝国大学総長	長与又郎
	東亜同文書院院長	大内暢三
		児玉謙次
	貴族院議員	赤池　濃
	陸軍大将	阿部信行
	貴族院議員	阿部房次郎
		白岩龍平
幹事	男爵	森村市左衛門
	貴族院議員	大橋新太郎
		鎌田勝太郎
相談役	伯爵	清浦奎吾
	伯爵	牧野伸顕

東亜同文会幹部（1936年［昭和11］12月）
出典：『支那』第28巻第1号（1937年）より

創設以来のメンバーであり「日支文化事業に貢献」してきた、牧野と白岩の辞任はあまりにも影響が大きい。そのため評議会では、牧野を相談役として推薦するとともに、白岩にはしばらく転養ののち、理事の一人としての協力を依頼した。新会長近衛は牧野に対し長年の感謝を示すとともに、あらためて「御病気御辞任被成候へとも不相変本会の事業遂行に関し必要な御指導願上度更めて相談役に御推挙申上候間御承諾被下度奉冀上候[27]」と書き送っている。

近衛の会長就任により、東亜同文会は新たな時代を迎えることになる。近衛の会長就任にともない、東亜同文会の新たな人事が発表されたが、この人事には注目すべき点が二つある。まず近衛新会長が、「日支関係の重大性と本会の使命に鑑み、此機会に本会の機構を拡充強化」するために、岡部長景《ながかげ》を新理事長に据え、さらに「朝野各方面の有力者」を理事に推戴したことである。一九三六年（昭和一一）一二月一九日に発表された委嘱分を含む新役員は右表のとおりである。この新メンバーによる初の理事会は同月一九日に霞山会館で開催された。

二つ目は、同日理事会内に「特別委員会」が設置されたことである。同委員会の委員の指名については会長である近衛に一任され、井上雅二、荻野元太郎、白岩龍平、津田静枝と新会長の近衛文麿、新理事長の岡部長景、そして一宮房治郎の七名が委員に就任した。[28] 多くは東亜同文会創設に関わった古くからの同文会員であったが、このような少数のブレーンで協議して理事会で確認、役員大会で報告する、という形が近衛にとっては、理想的な会運営であったのだろう。

この特別委員会は、理事会において協議された、⑴将来の東亜同文会の事業強化、⑵事務組織改編、⑶書院卒業生および特別関係者との連携、について付託され、理事会での協議を基に東亜同文会の組織拡大を図るために、「東亜同文会々員規定」と「支部細則」を新たに制定した。そして、この「会員規定」は、これまではどちらかと言えば不透明であった東亜同文会会員の定義を明確にし、「朝野各方面の有力者」の賛助を仰ぐために会員を四種に分け、会員枠を拡張している。[29] とりわけ、「東亜同文書院出身者」が通常会員枠に加えられているのは、一九三七年（昭和一二）三月で三三期まで輩出した書院卒業生の多くが、既に国内外で活躍し、書院に対する社会の認識が高まり、一定の社会的地位を得るようになっていたからであろう。ただ、この「規定」については、閉鎖的かつ「寡頭的な組織」により「近衛が権威主義的にリーダーシップを発揮できる仕組み」が作られたという評価もある。[30]

このように、近衛は会長に就任以降、東亜同文会の活動の能率化を図るべく、組織の再編を実行している。特に特別委員会の設置は、近衛の考え方を同文会に直接的に反映させ、会の事業の円滑化を目指したものであったと言える。特別委員会は、近衛が第一次内閣を組閣する直後までの極めて短い期間ではあったが、月一〜二回のペースで開催されることになる。

（二）近衛内閣の誕生――盧溝橋事件と東亜同文会

一九三七年（昭和一二）六月一日、昭和天皇から組閣の大命を受けた近衛は、同月四日第一次内閣を組織する。当初体調を理由に拒絶していた近衛であったが、「陸軍の国政干渉」を抑制し、「この際外交政策を国際正義と平和に合致する如く遂行せねば日本の世界的地位も亦重大問題に逢着す」[31]として、結局首相就任を引き受けた。

五摂家筆頭近衛家の当主近衛文麿の内閣総理大臣就任は、マスコミはもちろん国民の多くがその新鮮さに、「時やいま〝最後の切り札〟」として期待した[32]。東亜同文会もまた首相となった会長近衛に期待していたに相違ない。六月四日に組閣直後の初閣議において近衛は、「国内相克摩擦の緩和」「国際正義及び社会正義」を施政の根本方針として掲げ、翌日以降「保険社会省の設置方針の決定、産業五か年計画の策定、政務官問題」など国内外の問題に積極的に対応し一国の総理大臣としては、「なかなかの活躍ぶり」[33]を示した。

ところが組閣後一カ月を過ぎた七月七日、中国北平（北京）郊外の盧溝橋付近で日中間の軍事衝突事件が勃発した（盧溝橋事件）。中国に所在する東亜同文書院など同文会経営の各学校も軍事衝突を深刻なものと受け止めた。しかし、調査大旅行中の書院最上級生が帰院を余儀なくされたものの、書院は夏季休暇に入っていたため書院生の多くは帰国していた。この点は夏季休暇であった天津の中日学院でも同様で、同院では日本国内で一時授業を再開した。また、江漢中学校は万一のために教員や学生たちを帰国させるなどしたため、学生や一部職員には人的被害はなかった。一方東京の東亜同文会では、事件の翌日江漢中学校から三名の教員を迎えて歓迎の茶話会が開催されるなど各種行事は予定どおり開催された。また、理事会は、政府関係者が多かったためであろうか、事件後初めて開催されたのは、事件から一週間を経た七月一四日のことであった。ただし、これ以降八月八日まで一カ月の間に、一四回にも及ぶ理事会・特別委員会が開かれ、東亜同文会は善後策の協議に追われた[34]。

では、盧溝橋事件の勃発そしてこれに続く日中戦争（支那事変、日華事変）に対して、東亜同文会はいかに対処しようとしたのであろうか。具体的に見てみよう。

まず東亜同文会は、盧溝橋事件直後から「支那事情の認識涵養と普及」のために、支那事情講演会（講習会）を夏季休暇で帰省中の教授陣を各地に派遣し開催している。この講演会は、一九三九年（昭和一四）からは「支那知識普及講演会」と名を変え、一九四〇年（昭和一五）まで行われた(35)。

次に、盧溝橋事件勃発後、同文会は「使命達成」のため積極的に会員募集をしている。そのため、一九三七年（昭和一二）には、会員応募者が殺到し、その数は一七六八名に及んだ(36)。さらに東亜同文会の機関紙『支那』も戦局の推移に関する記事を中心に編集されるようになった。盧溝橋事件を契機に日中関係に対する国民の意識が急速に高まるとともに、東亜同文会の存在意義は高まり、その活動は活発化することになったのである。

しかし、日中戦争の勃発は、東亜同文会（同文書院）の創設以来のスタンスを大きく揺るがす事態を招くことにもなった。「従軍通訳」問題である。

盧溝橋事件勃発後、租界内に避難中であった中日学院の教職員と学生のなかから陸軍の「臨時通訳」として志願するものが出てきた。そして、この中日学院の前例を受けて、東亜同文書院内に書院生を通訳として従軍させるべきだ、との意見が出てきた。一九三七年（昭和一二）八月二二日、書院は臨時教員会議を開催、従軍通訳問題について協議、その後教頭が上京して同文会本部で検討の結果、「第四学年中通訳従軍志望者に対して修業証書を授与して一応学籍を除き従軍せしめ、来年三月改めて考査の上卒業証書を授与すべく且つ卒業後と雖も各人の希望に依りては五ヶ月を限り復学を許可して学修に資せしむる事」を決定、九月三日に大内暢三院長から「軍事通訳に或は後方勤務に進んで出動し以て祖国に対する応分の奉公を尽くされん(37)」との「告諭」が発せられたのである。これにより書院四年生八九名のうち七九名が従軍通訳を志願し、その全員が上海、長崎から出征した。こ

院のスタンスが誤解される大きな原因となった。

の書院生の通訳としての従軍は、のちに書院を「スパイ学校」とみなす根拠となり、さらに東亜同文会や同文書院のスタンスが誤解される大きな原因となった。

(三) アジア主義（「興亜」）への拘泥と中国ナショナリズムへの過小評価

盧溝橋事件以前から、中国の反日運動は日本の新聞や雑誌でも取り上げられていた。例えば、東亜同文書院出身の外務官僚若杉要は、『支那』の第二八巻第四号に発表した論文「眼前の支那を再検討せよ」において、「現に揚子江を遡行すると第一に目に付くのは要所々々に生々しい砲台が立ち並んで居ることである。又各地に於ては塹壕を築いて居り、軍隊は早朝六時から教練をやつて居るが、軍隊許りでなく、学生、青年、商店の小僧達にまで到る所で所謂軍事教練を居ると言ふ風に、相当抗日気分が瀰漫して居る」と中国の「抗日」の現状を説明し、同時に「政府は勿論、民間の対支関係者が、年々変化して行く支那の実相に対する認識の如何に因ることであつて、私自身でさへ意見観測等が相当に動揺して居るが、現在の日本の官民の対支認識も亦再検討する必要がありはしないかと云ふことを特に痛感する」と、日本の対支態度に警鐘を鳴らしている。[38] さらに若杉は同じ論文のなかで、「今迄の日本の弊害は、どうも或る個人の軍閥と云ふもの許りを目標として来た嫌ひがあつたが、今日の支那の情勢は変化しつゝあるのであるから、之をもう少し認識して、然る後に支那国民全体を目標としてやらないと、或はそれが為めに失敗を招くやうなことがありはすまいか」と懸念を表明しているが、まさにその「失敗」が日中戦争の勃発だったのである。

日中戦争勃発後、陸軍内部では所謂「拡大派」と「不拡大派」が対立する。しかしそれは、派兵の正否をめぐる対立ではなく、つまるところ「中国を如何に認識」するかについての意見の相違であった。[39] そして両者とも（特に拡大派は）、成長し爆発しつつある中国ナショナリズムがどれほどのものなのかを全く理解していなかった。

実は近衛もまた同様であった。一九三九年（昭和一四）四月、東亜同文書院の新入学生招見式において近衛は、「西力の東漸を防ぎ進んでこの両民族が協同して東洋の新文化を創造する、ロシア流の共産主義にも非ず、英米の資本主義にも非ざる是等を超越したる新しい東洋の文化を造り出すこと」が、日支両国民の上に課せられたる崇高な使命である」と語り、さらに日中の関係悪化の解決策を「〔日中〕両民族」の「人間個人同士」の「友情」に求めている。[40] かつては、中国の「国父」孫文もアジア主義を標榜していた（それが、日本側の唱えるアジア主義と異なるにしても）。しかし、今や中国は孫文時代の中国ではなかった。日ごとにナショナリズムが高揚していく中国にとって、文化であろうが教育であろうが親善であろうが、日本の行為は全て〝侵略〟と映っていたのである。しかし近衛は、反日運動の高まりや日中の軍事的衝突の解決を、父篤麿以来の「興亜」（アジア主義）に求めているのである。そして、東亜同文会もまた同会の設立理念である「興亜」と中国のナショナリズムという現実の間で苦悩し続けることになったのである。

（四）組閣後の近衛と東亜同文会

首相就任以降も近衛は継続して東亜同文会会長の任にあった。先述したように会長就任直後、近衛は東亜同文会の改革に着手、人事を一新して東亜同文会のあるべき方向性を確立しようとした。では、首相就任後の近衛は会長としてどうであっただろうか。この点について東亜同文書院出身（一三期）でのちに大政翼賛会の理事となる宇治田直義は、「組閣早々の公爵は（同文会について）色々の方向で困っておられたようであった」と記している。実は第一次近衛内閣期に実施された東亜同文会の理事会および特別委員会に、近衛はほとんど出席しておらず、解散後も同様であった。ただ、首相就任当時の近衛は、「時折り永田町の首相官邸を抜け出て独りでよく霞山会館にこっそり来られ私共を相手に色々な情報やら世間話を聞かれて息抜きをされていた」という。[41]

この霞山会館において近衛は、「私はこれまで内閣閣議というものは国家の大事を閣僚が心配して色々相談するものだと許り思っていたが、事実はそうではなく大変に違っている。閣僚は自分の受け持ちのことだけは大いにしゃべったり論じたりするが、いざ国家の大問題などになるとトント口をきかず、会議が済むとさっさと帰ってしまう。私は一体誰を相手に相談したらよいのか全く戸惑ってしまう。閣議というのは私にとってはお通夜のように淋しい気がしてならぬ。困ったものだ」と、閣議について不満を語っている。(42)近衛にしてみれば、病身を理由に拝辞したにもかかわらず、大命降下でいざ就任してみると、政府閣僚らは無責任なセクショナリズムにより、「国家の大問題」には一切関わろうとしないものばかりであった。当時の近衛が求めていた閣議は、恐らく東亜同文会理事会の特別委員会のような組織だったのであろう。東亜同文会の理念でもある「興亜」（アジア主義）を懸命に模索する近衛にとって、必要とするのは特別委員会のメンバーのような〈相談役〉であった。宇治田らは、この〈相談役〉とも言うべき無任所大臣の設置を近衛に提案しているが、当時は憲法上困難であった。

このような閣議の〈実態〉を知ったためであろうか、東亜同文会本部で新たに「支那問題座談会」が開催されるようになった（第一回は一九三七年［昭和一二］八月二八日）。岡部理事長が指揮をとり宇治田を世話役として始められたこの座談会は、各界の有力者を集めて「存分に意見を述べさせてそれを公爵が傍聴する」といった方法を採用した。近衛は、この座談会を通じて「今まで知らなかった多くの人々と知り合いになられ、多くの人の話を聞かれるようになった」と言う。(43)近衛が求めていたのは、おそらくこのような環境と議論の場、様々な人々から話を聞く場であった。もともと近衛自身、人の話には十分に耳を傾けることのできる性格の持ち主であった。様々な人々から、様々な意見を十分に聞いたうえで判断する。これが近衛にとっての〈政治〉であった。このような近衛にとって、「支那問題座談会」は打って付けであった。組閣後の近衛に東亜同文会は言わば息抜きの場であったと同時に、新しい情報を交換する場であった。

ところが状況は変化する。政府の一部から「東亜同文会側の連中が近衛の別働隊のように内閣側を差し置いて活動」しているという批判が出てきたのである。そして、一九三七年（昭和一二）一〇月一五日、近衛の政府内の〈相談役〉とでも言うべき「内閣参議」が臨時内閣参議官制公布により設置された。以後内閣側は、東亜同文会に対し距離をとるようになっていく。特に風見章書記官などは東亜同文会側の動きを「可なり気にして」、「東亜同文会側の者を警戒するようになり果て自然とはね除けるように」なっていったという。[44] そして、一九三八年（昭和一三）九月、外務省の外郭団体であり、中国や東アジアの研究機関として数多くの実績を有する東亜同文会という文化教育機関がありながら、企画院管轄の調査機関として東亜研究所が新たに設置される。同研究所は近衛を総裁の座に据えてはいたが、満鉄総裁であり貴族院議員であった副総裁大蔵公望が事実上の所長として実務を振るった。このような「公爵のブレーン」が作られることで、東亜同文会の関係者と近衛との関係は「遮断」され「段々疎遠」になっていった。そして尾崎秀実や西園寺公望のような「赤化分子」が近衛をとりまくようになり、東亜同文会関係者は「余り近衛公には近付かず、公爵も亦我々と前程露骨に且つ密接な連絡をとらないようになった」。[45]

おわりに――近衛文麿と東亜同文会

一九四五年（昭和二〇）八月の敗戦は、当然東亜同文会内にも動揺をもたらし、今後の同会の有り様が議論された。例えば、津田静枝理事長は、情勢を静観しつつ今後の対策を講じるべきであると主張し、一宮房治郎（理事）や宇治田直義らは「先手を打って」理事会を総辞職させたうえで東亜同文会を解散し、同文書院出身者を中心とする別な団体を組織して他日に備えるべきだと主張した。[46]

この頃近衛は東久邇内閣の国務大臣として、東久邇首相の相談役としての立場にあった。しかし近衛は一宮、宇治田らの意見を受け入れ、「自らも近く〔大臣を〕辞任、後任を決定して後図を策する」と明言した。このため一宮らは後日、近衛に会長継続を依頼したが、近衛は「黙して語らず、結局応諾を得ることが出来なかった」[47]。近衛の反応に「大いに憤慨」した一宮は「頗る消極的態度」になったという。結局、東亜同文会は一〇月一六日の理事会において全役員の総辞職を決した。一二月五日、霞山会館はＧＨＱの接収命令を受けた。霞山会館は宮内省所有地の払い下げを受けて建設された東亜同文会を象徴する建物であった[48]。翌六日、元会長近衛文麿に加え同文会再建後の理事長候補だった岡部長景にも戦犯としての逮捕命令が発せられた。近衛は荻外荘に居住し、同文会再建について関係者と協議する日を一二月一五日と定めていたが、彼がその会議に参加することはなかった。一六日、近衛は自ら命を絶った。一九四六年（昭和二一）一月三一日、東亜同文会評議会（事実上の理事会）は同会の解散を決定、同年三月一日に東亜同文会は正式に解散した。

近衛文麿と東亜同文会との関係については、資料的な限界もあり、これまで十分に論じられてこなかった。そこで本稿では、東亜同文会の重要なポストを歴任した近衛がいかなる過程をたどってそのポストに就任したのかを、また東亜同文会にとって近衛がどのような存在であったのかについて、近衛の前任の会長であった牧野伸顕の存在をからめて明らかにしようと試みた。

東亜同文会を教育文化に限定した施設にしようと動き出した牧野にとって、近衛文麿の〈政治性〉は必ずしも自身の志向性に沿うものではなかった。とは言え「近衛」というブランドは東亜同文会の運営上必要不可欠であった。このことは牧野が岡上梁を事実上の院長として副院長に採用する一方、あくまで院長には近衛を置いていることからも明らかである。

近衛が理想をもって実際に東亜同文会の運営に積極的に乗り出すことができたのは、牧野から会長職を引き継いだ一九三六年（昭和一一）一二月から第一次内閣を組閣する一九三七年（昭和一二）六月までのわずか半年間であった。就任時の近衛は特別委員会の設置など新機軸を打ち出している。それは、父篤麿以来の「興亜」(アジア主義)の理念を具現化しようと思ったからであろう。しかし、中国は、もはや父篤麿時代の「中国」ではなかった。また、「興亜」を理念とする東亜同文会や東亜同文書院も、中国ナショナリズムの高揚、日中戦争の長期化・泥沼化という現実の前で苦悩することになった。そして、日中関係が混迷の度合いを増すなか、近衛は東亜同文会の活動から次第に遠ざかっていくのであった。

註

(1)小崎昌業「あとがき」、一般財団法人霞山会編集・発行『東亜同文会史論考』、一九九八年、三六〇頁。

(2)近衛通隆「東亜同文会の設立について」、東亜文化研究所編『東亜同文会史』、一般財団法人霞山会、一九八八年、「序文」のひとつとして書かれたため頁の記載なし。

(3)東亜同文会会長・東亜同文書院院長としての近衛文麿についての先駆的研究としては、江頭数馬「昭和期の東亜同文会の活動」(前掲『東亜同文会史論考』所収)、栗田尚弥「第一次近衛内閣試論」(同)を挙げることができる。また近年の研究では、大島隆雄「近衛文麿と東亜同文会・東亜同文書院」(愛知大学東亜同文書院大学記念センター『オープン・リサーチ・センター年報』第二号、二〇〇八年三月)がある。大島氏の論考は『東亜同文会報告』などを丹念に調査し、近衛と東亜同文会・東亜同文書院の「相互関係」を中心に丁寧に分析されている。本稿は大島氏の成果によるところが大きい。

(4)矢部貞治『近衛文麿』、読売新聞社、一九七八年、一六~二一頁。

(5)同右、二二頁。

(6)前掲『東亜同文会史』、七七頁。

(7)同右、七八頁。

(8)「会報」、『支那』第一〇巻第二号(一九一九年一月)、引用は前掲『東亜同文会史』、五七〇頁。

(9)前掲『東亜同文会史』、六〇頁。
(10)大島隆雄、前掲「近衛文麿と東亜同文会・東亜同文書院」、『オープン・リサーチ・センター年報』第二号、一九八頁。
(11)同右、一九九頁。
(12)「会報」、『支那』第一三巻第七号(一九二二年七月)、前掲『東亜同文会史』、六〇九頁。
(13)牧野伸顕書簡(宛先不明)、『牧野伸顕関係文書』、一九二六年五月四日、国立国会図書館憲政資料室蔵。
(14)牧野伸顕宛白岩龍平書簡(一九二六年四月八日)、『牧野伸顕関係文書』。
(15)牧野伸顕宛岡上梁書簡(一九二六年五月一日)、『牧野伸顕関係文書』。
(16)牧野伸顕宛岡上梁書簡、同右。
(17)牧野伸顕書簡(一九二六年五月四日、宛先不明であるが、書簡の内容から相手は岡上梁と考えられる)、『牧野伸顕関係文書』。
(18)同右。
(19)「東亜同文会々員大会」、『支那』第一八巻第七号(一九二七年七月)、引用は、一般財団法人霞山会編集・発行『東亜同文会史　昭和編』、二〇〇三年、一五一頁。
(20)前掲『東亜同文会史』、一一六〜一一七頁。
(21)東亜同文会「東亜同文書院臨時費土地購入費予定計画並実施概要」、一九二九年、外務省外交史料館蔵。
(22)『牧野伸顕日記』、中央公論社、一九九〇年、二八一頁。
(23)同右、二九八頁。
(24)「東亜同文書院第三十期新入学生招見式」、『支那』第二一巻第六号(一九三〇年六月)、引用は、前掲『東亜同文会史　昭和編』、九二九頁。
(25)東亜同文書院の学園紛争について詳しくは、栗田尚弥『上海東亜同文書院――日中を架けんとした男たち』、新人物往来社、一九九三年、二一五〜二四〇頁、を参照されたい。
(26)「本会評議員会及び会員大会」『支那』第二八巻第一号(一九三七年一月)、引用は、前掲『東亜同文会史　昭和編』、一六五頁。
(27)牧野宛近衛文麿書簡(一九三六年一二月)、『牧野伸顕関係文書』。
(28)前掲『東亜同文会史　昭和編』、七〇頁。

(29)同右、七〇～七一頁。
(30)大島隆雄、前掲「近衛文麿と東亜同文会・東亜同文書院」、『オープン・リサーチ・センター年報』第二号、二三二頁。
(31)近衛文麿『失われし政治 近衛文麿公の手記』、朝日新聞社、一九四七年、九頁。
(32)『朝日新聞』一九三七年六月二日。
(33)矢部貞治『近衛文麿』、一九五八年、時事通信社、七五頁。
(34)東亜同文会「昭和十二年度事業概要報告」、外務省外交史料館蔵。
(35)「昭和期・東亜同文会関係年表」、前掲『東亜同文会史 昭和編』、一二二二～一二二三九頁。
(36)東亜同文会「昭和十二年度事業概要報告」、外務省外交史料館蔵。
(37)大学史編纂委員会篇『東亜同文書院大学史』、滬友会、一九八二年、一四八～一四九頁。
(38)若杉要「眼前の支那を再検討せよ」、『支那』第二八巻第四号（昭和一二年四月）、引用は、前掲『東亜同文会史 昭和編』、一一一八～一一二六頁。
(39)庄司潤一郎「日中戦争の勃発と近衛文麿の対応――不拡大から「対手トセス」声明へ」、『新防衛論集』第一五巻第三号、一九八八年、七八頁。
(40)「東亜同文書院新入学生招見式」（一九三九年四月）、『支那』第三〇巻第五号（一九三九年五月）、前掲『東亜同文会史 昭和編』、九四九頁。
(41)宇治田直義『支那問題ひとすじ――放浪五十年』、私家版、一九六五年、四四頁。
(42)大島隆雄、前掲「近衛文麿と東亜同文会・東亜同文書院」、『オープン・リサーチ・センター年報』第二号、二一〇頁。
(43)前掲『支那問題ひとすじ』、四四頁。
(44)同右、四四頁。
(45)同右、四四頁。
(46)同右、七四～七五頁。
(47)同右、七五頁。
(48)同右、八一頁。

第二部

日本人と中国人の相互認識

魯迅——作家人生のなかの日本

小山三郎

はじめに

（一）魯迅の足跡をたどる

国内で刊行された本格的な中国人名辞典に『近代中国人名辞典 修訂版』（霞山会発行、国書刊行会発売、二〇一八年）があるが、ここでは、魯迅（一八八一年九月二五日～一九三六年一〇月一九日）は最重要人物のなかに分類され、かれの弟・周作人（文学者、一八八五年一月一六日～一九六七年五月六日）、周建人（生物学者、一八八八年一一月一二日～一九八四年七月二九日）、妻・許広平（一八九八年二月一二日～一九六八年三月三日）も収録されている。ここから魯迅とかれの親族が中国近代史のなかで重要な役割を果たしていたことがわかる。

文学史では「中国近代文学の開祖」と位置付けられている魯迅の作家人生は、青年期の日本留学から日本と深い関わりをもっていた。

最初に魯迅の足跡をたどってみることにしよう。

魯迅の生涯は、事跡の観点から四期に分けることができる。

魯迅（ろじん　1881～1936）

①紹興（一八八一年九月二五日）―南京（一八九八年五月）―東京（一九〇二年四月）―仙台（一九〇四年九月）―東京（一九〇六年三月）―杭州（一九〇九年八月）―紹興（一九一〇年七月）―南京（一九一二年二月）

清朝の王朝体制が終焉に向かう時代に浙江省紹興に生まれた魯迅は、青年期に洋務運動によって設立された南京の江南陸師学堂に学び、その後一九〇二年（明治三五）に官費留学生として日本に留学する。〇四年九月には仙台医学専門学校に入学し、その二年後の〇六年に同校を退学し、東京に戻る。東京で文学運動を起こしたが失敗、〇九年七月中国へ帰国し、杭州の浙江両級師範学堂、郷里の紹興府中学堂で博物学の教師となる。

②北京（一九一二年五月）

辛亥革命後に蔡元培の紹介で中華民国臨時政府教育部に就職したかれは、一〇年代半ばの新文化運動期に「狂人日記」を発表し、文壇に登場。ほどなく中国小説史の講座を北京大学などの大学で担当し、また海外の文学作品の翻訳紹介を始める。

③厦門（一九二六年九月）―広州（一九二七年一月）

第一創作集『吶喊』が版を重ね、第二創作集『彷徨』も刊行し、作家としての地位を確立し始める。この時期には、厦門大学、中山大学で古典文学研究に専念しようとする研究者の姿が観察できる。

④上海（一九二七年一〇月～三六年一〇月一九日）

上海に移った魯迅は、研究者の道を断念し専業作家の道を選択し、その地で肺病のため五六歳の生涯を終えた。

魯迅の作家人生は、おおむね「狂人日記」を発表した一九一〇年代半ばから始まるが、実際にはすでに日本留学期に作家活動が見られる。文壇に登場した北京の時期にかれは、海外文学を中国に積極的に紹介する翻訳者であり、教育部の仕事の合間に大量の古文献を収集していたことからわかるように中国小説史を研究する研究者でもあった。

魯迅の生涯は、つぎのように表現できるであろう。

魯迅は、「創作家」であり、中国小説史を専攻する「中国古典文学研究者」であり、海外の文学を中国に紹介し続けた「翻訳家」であり、晩年には雑文を執筆しながら、途絶えていた中国の民間の木版画を海外の木版画の技術を取り入れることで復興させ、民衆の文化を保存することに尽力した文人であった。魯迅は、生涯中国に新しい文学が生まれることを願い、新しい文学の創出が中国人の国民性の変革と結びつくと信じていた作家であった。

（二）魯迅の残した業績

魯迅の多面性をもった資質は、それぞれが別個に存在していたわけではない。「狂人日記」執筆の動機は史書『資治通鑑』を読み、「中国人はやっぱり人食い民族であったと悟」った（許寿裳宛書簡、一九一八年八月二〇日）[1]ことにあった。また同じく代表作である「阿Q正伝」では阿Qをめぐる人物形象を通じて、同胞が処刑されるのを見物し酔いしれる中国人の精神構造を批判した。魯迅は、他者が捕らえられて殺されるのを目撃することの苦しさを語ったロシアの詩人エロシェンコ（一八八九〜一九五二）を「偉大な精神」の持ち主であると語っていた（『魚の悲しみ』訳者付記）[2]。

魯迅の作品世界には、このように中国古典文学への視点や海外文学作品への関心が融合していたのである。

しかし一九三〇年代に入ると社会批評をテーマとする雑感文の執筆に移り、それにともない小説の創作力の減退が見られた。また中国古典文学の研究を継続することについては、専業作家としての道を選択した時点で断念している。魯迅は、中国小説史の研究に終生強い関心をもちながらも、専業作家と研究者は両立できないと考え、専業作家の道を選択したのである。

（1）海外文学への関心

魯迅の海外文学への強い関心は、日本留学期に始まり、一九〇九年（明治四二）に東京で『域外小説集』の刊行として結実していた。にもかかわらず、「被抑圧民族の文学」を紹介した『域外小説集』は、上下巻あわせて四〇冊ほどしか売れなかった。そのため魯迅は、この頃大きな挫折を経験することになった。この挫折は、青年期の魯迅の心に「寂寞感」を深く植え付けることになった。

しかし海外文学への強い関心は、消え去ることはなかった。それから一〇年を経た一九二〇年（大正九）前後に新文化運動を担った雑誌『新青年』が「イプセンの特集」、『小説月報』が「被抑圧民族の文学」を特集すると、その関心は復活する。魯迅が「そもそも時勢に合わなかった」と自ら語った東京での文学運動であったが、新文化運動を支える人々の出現によって、かれもその流れに加わっていくことになったのである。

その後、かれの海外文学への関心は、さらに強まっていく。二〇年代後半には、海外文学作品を紹介する『奔流』月刊（一九二八年六月創刊）や外国の版画を紹介する『朝花週刊』『芸苑朝華』『蕗谷虹児《ふきやこうじ》画選』『ビアズリー画選』を相次いで刊行し、三〇年代に入るとかれの文学運動の「核」となっていく。

（2）木版画への関心

魯迅は、一九三〇年代には国内外の木版画に関心を向け始めるが、この関心は、一九一〇年代、教育部の役人時代に担当した美術に関わる職務や金石拓本の収集と結びつき継続してきたものである。木版画への関心は、中国の木版画の歴史のなかに埋もれた庶民の優れた芸術に注目したこと、ドイツやロシアの高い版画技術と小説に挿入されている挿絵に価値を認めたことによっていた。

こうして一九三〇年代の魯迅の文学は、海外文学の紹介と移植、中国の庶民のなかに存在していた木版画の新たなる再生に向けた復興運動へと収斂していくことになる。

（3）日本との関わり

以上のように魯迅の作家人生を概観すると、日本が深く関わっていたことがわかるのである。終生こだわり続けていた中国小説史研究では、東京帝国大学支那学の塩谷温《しおのやおん》（一八七八～一九六二）教授との関わりがあげられる。魯迅の研究成果には、北京の幾つかの大学で講義するための教材を整理編集した『中国小説史略』、厦門大学在職中に整理した「漢文学史綱要」、一九二七年（昭和二）から二八年にかけて編集された『唐宋伝奇集』がある。『中国小説史略』は、二三年、二四年に上・下冊が刊行され、後に合冊となり、三一年には日本で発見された資料を加えた改訂版が刊行されている。この間、日記によると魯迅と塩谷温との間には、書簡のやり取りが始まり、塩谷の教え子の辛島驍（一九〇三～六七年）を通じて資料が提供されていた。

なお『中国小説史略』の邦訳は、一九三一年（昭和六）に半年にわたって魯迅から個人指導を受けた中国文学者の増田渉（一九〇三～七七）によって三五年に刊行されている。

魯迅が専業作家としての道を歩み始めるのは、広州から上海に移った一九二八年以降のことであった。ただし一九二八年から三一年末まで蔡元培の紹介によって国民政府の学術機関大学院から特約著述員として月々三百元が支給されていたので、専業作家の時期をより厳密に言えば三二年から三六年一〇月までの四年一〇カ月になる。

（4）海外文学作品の翻訳紹介

魯迅は、すでに一九二〇年代に創作集『吶喊』『彷徨』、散文詩集『野草』、散文集『朝花夕拾』を刊行し、「阿Q正伝」が海外で紹介され、文壇に地位を確立していた。

それと比較すれば一九三〇年代に魯迅が著した創作は、古代に題材をとった『故事新編』、許広平との間に交わされた書簡集『両地書』の二冊があるに過ぎない。この時期、かれは、世相、文壇の悪しき風潮を批判する雑文の執筆に身を置きながら、海外文学作品の翻訳紹介に力を注いでいたことになる。海外文学作品の翻訳紹介への強い関心は、魯迅が広州の中山大学を辞し、上海に向かう時に、これから生活の糧として翻訳をやることになると作家章廷謙や魯迅に創作の指導を受けていた翟永坤への書簡のなかで語っていたことからもわかる。

魯迅が生涯において残した業績を単に量を基準とするならば、海外文学作品を翻訳した作品が圧倒的に多い。つまり海外文学作品の翻訳は、魯迅文学の重要な一部となり、中国に新しい文学を創造しようとする魯迅の試みとなり、それは日本留学期から一貫して続いていたことになる。

一、「訳文序跋集」の世界

(一) 日本語から重訳された翻訳作品

魯迅の翻訳作業の全貌は、『魯迅全集』(一六巻本、人民文学出版社)の第一〇巻「訳文序跋集」で知ることができる。「序跋集」とは、刊行された翻訳作品に付けられた解説文を集めたもので、かれが翻訳するに至った動機を語った「評論的」性格の作品である。

収録作品と魯迅が翻訳するために利用した原典を掲載順に紹介するとつぎのようになる。

①『月界旅行』フランス/ジュール・ヴェルヌ(一八二八~一九〇五)作

【日語からの重訳(井上勤訳、東京進化社)、一九〇三年一〇月刊行】

②『域外小説集』魯迅、周作人共訳

うち魯迅訳は、ロシア/アンドレーエフ(一八七一~一九一九)二篇、ガルシン(一八五五~八八)一篇

【日語からの重訳、一九〇九年三月、九月刊行】

③『労働者シュヴィリョフ』ロシア/アルツィバーシェフ(一八七八~一九二七)作

【独語からの重訳、一九二二年刊行】

④『現代小説訳叢』魯迅・周作人共訳

三〇編中八編を魯迅が担当、ロシア/アルツィバーシェフ二篇、フィンランド/アルキオ、フィンランド/ミンナ・カント(一八四四~九七)、ロシア/アンドレーエフ二篇、ブルガリア/イワン・ヴァーゾフ(一八五〇~一九二一)(これのみ独語からの重訳)、ロシア/チリコフ(一八六四~一九三二)

⑤『或る青年の夢』武者小路実篤作
【日語からの重訳、一九二二年刊行】【一九二二年七月刊行】
⑥『エロシェンコ童話集』ロシア／ワシリィ・エロシェンコ（一八八九〜一九五二）作
【日語からの重訳、一九二二年七月刊行】
⑦『桃色の雲』ロシア／ワシリィ・エロシェンコ作
【日語からの重訳、一九二三年七月刊行】
⑧『現代日本小説集』魯迅・周作人共訳
一五名三〇篇中六名一一篇を魯迅が担当（夏目漱石、森鷗外、有島武郎、江口渙、菊池寛、芥川龍之介）
【一九二三年六月刊行】
⑨『苦悶の象徴』厨川白村作（評論集）
【一九二五年三月刊行】
⑩『象牙の塔を出て』厨川白村作（評論集）
【一九二五年一二月刊行】
⑪『小さなヨハネス』斉寿山と共訳
オランダ／ファン・エーデン（一八六〇〜一九三二）作
【独語からの重訳、一九二八年一月刊行】
⑫『思想・山水・人物』鶴見祐輔作（評論集）
【一九二八年五月刊行】
⑬『壁下訳叢』
一〇名二五篇（片上伸、有島武郎、ロシア／ケーベル、島崎藤村、武者小路実篤ら）
【一九二九年四月刊行】
⑭『現代新興文学の諸問題』片上伸（一八八四〜一九二八）作
【原題『無産階級文学の諸問題』、一九二九年四月刊行】
⑮『芸術論』ソ連／ルナチャルスキー（一八七五〜一九三三）作
【日語からの重訳（昇曙夢訳）、一九二九年六月刊行】

⑯『文芸と批評』ソ連／ルナチャルスキー作
【日語からの重訳（尾瀬敬止、金田常三郎、杉本良吉、茂森唯士、蔵原惟人訳）、一九二九年一〇月刊行】
⑰『文芸政策』
【日語からの重訳（外村史郎・蔵原惟人『露国共産党の文芸政策』）、一九三〇年六月刊行】
⑱『芸術論』ソ連／プレハーノフ（一八五七～一九一八）作
【日語からの重訳（外村史郎『芸術論』、蔵原惟人『階級社会の芸術』）一九三〇年七月刊行】
⑲『小さなペーター』ハンガリー／ヘルミニア・ツール・ミューレン（一八八三年～一九五一年）作
【日語からの重訳（林房雄訳）、一九二九年一一月刊行】
⑳『十月』ソ連／ヤーコヴレフ（一八八六～一九五三）作
【日語からの重訳（井田孝平訳）、一九三三年二月刊行】
㉑『壊滅』ソ連／ファジェーエフ（一九〇四～五六）作
【日（蔵原惟人訳）・英・独訳対照、一九三一年九月刊行】
㉒『竪琴』ソ連／ザミャーチン（一八八三～一九三七）作
【日語からの重訳（米川正夫訳）、一九三三年一月刊行】
㉓『一日の仕事』ソビエト短編小説集
【日語からの重訳、一九三三年三月刊行】
㉔『山民牧歌』スペイン／パローハ（一八七二～一九五六）作
【日語からの重訳（笠井鎮夫訳）、一九三八年『魯迅全集』第一八巻】
㉕『時計』ソ連／パンテレーエフ作
【独語からの重訳、槇木楠郎訳の日訳を参考とする、一九三八年七月刊行】
㉖『ロシアの童話』ソ連／ゴーリキー（一八六八～一九三六）作

㉗『悪い子供とその他の奇聞』ロシア／チェーホフ（一八六〇～一九〇四）作

【日語からの重訳（高橋晩成訳）、一九三五年八月刊行】

【独語からの重訳、一九三六年刊行】

㉘『死せる魂』ロシア／ゴーゴリ（一八〇九～五二）作

【独語からの重訳、日訳を参考とする、一九三五年一一月刊行】

（その他）「訳叢補」：魯迅が、新聞・雑誌に発表したもので、一冊に編集されていなかった三六篇

論文一四（英文［周作人口述］一、日本人論文一一、出典不明二）

内容　ハンガリー文学論、チェコ文学論、小ロシア文学論、映画論、ハイネ論、ゴーゴリ論

雑文一〇（日本人執筆九）

小説一〇（日語からの重訳八、独語からの重訳二）

内容　ガルシン、ロシア小説集、ゴーリキー、フィリップ、ルーマニア文学、ブルガリア文学

詩歌二

内容　フランス／ギヨーム・アポリネール（一八八〇～一九一八）、蕗谷虹児（一八九八～一九七九）

以上の集計結果から、つぎのことがわかる。

「訳文序跋集」に収録されている二八作品のなかで日本人の文芸・評論編著書は七（うち一編著書にはロシア人作家一名が含まれている）、日本語から重訳した編著書は一六、日本語訳を参照し独語訳から重訳した編著書は二、独語から単独で重訳した編著書は三であった。

「訳叢補」に収録された作品の集計では、三六篇中で日本人の著作を含め、日本語からの重訳は二八篇、日本語を参照した重訳は一篇、独語からの重訳は二篇、出典が記載されていない訳文は五篇となっており、こちらも日

本と関わりをもつ作品が目立つ。

（二）翻訳を通じて、深められた文学観

魯迅によって翻訳紹介された海外文学のほとんどは、当時日本で翻訳出版されていた作品であった。これらの集計から魯迅の海外文学の翻訳紹介は、日本語が介在することで成り立っていたことがわかる。

魯迅は、当時の日本の翻訳界について、作家唐弢（一九一三年三月三日～九二年一月九日）宛書簡（一九三四年七月二七日）[3]のなかでつぎのように語っている。

日本の翻訳界は、たいへん豊富です。適切な人材が多く、読者も少なくありません。したがって有名な作品にはほとんど翻訳があります。わたしが思うには、ドイツ以外、他国の作品を紹介するのに熱心なのは、おそらく日本でしょう。

またかれが三〇年代に入り、精力を注いだロシア文学、ソビエト現代文学研究については、同じ書簡で「ソビエト・ロシア文学を研究したいのならば、ロシア語がわかったほうがいいでしょう。しかしわたしは、三、四年の時間を割き（しかも途中で中断せず）、まず日本語を学びそのかたわらロシア語も勉強するのがよいと思います。なぜなら第一に、我々にはまだましなロシア語の辞典がなく、わからない単語は日本の書物を使うしかなく、第二にかれらには、ロシア語を研究する専門の雑誌があって、参考にできるからです」と日本語の有用性について語っていた。

一方、ドイツ語については、「苦手で、手元には辞書もないからどうしようもない」（徐懋庸宛書簡、一九三四年七月二一日）[4]状況にあった。

（1）美術書の紹介

魯迅の海外文学作品、評論への関心は、生涯を通じて継続し、関心をもった分野は多方面にわたっていた。例えば美術に関する関心は、早くも一九一三年（大正二）に心理学者上野陽一（一八八三〜一九五七）の「美術翫賞の教育」を教育部『編纂処月刊』誌に訳出し、それ以降二九年に西洋近世美術を語る板垣鷹穂の『近代美術潮論』の紹介を経て、三〇年代に国内外の木版画の出版へと向かっていったのである。

（2）各国文学史の紹介

北欧文学の紹介から始まる各国文学史に関する紹介は、ハンガリー、チェコ、小ロシア、ルーマニア、ブルガリアなどの文学史に及んでいる。これらの文学史は、ドイツのレクラム世界文庫から重訳したものもあったが、大部分は日本語からの重訳であった。

（3）日本研究の重要性とは

多方面にわたり、翻訳紹介をおこなうなかで、一九三一年（昭和六）一一月に魯迅が「排日の声のなかで、わたしはあえて断固として中国の青年に一つの忠告をしたい。それは、日本人はわたしたちがみならう価値のあるものをたくさんもっている、ということである」（「「日本研究」の外」一九三一年一一月三〇日）[5]と日本研究の重要性について語っていたのは、当時かれが積極的に日本語の文献から世界の文学作品を翻訳紹介していることと関係していたと考えられる。

魯迅が日本の翻訳界に向けたそうした眼差しの理由の一面は、海外の作品に時を置かずに触れることができる便利さにあったが、それだけではなかった。かれが重訳した個々の作品に付された解説文には、しばしば日本人翻訳者、研究者の見解が引用されているのである。魯迅は、邦訳されていた海外文学作品につけられた解説文に「評論」としての価値を見出し、それに共鳴し、それを導き手として作品世界に入り込んでいたのである。

したがって魯迅自身が執筆した解説文には、かれの文学観を探る手がかりを見出すことができる。

魯迅が日本人の文芸理論家のなかで特に高い評価を与えたのは、京都帝国大学教授の厨川白村《くりやがわはくそん》（一八八〇～一九二三）であった。関東大震災の犠牲となった厨川白村の遺稿集『苦悶の象徴』を魯迅は、「作者自身たいへん独創力があり、ためにこの書物も一つの創作となっており、しかも芸術に対する独創的な見地と深い理解が満ちあふれている」と語る。さらに「作者は、ベルクソン流の哲学に基づいて、進んでやむことのない生命力を人類生活の根本とし、またフロイト流の科学に基づいた生命力の根底をたずね、文芸――とりわけ文学を解釈する」（『苦悶の象徴』序言、一九二四年一一月二二日夜）[6]と解説していた。

また魯迅は、『象牙の塔を出て』のなかの一節「文学者と政治家」を取り上げ、「大意は文学と政治とは、ともに民衆の深い厳粛な内的生活に根ざす活動であるから、文学者は実生活という基盤に立ち、為政者は文芸をよく理解し、文学者に歩み寄るようにしなければならないと説いたものである。これは実に理があると思うのだが、中国の現在の政客や官僚たちにこのことを説いて聞かせても、かえって牛に琴を弾いて聞かせるものでしかない」（「後記」、一九二五年一二月三日執筆）[7]とも語っている。

魯迅は、厨川白村の文芸論に共鳴しつつ、「みなが自負しているいわゆる精神文明」のなかに「隠蔽された痼《こ》疾《しつ》」があることを厨川が看破していたと考え、その指摘は中国にも当てはまると共感を示していた。魯迅の厨川白村への高い評価は、一九三三年（昭和八）一一月二日付の編集者陶亢徳宛書簡に「日本では近頃、特に厨川白村のような人を見ません。（中略）要するに社会と文芸のよい批評家は見あたりません[8]」と回想されるようにその後も語られていた。

厨川白村の著作を紹介した二年後の一九二七年（昭和二）に広州でおこなった「魏晋の風気および文章と、薬および酒の関係」の講演で、かれは魏晋の時代の為政者によって殺された文人像を語りながら文学者と政治家の関係を跡付け、魏晋の文人の表した文学精神に高い評価を与えていた。

この講演は、単に魏晋の時代を語ったものではなかった。魯迅は、この講演を通じて現実の社会のなかでのあるべき「文学者像」を求めていた。魯迅の視点には、厨川白村の見解に共鳴して以来の「作家と政治家がどう関わるべきか」という問題が存在していたのである。

（4）ソビエト現代文学の紹介

理想とすべき作家と政治指導者の関係が現実の文壇に存在していることに魯迅が気づいたのは、ソビエト現代文学に注目した時のことであった。

魯迅は、蔵原惟人《くらはらこれひと》の解説文によってかれが当時、高い評価を与えていた作品「壊滅」の作者ファジェーエフ（一九〇一～五六）が「現在プロレタリア作家連盟の決議機関（無産階級作家協会評議委員会）の一員である」ことを知ることになる。つまりソビエトの文壇には魯迅が求めていた作家と指導者の関係が存在していると認識したということである。

この認識が魯迅の行動に影響を及ぼしていたことは、一九三〇年（昭和五）に中国共産党が秘密裏に組織した左翼作家連盟にかれが指導者として加入していたことに表れていた。

魯迅のファジェーエフへの高い評価は、作品への評価を反映したものであり、作品「壊滅」を「実際に体験した者でなければ描けるものではなく、いずれも実際の経験から得られたものであって、決して空想的な文人が描けることではない」と語り、白軍と戦ったパルチザン部隊の壊滅という革命の現実を描いたかれの作品を「新生」の一部と解釈していた（『壊滅』後記、一九三一年一月一七日執筆[9]）。

この時期に魯迅は、ロシアの初期マルキシズム理論家プレハーノフ（一八五六〜一九一八）の『芸術論』に対するかれ自身の解説のなかで「文芸家というものは、宣伝家の職務に適したところはごく少ないものだと説いている」（「論文集『二十年間』第三版序」訳者付記、一九二九年六月一九日執筆[10]）と指摘していた。この指摘は、作品「壊滅」を描き、かつ作家の指導的立場にいたファジェーエフの技量への評価と結びついていた。

同様にソビエト現代作家の作品集『竪琴』の解説では、「作品のなかの混乱や暗黒の描写は、すこぶる徹底している」にもかかわらず、これらの作品がソビエトで「没落」していないことを知り、「これは血があり、汚穢《おあい》があるが、革命があるからであり、革命があるので、血と汚穢――すでに過去のことか、あるいはまだ経験していないにしても――を描写した作品に対しても、畏怖の念はもたないのである。これこそがいわゆる「新しい誕生」である」（『竪琴』訳者付記、一九二八年一一月一五日執筆[11]）とソビエト文壇の状況を高く評価していた。

この評価は、魯迅がソビエト現代文学の世界に存在する同伴者作家の作品に関心を寄せていることを教えてくれる。魯迅の解釈によるならば、同伴者とは「革命のなかに含まれている英雄主義によって革命を受けいれ、一緒に前進するが、革命のために徹底的に闘争することはせず、死して惜しまない信念はあるとは言え、一時的な道づれでしかない」（『竪琴』前記、一九三二年九月九日執筆[12]）作家のことであった。魯迅は、ソビエト文学のなかの同伴者に対し、モスクワ大学教授で文学史家コーガン（一八七二〜一九三二）の『偉大なる十年の文学』のつぎの一節をしばしば引用している。

「純粋」な文学主義者たちも、ついには、あらゆる戦線の上で沸騰している闘争のなかに引き込まれないではいられなかったのであって、ついにその闘争に参加したのである。最初の一〇年の終わり頃になって、革命的実生活から文学へと来たプロレタリア作家たちと、文学から革命的実生活へと来た「同伴者」たちが互いに合流して、一〇年の終わりには、そのなかにあらゆる団体が一同に加入し得るところのソビエト作家連盟が形成されるという雄大な企画によって記念されたということは、何も異とすべきことではないのである。

コーガンのこの見解を魯迅は、「「同伴者」文学の過去、および現在の全般的状況に関して、これこそきわめて概括的かつ明白に述べられている」（『十月』後記、一九三〇年八月三〇日執筆）[13]と評価した。

魯迅がソビエト文学に関心を抱くことになったのは、一九二八年（昭和三）に上海の文壇に発生した革命文学論争が契機となった。この論争は、日本留学から帰国した文学団体創造社の若い同人たちが「無産階級文学」を主張し、かれらの立場から魯迅を「没落したブルジョア作家」「革命の傍観者」と攻撃したことに端を発していた。魯迅は、この論争を通じて、日本で紹介されているソビエト文学の状況を知ることになった。

魯迅は、かれを批判した創造社の同人が提唱した無産階級文学に接した時、「口一杯にただ「戦略」「戦略」だけで狐のように小賢しさを弄ぶなら、それは駄目である。なぜなら文芸は、所詮政治とは違い、小政客の手腕は無用なのである」（「農夫」訳者付記、一九二八年一〇月二七日執筆）[14]と語り、かれらの主張を斥けていた。魯迅の眼には、政治優先主義のイデオロギーで文学作品を解釈する革命文学者の主張は、「小政客の手腕」としか映じていなかった。

「文芸は所詮政治と違う」と語った魯迅は、革命文学論争のなかに身を置きながら、詩人で慶應義塾大学教授の野口米次郎（一八七五～一九四七）の「愛蘭《アイルランド》文学の回顧」について、「翻訳を終えて、少しばかり触れておきたいことがある。それは著者の言う、「どの国の文学であれ、古代の文化と才能、それらと近代の時代精神とがどのように関係しているのかを知らねばならない。ここから真の生命が培われるのだ」という主張である」（「『奔流』編校後記十」、一九二九年五月一〇日）[15]と野口の見解に同意している。

野口の見解への共鳴は、ソ連の文明批評家であり、一九一七年（大正六）から二九年までソ連教育人民委員であったルナチャルスキー（一八七五〜一九三三）の「文芸と批評」を紹介するなかで、芸術の保存、啓発、奨励にルナチャルスキーが努めていることは、かれの人間性と寛大さを証明するものであると語ったことと結びついていた。

（5）木版画運動を興す

この頃から木版画運動に力を注ぐことになる魯迅の関心は、野口米次郎とルナチャルスキーの主張に通じていた。魯迅が新しい版画の創出を「漢代の石刻画像、明清の書籍の挿画を斟酌し、かつ民間で賞玩するいわゆる「年画」に留意し、欧州の新しい方法と融合するならば、よりよい版画を創出することができるでしょう」（木版画家李樺宛書簡、一九三五年二月四日）[16]と語った発言には、時代精神の継承、芸術の保存と啓発、民衆との結びつきが重視されていたのであった。

魯迅の日本の浮世絵に対する関心も自国の木版画への関心と同様の性格のものであった。当時、上海で魯迅に面会した日本人は、魯迅が浮世絵の愛好家であることを知り、手土産として浮世絵の複製を持参したという。

魯迅は浮世絵師について、「私は若かった時には北斎をすきであったけれども今では広重、其次には歌麿の人物です。写楽は独乙人が大にほめたから二三冊の書物を読んで解らうとしましたが、とうたう解らずで仕舞ひま《ママ》した。併し支那の一般の目に適当する人は私の考では矢張り北斎で大昔から沢山の挿画を入れて紹介しようと思って居ましたが今の様な読書界の状態ではまづ駄目です」（歌人山本初枝宛書簡、一九三四年一月二七日）[17]と語り、浮世絵の版画技術と芸術的価値を認めていた。

（6）海外文学作品をどのように紹介したのか

つぎに魯迅は、海外の文学作品をどのように紹介していたのかについて考察したい。

魯迅が、日本留学中に翻訳した作品に『月界旅行』（仏、SF作家ジュール・ヴェルヌ）がある。全集の註釈によると、魯迅が底本としたのは、一八八六年（明治一九）に刊行された井上勤訳『九十七時二十分間 月世界旅行』であった。

この翻訳の目的を魯迅は、つぎのように解説している。

学理を取り上げ、堅苦しさを取り去っておもしろくして、読者の目に触れさせ理解させれば、思索を労せずとも、かならずや知らずのうちに一斑の知識を得、遺伝された迷信を打ち破り、思想を改良し、文明を補うことができる。その力の大きさたるや、これほどのものなのである！

続いて魯迅は、「今日の翻訳界の欠点を補い、中国の群衆を導いて前進させようとするならば、かならずや科学小説から始めるべきである」[18]と語っていた。

この解説は、魯迅が文学活動を始め、一九二一年（大正一〇）に『域外小説集』を増訂改版した時に、かれのつぎの回想と結びつくこととなった。

日本に留学していた頃、わたしたちはある漠然とした希望をもっていた——文学によって人間性を変革し、社会を改革できると思ったのである。この考えによって、自然自然に外国の新文学紹介という一事に思い至った（「序」、一九二〇年三月二〇日）[19]。

（7）『現代日本小説集』の刊行

魯迅のこの考えは、一九二二年の武者小路実篤著『或る青年の夢』を訳すにあたり、この作品を「この戯曲が多くの中国旧思想上の宿痾《しゅくあ》を治癒でき、その意味で中国語に翻訳する意義も大いにあると思うのである」[20]と述べていたことのなかに表れていた。

一九二三年（大正一二）刊行の『現代日本小説集』に収録された作家と作品には、魯迅の日本人作家の評価が反映されている。例えば、芥川龍之介の「羅生門」について、魯迅は「かれの傑作である。昔の事実を取り、新たな生命を注ぎ込んでいるので現代人と関係が生まれるのである」[21]と語っている。魯迅の短編集『故事新編』中の古代に題材をとったそれぞれの作品にも、芥川の作品と同様の手法が観察できる。

菊池寛の「三浦右衛門の最後」を紹介した魯迅は、「かれら昔の武士たちは、まず自分の命を軽くみているから、人の命を軽んじているのであって、自分は生を貪りながら人を殺すという輩とは明らかに違っている」[22]と述べる。この評価は、魯迅の作者への「心からの称賛」であり、「狂人日記」「阿Q正伝」のなかの複雑怪奇な人間関係への告発の意図も含まれていた。

魯迅は、後に「日本には大作家がいない」（作家曹白宛書簡、一九三六年五月八日）[23]と語っているが、かれが日本文学の作品に求めたのは、厨川白村が作品世界で展開した「精神文明のなかにある隠蔽された痼疾をずばり突いている」主題であった。この主題が魯迅の作品の「核」であり続け、作品評価の基準となっていたのである。

魯迅は、一九二八年に鶴見祐輔著『思想・山水・人物』を翻訳刊行している。魯迅がこの本のなかの「北京の

魅力 四死ぬまで北京に」を「はっきりと中国の影を見てとることもできる」と語ったことにもかれの作品選択の基準が表れていた。また魯迅が作品を選択する背景には、中国の文壇に存在する新文学の成長を阻む悪しき傾向を批判する意図があった。『思想・山水・人物』の題記に「いっそうのことならと、上海の「革命文学」のざわめきのなか、ガラス窓の下で、さらに八篇を加えて訳し、一冊にして印刷に付した[24]」と述べていたのは、魯迅が革命文学論争に巻き込まれ批判されていた状況下にいたことを語っている。

（8）かれを批判した革命文学者への反論

革命文学論争で革命文学者が魯迅の出身階級を問題視し、作家に正確なイデオロギーを要求し、作品評価にイデオロギーを持ち込んだことに対して魯迅は、一九二四年（大正一三）から二八年にかけて訳した文芸論文を集めた『壁下訳叢』の解説で「革命文学」の呼び声について「「文学は宣伝である」という梯子に登って唯心論の城堡にもぐり込んでしまっている[25]」と語っていた。魯迅が日本人翻訳者、研究者の語ったソビエト文学理論を紹介する目的は、革命文学者の論調に欠落していた「読者が現在の新興文学の『諸問題の性質と方向とおよび時代との交渉など』を解釈」するための「多少の手がかりを提供[26]」することにあった。

魯迅は、作品に重要なのは「すべてが実に生き生きとしていて、われわれに鮮烈な印象を与えてくれる」（「会友」訳者付記[27]）作者の技量であると語る。かれは、短編集『一日の仕事』を紹介することが「空論を弄ぶ専門家やおしゃべり主義者への大きな教訓である」（『一日の仕事』後記〔一九三二年九月一九日〕[28]）と考えていた。このような主張は、「阿Q正伝」の作者のものである。魯迅が『山民牧唱』の作品に登場する人物を「今でもおぼえているが、わたしは日中戦争（一八九四年〔明治二七〕）のとき、田舎でよくぶらぶらしている人気者を見たものである」（「剽軽者レコチャンデキ」訳者付記[29]）と語った時、作者の実際の体験こそが読者に伝わる条件となっていることを指摘していた。

魯迅がゴーリキーの作品を評価したのも同様の理由があった。かれは、「下流階級出身ではあるが、ゴーリキーは出会った上流階級の人々も少なくない。といって上流の人々の高台に立ってものを見ていない。そこでたくさんのからくりが見破られる[30]」と語っていた。ゴーリキーの作品の翻訳は、晩年の魯迅の仕事となった。

また魯迅が革命文学論争で痛烈に革命文学者の文学観を罵倒したのは、「阿Qの時代が終わった」と断定された時、かれの文学観が否定されたと解釈したことにあった。魯迅の反論は、かれの翻訳作品を通じて具体的に語られたと言える。

中国古典文学研究者魯迅の、中国文学の世界に介入し続けてきた儒教の倫理、道徳観、勧善懲悪の世界を拒絶する文学観は、中国文学の変革を求め、悪しき伝統を矯正するために海外の文学作品を中国に紹介することが急務であるとしたのである。

(9) 学ぶべき日本人の熱意

日本人の海外文学を紹介する熱意を学ぶべき対象としたのは、魯迅にとって当然のことであった。さらに翻訳者の評論や海外文学の研究書は、魯迅にとっての手引書となり、魯迅が本来もっていた文学観と共鳴し、それを深めていた。魯迅と日本の翻訳界との関わりは、かれの中国文学の再生の試みのなかで重要な役割を果たしていたのである。

二、「硬訳」にこだわった魯迅

以上から魯迅の作家人生のなかで、翻訳がかなりの重さを占め、かれが選んだ作品は多様であり、決して余技と言えるものではなかったことがわかる。一九三一年（昭和六）一一月に刊行した『鉄の流れ』（ソ連・セラフィモービッチ作）の「編校後記」[31]で魯迅は、ソ連に滞在していた訳者曹靖華との間に少なくとも二〇回、書簡をやりとりし、中ソ間で郵便物が着かないのは毎度のことで、翻訳原稿を郵送するのはかなり骨の折れることだったと語っていた。翻訳は、魯迅にとって「閑つぶし」ではなかった。

魯迅は、「翻訳の方法」をどのように考えていたのであろうか。日本の文学界では、創作と翻訳を同時に実践していた作家に森鷗外、二葉亭四迷らの文豪がいた。日本人の文豪と翻訳の関係、時代との関連について、比較文学の研究領域では日本近代小説の先駆とされる言文一致体で書かれた「浮雲」の作者二葉亭四迷を「日本語とは根本的に異質な外国語の構造に直面し、その形を可能な範囲で忠実に取り入れることは、近代日本文学の流れの節目において、日本語の文脈から離れた、新しい「類型から離れた表現」や文体を生み出してきた」と評価し、日本近代文学に観察できる文人たちの翻訳の試みは、「自国の言語や文学の現状を不十分なものと措定して、上位の言語や文学との対峙を通して、母語を、自国文学を変容させ、そうすることで普遍の地平を獲得せんとする、長らく日本近代を突き動かしてきた欲動である[32]」と解説されている。

一九一〇年代半ばの新文化運動期に古文体から脱却し、白話（話し言葉）体で「狂人日記」を執筆した魯迅も、作家としての出発点に立った時、文学作品の文体を革命する試みをおこなっていた。したがって魯迅が海外文学作品を翻訳する場合、日本人作家と同様に創作と翻訳には密接な関わりがあったはずである。確かに一九三〇年代に入ると、魯迅は翻訳についてつぎの見解を語っていた。

われわれの文化が落伍していることは、隠しようもなく、創作力も洋鬼子〔欧米人に対する蔑称〕に及ばない。作品が比較的弱いことは、勢いとして必然であり、なおかつ外国の方法をその時々に取り入れざるを得ない。したがって、翻訳と創作をあわせて提唱すべきであって、一方を抑圧し創作ばかりを一時の寵児にし、甘えたい放題にさせて脆弱に育ててはならない。（中略）翻訳を重視し、これを鏡とするのは、創作を促進し激励するにほかならない（「翻訳に関して」一九三三年八月一一日）[33]。

この魯迅の発言には、海外文学から先進的な手本を輸入することの重要性が語られているが、この主張のなかに翻訳の方法として「硬訳」、つまり原文からの直訳の重要性が提起されていた。

魯迅の考え方は、一九三一年（昭和六）一二月の雑文「翻訳に関する通信」[34]のなかで、瞿秋白《くしゅうはく》（一八九九年一月二九日〜一九三五年六月一八日）からの来信にかれが返信する形式で書かれている。中国共産党の指導者の一人である瞿秋白は、当時、ソビエト文学の翻訳に従事していた翻訳家でもあった。かれは、魯迅がロシア語の翻訳能力に高い評価を与えていた人物であった。この通信文には、魯迅と瞿秋白の翻訳に関わる共通した認識が観察できる。

来信で瞿秋白は、概略つぎのように語っている。

翻訳は、原書の内容を紹介する以外に新しい現代語を作り出すのに役立つ。中国の言語（文字）は、あまりに貧しく日用品の呼び名すらない。当然、細かな区別や複雑な関係を表現する形容詞、動詞、前置詞などはほとんど何もない。我々が新しい字句や新しい句法、豊かな語彙、細かで、精緻で、正確な表現などを創り出すにあたって、翻訳は手がかりを与えてくれる。翻訳は原文の真意を完全に正確に中国の読者に紹介し、読者の受け取る概念が、イギリス、ロシア、日本、ドイツ、フランス……の読者が受け取る概念と等しいようにしなければならない。翻訳の的確を期するためには、字句の一つ一つまで熟慮しなければならない。

魯迅は、返信において、瞿秋白の問題提起を受けて、つぎのように語っている。

翻訳書は、新しい内容だけでなく、新しい表現法を輸入しているのである。中国の文章や言葉は、実際規則があまりにも粗雑すぎる。（中略）語法の粗雑さは、思考の粗雑さを証明するもので、換言すれば、頭脳がいささかぼけているのである。仮にいつまでもぼけた言葉を使っているとすれば、たとえすらすらと読めたにしたところで、結局のところ得られるのはやはりぼけた影である。この病を治すためには、しばらくの間苦労を続けて古いもの、よそのもの、外国のものなど違った句法を詰め込むしかないのである。やがてそれを自分のものにすればいい……。

魯迅のこの主張は、すでに前年の一九三〇年（昭和五）三月に雑文「「硬訳」と「文学の階級性」」[35]のなかでも同様に語られていた。この雑文は、作家梁実秋（一九〇三年一月六日～八七年一一月三日）が魯迅のソ連のプロレタリア文学理論の訳文を「死訳」に近いと揶揄したことに魯迅が反論したものであった。

この論争のなかで魯迅は、「当分の間は、おそらく人から笑われたり罵られたりするにまかせて、相変わらず日本語から重訳したり、原文を一冊取り寄せて、日本語と対照しては直訳するよりほかはあるまい」と語りながら、死訳に近いと批判された「硬訳」することの重要性を語っている。

日本語は、欧米語とたいそう「異なっている」が、かれらは次第に新しい句法を増やして古文にくらべて翻訳に適し、かつもともとの力強い語調を損なわないものにした。初めのうちは、むろん「句法の位置関係をたど」らねばならず、一部の人に大変不「愉快」を感じさせたが、たどるうちに慣れて、いまやそれを同化させて自分のものにしてしまった。中国の文法は、日本の古文より不完全だが、それでも何がしかの変遷はあった。例えば『史記』『漢書』は、『書経』と異なり、現在の口語文も、また『史記』『漢書』と異なっている。別に作った場合もある。例えば、唐代に訳された仏典や元代に訳された上諭など、その当時は「文法、句法、語法」のかなりのものを無理やりに作ったわけだが、使い慣れるうちに指でたどるまでもなく、理解できるようになった。いままた「外国語」がやってきたので、やはりいろんな句を新たに作らなくてはならない——悪く言えば、でっち上げるのである。

魯迅は、最後に「新たにつくる必要があるのだから、これまでの中国文には欠陥があることになろう」と語り、「硬訳」を弁護した。「硬訳」の対極にあるのは、「こなれた訳」であった。かれは、不正確な意味を伝える「こなれた訳」を極度に嫌ったのである。

日本と中国の文人は、翻訳の実践を通じて、欠陥のある文体に手を加え時代に適応する文体を新たに創造しようとしてきた。日本人の作家が西欧の文学作品をモデルとしているように、魯迅は日本語からの重訳を試みるなかで西欧の文学作品に注目し、新たな中国語の句法を探求したのである。

おわりに

作家人生のなかの日本をテーマに、魯迅の翻訳が日本の評論家、翻訳家、研究者と密なる結びつきのあったことを明らかにした。

創作家、中国古典研究者の姿をもつ魯迅は、晩年にソ連の作家ゴーリキーの作品を日本語から重訳していた。

魯迅は、ゴーリキーについて一九三三年（昭和八）五月、曹靖華訳『一月九日』「訳本の小序[36]」でつぎのように語っている。

中国の労働者と農民は、とことん搾りとられ生きるのが精一杯であって、教育のことまで口を出すことができない。そのうえ、文字が難しいので、そんななかからゴーリキーのような偉大な作者がでることを期待するのは、すぐには困難であろう。けれども人々が光明に向かっていることは、確かである。祖国なき文学にも彼我の区別はない。わたしたちは、当然ではあるが若干の輸入された先進的手本を先に借覧してもよいのだ。この小冊子は、（中略）これより文人の書斎を脱出して、大衆との対面を開始しており、この後に啓発される者は、以前とは異なる読者であり、それは異なった結果を生み出すであろう。

同年二月、魯迅は「わたしはもう長らく短編小説を書いていない。現在の人民は、さらに困苦しており、わたしの考えも以前とはいささか異なってきている。また、新しい文学の潮流を目にしている。こうした状況のなかでは、新しいものを書くことはできないし、古いものを書くことは不本意だ」（「英訳本『短編小説選集』自序」一九三三年二月二三日[37]）と語っている。魯迅が日本の翻訳界から選び出した作品群は、中国現代文学が生み出さなければならない作品の「先進的手本」となるべきものであり、魯迅が自ら追求していた「新しい文学潮流」そのものであった。

魯迅の中国木版画運動にも、新たな潮流を導こうとする試みが観察できる。

一九三六年（昭和一一）二月、上海でソ連版画展覧会が開催された。六月二三日、病床にいた魯迅は、「『ソ連版画集』序[38]」を口述し、許広平がそれを筆記した。そのなかに「この一カ月というもの、毎日、発熱しました。発熱中でも、時折り版画を想いだしました」と語られていた。死の四カ月前のことである。

魯迅は、木版画は中国美術史上、人民が作り出したもので、人民と結びついている芸術であると語り、久しく衰退していた木版画を海外のよい規範の採用と中国の遺産の摂取によって「現代中国に適した芸術」として復活することを試みた。規範となる海外の作品は、主にドイツ、ソ連の版画であった。魯迅は、その試みのなかで、貧困、病気や辛苦に多く題材をとったドイツの女性版画家ケーテ・コルヴィッツ（一八六七年七月八日〜一九四五年四月二二日）の作品を高く評価していた。

コルヴィッツの作品への強い関心は、一九三三年（昭和八）四月一日、その二年前に租界警察に逮捕され、国民党当局に処刑された柔石を偲ぶ文章と母親が悲しみのうちに息子を差し出しているコルヴィッツの図案作品「犠牲」を『北斗』創刊号に掲載したことに表れていた。魯迅は、この作品を掲載することが柔石の死を悼む「わたしだけの記念であった[39]」と語っていた。

三年後の一九三六（昭和一一）年五月、魯迅は『ケーテ・コルヴィッツ版画選集』を刊行し、当時ベルリンに滞在していた武者小路実篤を経由してコルヴィッツに渡された。魯迅は、一月に執筆した序でつぎのように解説している。

彼女は、眼前の感覚によって——永田一脩は言っている——黒き大地の大衆を描いている。彼女は、様式でもって現象を型にはめない。時に悲劇に見え、時に英雄化したと見えるのは避けられない。しかしながら、彼女がどんなに陰鬱であり、どんなに悲しかろうと、決して非革命ではない。彼女は、現実の社会の変革の可能性を忘れていない。

魯迅がこの作者と作品を「単に悲しみと怒りだけではなく、晩年にはすでに悲劇的、英雄的、暗澹たる形式から脱皮している」[40]と評価した時、かれは、日本人の美術評論家の見解に共鳴し、かれの文学・芸術観を明確に表していたのである。

魯迅は、日本留学から帰国後、日本を訪問することがなかった。しかしかれの蔵書のなかに多種多様の日本書籍があったことから、かれは生涯にわたって、日本に関心を抱いていたことがわかる。かれの関心は、日本人の評論、海外文学作品の翻訳と日本人訳者の見解に向けられていた。直接、交流関係をもたない日本人との交流が魯迅の作家人生に大きな影響を与えていたのである。

付記　本文中に明記した外国人名、海外文学作品名は、学習研究社版『魯迅全集』に依拠し、訳文は参照させていただいた。以下の註の魯迅の作品は、『魯迅全集』（一六巻本、人民文学出版社、一九八一年）を典拠としている。

註

（1）「一八〇八二〇　致許寿裳」、『魯迅全集』第一一巻「書簡集」、三五三頁。
（2）『魚的悲哀』訳者付記（一九二一年一一月一〇日）」、『魯迅全集』第一〇巻「訳文序跋集」、二〇五頁。
（3）「三四〇七二七－二　致唐弢」、『魯迅全集』第一二巻「書簡集」、四九二頁。
魯迅が日本の翻訳界の訳者に信頼を置いていたことは、つぎの発言からわかる。
「原訳文に深く通じた時流を追う重訳本が、時にあまり原文のわからぬ忠実な人の直訳より優れていることがある。日本の改造社訳の『ゴーリキイ全集』は、かつてある革命家たちから投機だと糾弾されたが、革命家の訳本が出てみると、かえって前の本が優れていることが明らかとなった。」（「論重訳［一九三四年六月二四日］」、『魯迅全集』第五巻「花辺文学」、五〇五頁）。

また魯迅は、日本語からの重訳に対して批判した新聞記事を抜き出して紹介している。

「ソ連から中国まで、大変近い。しかしなぜ、日本人の手を経由しなければならないのだろうか。我々は、日本人の社会には、本当にソ連の文学の新精神を理解した人は幾人も発見していない。なぜ浅はかな日本の知識階級から我々の食料を探すのか。これは、まさに恥とすべきである」（「『題未定』草五［一九三五年八月一六日］」、『魯迅全集』第六巻「且介亭雑文二集」、三八七頁）、魯迅の前者の見解は、批判者に回答していたといえる。

（4）「三四〇七二一 致徐懋庸」、『魯迅全集』第一二巻「書簡集」、四八九頁。

（5）「「日本研究」之外（執筆日記載なし）」、『魯迅全集』第八巻「集外集拾遺補編」、三二〇頁。

（6）「『苦悶的象徴』引言（一九二四年一一月二二日夜）」、『魯迅全集』第一〇巻「訳文序跋集」、二三二頁。

（7）「『出了象牙之塔』後記（一九二五年一二月三日夜）」、同右、二四〇頁。
　同じ年に魯迅は、権力者と文士の関係について、権力者が「文士を養っているのは文芸を賛助しているようであるが、その実、敵である」と語り、宋玉や司馬相如の類は「権力者の慰みものといった地位でしかない」と解釈していた（「詩歌之敵［一九二五年一月一日］」、『魯迅全集』第七巻「集外集拾遺」、二三九頁）。また蔣介石の反共クーデターを広州で経験した後に魯迅は、「政治家が自分たちの統一を破壊するものとして永遠に文芸家を非難します。連中にはこうした偏見があるので、わたしはこれまで政治家と話をしようとは思わないのです」と政治家と文芸家の関係を語るまでになっていた（「文芸与政治的岐途［一九二七年一二月二一日］」、『魯迅全集』第七巻「集外集」、一一七頁）。

（8）「三三一一〇二 致陶亢徳」、『魯迅全集』第一二巻「書簡集」、二五二頁。

（9）「『毀滅』後記（一九三一年一月一七日）」、『魯迅全集』第一〇巻「訳文序跋集」、三三二、三三一頁。魯迅が評価したファジェーエフは、一九五六年五月に自殺している。スターリン批判がおこなわれて以後の文壇で、かれはショーロホフから「権勢欲に富んだ書記長」と批判されていたという。ソビエト文学研究者の江川卓は、つぎのようにファジェーエフの自殺について語っている。
　全ソビエト作家を単一の作家同盟に、また社会主義リアリズムという単一の創作方法のもとに結集する壮大な目標をもったかれの活動の行きすぎが、実は、五四年の第二回作家大会で指摘されたように、ソビエト文学の画一化、単調化を生みだす大きな一因となっていた。(中略)三七、八年のいわゆる「大粛清」時代にかれが犯した錯誤は、もっと深刻なものであった。「スターリンの指導に反対するものは必然的に反革命の陣営に転落する」――この確信にもとづき、階級闘争激化理論に基礎づけられて、かれは党の団結とソビエト文学のイデオロギー的純粋性をまもるために、作家同盟党グループの責任者として積極的な活動をおこなったが、これが、実は、こんどのスターリン批判であきらかにされたように、ベリヤの手先をつとめてソビエト人のあいだに恐怖と不信の感情をはぐくみ、ソビエト文学者を無気力化し、その他の多くのものを事大主義に走らせる活動にほかならなかったのである。(江川卓『現代ソビエト文学の世界』、晶文社、一九六八年、五六～六四頁)。

つまり魯迅のかれに向けた高い評価は、その後裏切られていたということになる。また魯迅の評価したソビエト文壇の状況は、現代のロシア文学史のなかでは、一九三二年の党中央委員会のソビエト作家同盟設立の決定が「全文学者を党の直接の支配下に置く全体主義体制の強化のため」であったと解説されている(藤沼貴・小野理子・安岡治子『新版ロシア文学案内』岩波文庫別冊二、二〇〇〇年、三五七～三五八頁)。

(10)「論文集『二十年間』第三版序訳者付記(一九二九年六月一九日夜)」、『魯迅全集』第一〇巻「訳文序跋集」、三一三頁。
(11)『竪琴』訳者付記(一九二八年一一月一五日)」、同右、三五四頁。
(12)『竪琴』前記(一九三二年九月九日)」、『魯迅全集』第四巻「南腔北調集」、四三四頁。
(13)『十月』後記(一九三〇年八月三〇日)」、『魯迅全集』第一〇巻「訳文序跋集」、三三〇頁。
(14)『農夫』訳者付記(一九二八年一〇月二七日)」、同右、四六五頁。
(15)『奔流』編校後記十(一九二九年五月一〇日)」、『魯迅全集』第七巻「集外集」付録、一八三頁。
(16)「三五〇二〇四 - 三　致李樺」、『魯迅全集』第一三巻「書簡集」、四五頁。
(17)「三四〇一二七(日)　致山本初枝」、同右、五五七頁。
(18)『月界旅行』弁言(葵卯新秋)」、『魯迅全集』第一〇巻「訳文序跋集」、一五二頁。
(19)『域外小説集』序(一九二〇年三月二〇日)」、同右、一六一頁。
(20)『一箇青年的夢』訳者序二(一九一九年一一月二四日)」、同右、一九五頁。
(21)『羅生門』訳者付記(一九二一年六月八日)」、同右、二二七頁。
(22)『三浦右衛門的最後』訳者付記(一九二一年六月三〇日)」、同右、二二九頁。

(23)「三六〇五〇八-一　致曹白」、『魯迅全集』第一三巻「書簡集」、三七五頁。
(24)『思想・山水・人物』題記（一九二八年三月三一日）」、『魯迅全集』第一〇巻「訳文序跋集」、二七二頁。
(25)『壁下訳叢』小引（一九二九年四月二〇日）」、同右、二八〇頁。
(26)『現代新興文学的諸問題』小引（一九二九年二月一四日）」、同右、二九一頁。
(27)「会友訳者付記」（執筆日記載なし）」、同右、三八八頁。
(28)『一天的工作』後記（一九三二年九月一九日）」、同右、三七二頁。
(29)『促狭鬼莱哥羌台奇』訳者付記（一九三四年一二月三〇日夜）」、同右、三九二頁。
(30)『俄羅斯的童話』小引（一九三五年八月八日）」、同右、四〇〇頁。
(31)『鉄流』編校後記（一九三一年一〇月一〇日）」、『魯迅全集』第七巻「集外集拾遺」、三六七頁。
　魯迅は、一九三四年七月、韋素園の『未名叢刊』に発表していた海外文学翻訳作品を語った時、「出版者と読者とが翻訳書を喜ばないのは、当時も現在もまったく変わりない。だから『未名叢刊』は、はかばかしくなかった」（「憶韋素園君（一九三四年七月一六日）」、『魯迅全集』第六巻「且介亭雑文編」、六三頁）と述べている。この回想文から、文壇では翻訳作品が軽視され続けていたことがわかる。
(32)井上健『文豪の翻訳力　近現代日本の作家翻訳』、武田ランダムハウスジャパン、二〇一一年、四三、一三八頁。
(33)「関於翻訳（一九三三年八月二日）」、『魯迅全集』第四巻「南腔北調集」、五五三頁。
(34)「関於翻訳的通信（一九三一年一二月二八日）」、『魯迅全集』第四巻「二心集」、三八二頁。
(35)「硬訳」与「文学的階級性」（執筆日記載なし）」、同右、一九九～二〇〇頁。
(36)「訳本高爾基『一月九日』小引（一九三三年五月二七日）」、『魯迅全集』第七巻「集外集拾遺」、三九五頁。
(37)「英訳本『短編小説選集』自序（一九三三年二月二二日）」、同右、三九〇頁。
(38)『蘇聯版画集』序（一九三六年六月二三日）」、『魯迅全集』第六巻「且介亭雑文末編」付集、五九三頁。
(39)「為了忘却的記念（一九三三年二月七日、八日）」、『魯迅全集』第四巻「南腔北調集」、四八七頁。
(40)『凱綏・珂勒恵支版画選集』序目（一九三六年一月二八日）」、『魯迅全集』第六巻「且介亭雑文末編」、四七二頁。

西安事件再考——蔣介石に対する評価と日本の対応

家近亮子

はじめに

一九三六年（昭和一一）一二月一二日早朝に起きた西安事件は、中国近代史においても日中関係史においても重大な事件であった。事件の首謀者は張学良と楊虎城で、その攻撃の対象となったのは蔣介石である。目的は、蔣が一九三一年七月から遂行していた安内攘外政策を転換させ、中国共産党と共に「一致抗日」を実行させるための「兵諫」（武力に訴えていさめる）であった。

近代における中国は、二つの大きな課題を抱えていた。第一は、イギリスとのアヘン戦争によって開始された諸外国とのさまざまな不平等な関係を解消し、真の独立を勝ち取ること、そして第二は、群雄割拠状態にあった国内を統一し、近代国家を建設することであった。しかし、これら二つの課題の達成はそれぞれが複雑に絡み合い、極めて困難な状況にあったといわざるを得ない。すなわち、中国が国家建設を行うためには諸外国の援助が必要だったからである。その諸外国には日本も含まれていた。執政党であった中国国民党（以後、国民党）が中国共産党（以後、共産党）のように日本を単純に主要敵とできない理由はそこにあった。

一九三一年（昭和六）七月二三日、当時南京国民政府主席であった蔣介石は、南昌行営において「全国同胞に一

蒋介石（しょう・かいせき　1887〜1975）

致安内攘外を告げる」書[1]を発表した。この中で蒋はこの政策を採用する要因を、(1)粤桂（広東・広西）軍閥の反乱、(2)石友三（西北軍）の反乱、(3)赤匪の蹂躙、そして(4)「朝鮮僑胞惨案[2]」の四つとした。そして、これらは互いに関連しているとして、そのすべての禍根を断ち、国内を統一し、その後に「帝国主義の連合侵攻」に対抗しなくてはならないと主張した。ここで重要なことは、基本的に蒋介石の国内統一の対象は共産党に、そして「反帝国主義」の対象は日本に、限定されていないということである。

蒋介石の「安内攘外」政策は彼が持っていた国家統一および外交戦略の全体的構想の中に位置づけて理解しなくてはならない。蒋が国民革命軍総司令として遂行した北伐は軍事的には不完全な統一で終わり、地方の軍事指導者たちは南京国民政府下で独自の支配領域を温存するという支配の二重構造状態が続いた。また、中国共産党もこの時までにすでに大小一五もの根拠地をつくり、独自の支配領域を拡大するのに専念していた。蒋にとって、基本的「安内」とは、共産党のみならず国内のすべての対抗勢力が消滅し、中央にあらゆる権力を集中させた状態を指した。近代国家建設と諸外国からの完全な独立は、その状態を前提として達成されるものであったのである。

この「安内攘外」政策発表の直後に起きた満洲事変は、中国における反帝国主義論を抗日論に収斂させる役割を果たすかに見えた。しかし、日本との武力衝突を避け、その解決を国際連盟に委ねた蒋介石は、あくまでも本政策の遂行にこだわり、一九三〇年（昭和五）一二月から開始した囲剿《いそう》作戦をその後も大規模に、そして組織的に展開した。そのため、共産党は次第に追い詰められ、三一年一一月に瑞金に建設した中華ソヴィエト共和国臨時政府をも放棄し、三四年一〇月からの長征の後、延安にしか根拠地を持たない弱小勢力となっていたのである。

西安事件が起きた一九三六年（昭和一一）一二月一二日は、蔣介石の第六次囲剿作戦が発動される予定の日であった。なぜこの日に事件が起きたかは、ここに明確な答えがある。もし、この作戦が予定通り実行されていたら、共産党の根拠地は壊滅的な状態になっていたであろう。それを阻止した張学良には中国共産党史、それに基づく中華人民共和国の歴史教科書において、一貫して「偉大な愛国者」という高い評価が与えられている。

本稿においては、二〇〇六年からアメリカのスタンフォード大学フーヴァー研究所で順次公開された「蔣介石日記」と台湾国史館の檔案史料、また旧ソ連の外交文書(3)、富永孝子が一九九二年に台北で行った張学良へのインタビューに基づく著書『国と世紀を変えた愛』を新資料として加え、事件の再考を試みる。

一、西安事件の背景

（一）張学良・楊虎城と蔣介石の関係

(1)張学良との関係

張学良に関しては、西村成雄の「張学良」(4)と『現代アジアの肖像3　張学良』(5)に詳しい。学良は一九〇一年（明治三四）六月三日生まれで、西安事件の時は三五歳であり、蔣介石よりも一四歳年下であった。学良と蔣は、二八年六月四日の早朝に起きた張作霖爆殺事件(6)の直後から急接近した。東北の易幟《えきし》はその年の一二月であったが、実際には学良は七月の時点で蔣に易幟の意志を電文で伝えていた。この中で学良は、「兄」として「蔣介石個人への全幅の信頼」を寄せた。[7] これに対して、蒋も学良を弟のように扱い、重用した。しかし、蒋はその認識が自分の勝手な思い込みであったという忸怩たる思いを、西安事件の一年後の三七年一二月一二日の「日記」の中で吐露している。

「今日は西安事変の記念日である」から始まるこの日の「日記」には「もし、余が事変のために死んでいたら、共産党は機に乗じて国を盗み、各省軍閥は割拠し、中央は崩壊し、倭寇（「日記」上の日本の呼び名）が侵略し、各国は傍観したであろう」とある。また、学良がこのような行動に出た原因は、自分の対応に問題があったのではないかという反省も見られる。「日記」によると、楊虎城はあくまでも強硬な態度をとったが、張の目的は純粋に抗日にあり、最終的には蒋の救済に向かったことを評価している。

張学良の立場は、満洲事変後極めて微妙であった。一九三一年（昭和六）八月一六日、蒋介石は学良に電報で「今後、日本軍がどのように東北で挑発してこようとも、我が方は不抵抗を構え、つとめて衝突は避けなくてはならない。貴兄は一時的に憤慨するかも知れないが、これは国家民族のためである」と伝えていた。[8] 学良は日本によって多くの拠り所を失った。父親と家、先祖の墓、支配領域で経済的な基盤でもあった故郷、自分が学長を勤めていた東北大学と教え子たち、そして誕生日である。張作霖が爆殺された日は、奇しくも学良の誕生日の翌日であった。そのため、彼は翌年から誕生日をその日に祝えなくなった。また、満洲事変が起きた時、学良は父親の墓を撫順郊外の山麓に建設中であったが、その計画も中止せざるを得なかった。学良は父親の遺骸がどうなっているのか、大変心を痛めていたという。[9] また、満洲を失うことは、自分だけでなく、自分の部下である東北軍の兵士たちの故郷を奪うことでもあった。部下に対する責任という点からしても、不抵抗はつらい選択であったといえる。

それでも学良は蒋介石の命令に従った。満洲事変後、学良には常に「不抵抗将軍」の汚名がついて回った。そのような学良に追い打ちをかけたのは、一九三三年（昭和八）二月二三日からの日本軍の熱河侵攻であった。この時、学良は東北軍を率いて応戦したが、熱河省の責任者であった湯玉麟の部隊の兵士たちは次々と投降したり、逃亡したりしたので、日本軍は三月四日には全省を占領するにいたる。のち学良は、父親と同年配であった湯らの老将軍たちが、若い学良の指示など聞くことはなかったと述懐している。[10]

一九三三年三月、学良は自ら下野を宣言し、家族と共にヨーロッパに赴く。表向きにはアヘンとヘロイン中毒の治療のためであった。確かに、学良は当時内外の圧力に耐えきれず、アヘン中毒になっていたが、それを絶つためにヘロインを打つという悪循環の中で苦しんでいた。[11] しかし、その裏には蔣介石による圧力があった。三月九日午前、宋子文が保定の駅で学良に会い、学良の辞職を蔣が望んでいることを伝えた。理由は、熱河の民衆の不満と怒りが爆発寸前なことにあった。同日夜七時、蔣は学良と保定で会見するが、学良が下野には甚だしく難色を示したことが日記には綴られている。[12] 下野は、学良にとって兵士たちへの責任上最も避けたいことであったのである。

一〇カ月後の一九三四年（昭和九）一月香港経由で帰国した学良は、蔣介石と二月一日杭州で再会する。その時、学良は「中央の一切の命令に従う」という誓いを立て、七日、湖北・河南・安徽三省剿匪副総司令に任命された。台湾の国史館に所蔵されている檔案史料からは、その後、蔣による学良に対する激しい移動命令と要求が出されていたことが分かる。[13] 学良は、移動命令が多いのは、自分が故郷を放棄した「亡省奴」[14]であり、東北軍が「雑牌軍」と揶揄されていたため、という猜疑心を持つにいたる。当然、移動には経費がかかるが、中央からの支給は十分でなく、兵士への給料も滞りがちになる財政的困難が学良にとっては最もつらいことであった。

一九三五年一〇月一日、蔣介石は西安で成立した「西北剿匪総司令部」の総司令に就任し、学良を副総司令に任命する。西安においては、実質的には総司令の役割を学良が担い、指揮をとることになった。学良と東北軍兵士たちは満洲事変以来、ようやく定住の地を得たことになる。西安で学良が住んでいた瀟洒な洋館は、現在は「西安事変記念館」として一般公開されている。そこには、学良が新生活運動について熱心に演説している写真が展示されている。

そのような学良の「思い」を理解し、それに十分に応えることができなかった。その反省と後悔が西安事件後の蔣介石の日記には散見できる。また、学良らも西安事件の時に押収した蔣の日記から蔣の一連の行動が救国の準備のためであったことを知り、驚愕する（蔣介石「西安半月記」）。蔣は、自分の日記を読まれることが最も心配であったと事件当時（のちにまとめて書いたものと思われる）の日記に綴っている。二人の「思い」のすれ違いが中国と日本の運命を変えたといっても過言ではない。

(2) 楊虎城との関係

西安事件のもう一人の立役者である楊虎城[15]は、陝西省の貧農の出身であり、学良とは対照的な育ち方をした。辛亥革命には反清朝を掲げた農民反乱に参加するなど、もともと反権力志向が高かった。一九二七年（昭和二）四月一二日の蔣介石の反共クーデターに際しては、共産党への入党を申請したが、承認されなかった。楊には二八年三月から一一月の間、楊呼塵と改名して訪日し、東京の大岡山（日本語学校があった）や東中野に居住し、日本の政情を視察し、理解を深めたという体験がある。

楊虎城は、一九三〇年（昭和五）五月の中原大戦では蔣介石側に付き、西北第一七路軍（西北軍）の指揮をとって西安に進駐し、陝西省政府主席に任ぜられた。ただ、楊は故郷防衛のため抗日に積極的であり、共産党の活動を容認し、紅軍と密かに相互不可侵協定を結んでいた。それを知った蔣は三三年五月に楊の政府主席職を解任した。そのため、楊は蔣に対する反発心を持つことになる。三五年一一月の国民党五全大会では中央監察委員に選出されるが、同年六月の梅津・何応欽協定に憤慨していたという。楊は、学良と五全大会において抗日問題で意気投合した。そのような楊に対して、毛沢東は三五年末、抗日民族統一戦線への参加を呼びかける。楊は、天津の南漢宸の仲介で共産党の北方局との抗日合作を進めることになる。

(二) 事件への道

(1)日本の二・二六事件の影響

一九三六年(昭和一一)二月二六日、日本ではいわゆる二・二六事件が起き、皇道派の青年将校らが天皇親政による体制の変革(「昭和維新」)を目ざし、岡田啓介首相、高橋是清蔵相、その他の閣僚らを襲撃し、高橋蔵相が暗殺されるという軍事クーデターが起きる。しかし、反乱そのものを昭和天皇が否定したため、クーデターは二九日に鎮圧され、失敗に終わる。その後、軍部では石原莞爾らの満洲派が急速に台頭することになる[16]。

この事件が蔣介石に与えた影響は大きかった。それに先立つ一月一三日、蔣は南京で日本の衆議院議員であった中野正剛と会見している。その中で蔣は「中日問題の解決には、まず日本人が中国人を恐れ、中国人が日本人を疑う心を取り除くことが必要である。そのためには、武力と戦争を放棄しなくてはならない。中日問題の解決には、確実に責任を負うことのできる人間がなければならない。中国においては、私が責任を負います」と語り、今こそが「中日の一切の問題を解決し、永久の平和関係を打ち立てるよい機会」であるとの見解を示した[17]。

しかし、日本においては、日中関係の解決に「責任を負うことのできる」唯一の人物は存在していなかった。日本の対中外交のチャネルは複数(政府、外務省、陸軍省、海軍省、財界など)存在し、それぞれの組織がそれぞれの生き残りをかけ、利益誘導型の複雑な動きをしていた。このような中で、華北の中央からの分離は既成事実であるというのが日本の見解であった。一九三五年から日中両政府の経済提携と人的交流は実際に盛んになっていたる。

が、[18]その陰で対立の要因は増殖し、それが常態化して引き返すことができない状況が形成されつつあったのである。

二・二六事件の翌日の「日記」に蔣介石は「これにより禍乱は日ごとに深まり、侵略は必ずや激しさを増すだろう。そうなれば、ソ連はさらにあわてることになる。我らはただ自力更生し、準備を整え、自救の道を進めば良い」と書いている。蔣の危機意識は、対日だけでなく、もう一つの「侵略国」ソ連に対しても同程度に高まっていた。

スターリンは三月一日、アメリカの新聞記者のインタビューに対して、「もし日本がモンゴル人民共和国を、その独立を侵して攻撃しようとするのならば、我々はモンゴル人民共和国を助けねばならない」[19]との考えを披露した。その言葉は、ただちに国際的な注目を集めた。そして、三月一二日、ソ連は外モンゴル（モンゴル人民共和国）との「相互援助議定書」締結に踏み切る。四月七日、南京国民政府はこれに抗議するが、ソ連はこれを斥けたのである。

この議定書は、実質的には軍事同盟であった。蔣介石は、三月一四日の「日記」に「世界戦争は必ず倭俄（日ソ）開戦によって起きる」との見解を示している。また、四月一日の「日記」に本議定書の分析を書いているが、ソ連のモンゴルに対する軍事援助は「我が国の主権を侵すものである」ので、到底容認できないと憤りを見せた。日本軍が華北や内モンゴルに勢力を拡張すればするほど、ソ連と衝突する可能性が高くなる。「以夷制夷」論は、蔣介石の単なる希望的な観測にはとどまらず、極めて可能性の高いものになりつつあった。剿共線がもう少しで完成するという自信と日ソ開戦の可能性の高まりは、蔣を安内攘外論に固執させる強い要因となった。

(2) 抗日ナショナリズムの全国的な高まり

しかし、中国では同時に全国的な抗日ナショナリズムのボルテージが日増しに高まり、国民政府への圧力となっていく。それでも蔣介石は二月初め張学良を南京に呼び、陝西省北部の紅軍に対する徹底した囲剿を指示した。しかし、その時にはすでに東北軍兵士たちの共産党と戦う士気は落ちており、紅軍に大敗を喫した。それを責め、「部下にいっそうの努力を促した」学良に兵士たちはかえって、共産党とではなく、日本と戦う決断を迫る。[20] 一方、その月の二一日、北平と天津の軍政当局は学生運動が共産党にコントロールされているとして、厳しく取り締まることを発表した。学良は、東北大学出身のかつての教え子たちを非常に心配した。この状況を何とかしなくてはならない。学良が選んだ道は、共産党と手を結び、蔣に抗日を迫り、全国的な抗日統一戦線を結成することであった。学良には初めから最後まで蔣を排除する意思はなかった。それが、楊虎城とは異なる点である。

(3) 張学良と周恩来の会談

張学良自身が「生涯忘れることのできない[21]」と語った運命の日である一九三六年（昭和一一）四月九日、学良は延安のカソリック教会を秘密裏に訪ね、周恩来と一致抗日を達成するために会談する。この時の会談の様子は、同行した東北軍の将校であった孫銘九がＮＨＫのインタビューの中で明らかにしている。それによると、一行には、他に共産党から派遣された劉鼎、軍長の王以哲がおり、全部で四人であった。前日の八日、陝西省洛川から学良が所有していた飛行機（ボーイング機）で飛んだが、操縦は学良自身が行った。会談の内容をまとめると、以下のようになる。

①内戦停止に関しては、一致。
②共産党は、「反蔣抗日」を主張。これに対して、学良はあくまでも「連蔣抗日」、すなわち蔣介石を支え、共

同で抗日にあたることを主張。

内戦停止と一致抗日では合意したが、その方法に関してはなお隔たりが大きく、両者は五月に再び延安で会談を持つ。その日付は一二日とされるが、確証はない。その時、共産党は「反蔣抗日」から「逼蔣抗日（蔣に抗日を迫る）」にその政策を転換させるという歩み寄りを見せたという[22]。その背景には、学良が約束を守って紅軍との戦闘を中止したこと、私費で二万銀元とフランス紙幣二〇万元、歩兵銃二五〇〇挺、銃弾六万発などを贈ったことがあった。その総計は七六万元にのぼった。また、かつて学良は上海で毛沢東の子である毛岸英と岸青（楊開慧との間にもうけた長男と次男）をフランス経由でモスクワに送ることに奔走し、費用一〇万フランも肩代わりした[23]。毛は、学良に個人的な借りがあったといえる。

周恩来と学良との会談内容は「共産党の軍隊は国民党軍に編入されること」「紅軍という名称は廃止すること」「共産党はすべての闘争を停止すること」「抗日戦勝利後は、共産党を合法的な政党として認めること」など、一〇項目にわたった。学良は会談の後、これで中国は「太平になる、あとはすべてが抗日に向かって邁進する」と信じ、「有頂天になった」と回想している[24]。

七月二日、共産党総書記であった張聞天は、コミンテルン宛ての電報の中で、学良が共産党に入党を希望していることを伝えた。しかし、八月一五日コミンテルンは、この問題に否定的な回答を送っている[25]。

二、西安事件

（一）直前の状況

張学良は、蔣介石に周恩来との会談を早い段階で打ち明けようとしたが、その機会がなかなか得られないままに時がたつ。九月一日、共産党中央は「逼蔣抗日問題に関する指示」を発表した。この頃になると、「日記」からは「漢卿（蔣は学良をこのように呼んでいた）」に「自由な行動」が見られるという情報に不安を覚え、「漢卿への対処方法について検討する」ようになり、西安という場所の環境が悪いと考えるようになる蔣の様子が見て取れる[26]。そこで、蔣は学良を楊虎城と紅軍から引き離し、東北軍を福建に移駐させることを密かに計画する。そのことは、学良と親しかった何成濬が極秘メモを目撃し、一一月末に学良に伝わることになる。

この情報に焦った学良は、一二月三日自ら軍用機を操縦して洛陽に赴き、蔣に会う。この時、学良は一致抗日を迫り、蔣が一一月二三日に上海で逮捕させた「全国各界救国連合会」の主要メンバーであったいわゆる「救国七君子（沈鈞儒・章乃器・鄒韜奮・王造時・李公樸・沙千里・史良）」の釈放を激しく迫った。しかし、蔣はこれを拒否する[27]。この時のやりとりが西安事件を引き起こす直接のきっかけになったことを学良は事件後の一二月一三日の演説の中で明らかにしている。

一二月四日の「日記」によると、蔣介石は学良と会談した翌日の午前中陳誠ら直属の将校を伴って、学良を同行させ洛陽から車で西安郊外の臨潼県に向かった。臨潼には西安事件が起きた華清池があるが、蔣は剿共戦のための臨時軍営を同地に構え、自ら指揮を執ることとした。五日、蔣は西北軍と東北軍の将校を前に演説を行った。この時蔣は、大変興奮し、足を踏みならしながら「共産党を破ってから、日本を破るのだ」、「私の安内攘外という政策に反対している」者がいれば、「すなわち私に反対していることになるから、捕らえねばならない」と暗に学良を威嚇した。[28] このことは、蔣を諌めると約束して、自らの兵士たちを説得してきた学良の面子を完全に潰すことになった。

七日、学良は楊虎城と相談の上、蔣の宿舎となっていた華清池を訪ね、再び内戦停止、一致抗日を進言する。この時、学良は涙ながらに訴えたが、蔣は頑として受け付けず、二人は激しい口論となり、決裂する。九日は一九三五年（昭和一〇）に北京で起きた学生運動一二・九の一周年であったが、西安でも抗日を求める学生運動が激しさを増していた。その運動の中心には東北大学出身者がいた。デモ隊は、華清池にいる蔣介石に直接誓願しようと西安を出発した。華清池に入る覇橋には国民政府の憲兵隊が機関銃を構えて、デモ隊と対峙することとなった。そこには騎兵隊も並んでいるほどのものものしさであった。この時、蔣は学生への発砲許可を与えていたのである。

それを知った学良は、学生たちを「必ず要求を蔣委員長に伝える」、「私張学良を信じて欲しい」、「私は、一週間以内に事実をもって皆さんにお答えします」と説得し、西安に引き戻させ、大惨事を避けることができた。また、この時学良は東北軍の一部を学生保護のために出動させていた。一〇日午後、蔣は学良と再び会談する。学良はこの時覇橋での出来事を蔣に報告し、学生たちの要求を伝えた。この時、蔣は西安において「救国連合会」のような「反動的」な組織が学校や軍隊にはびこることを放任したとして、学良を激しく責めた。この日の「日記」に蔣は、「漢卿に対する非難（叱責）が重すぎたということはないと思うが、心は不安である」、「この人は、細かくてつまらないことには良く頭が回るが、大きな志が定まっていない。悲しいことである」[29] と綴っている。

学良の側近であった孫銘九の話では、一一日の夕方に東北軍の軍長会議が開かれ、ここで初めて学良から「兵諫」を実行する決意が明かされ、命令が下された。孫は、「私に与えられた任務は臨潼の華清池に行って、蔣介石委員長をお連れする、つまり捕まえるというものでした。そして、どんなことがあっても、蔣介石を傷つけたり、殺してはならない、ということでした」と回想している。この日の夜、蔣は学良と楊虎城、于学忠（甘粛省主席）を招待して、夕食をとりながら剿共戦の計画について話し合ったことになっている。しかし、実際には楊と于は参加していない。参加したのは陳誠、蔣作賓、衛立煌らであった。

この時の学良の様子について、蔣介石は「精神が恍惚とし、気もそぞろで、異様な感じであった」と書き残している。その理由として、自分が昨晩激しく叱責したことを気にかけていたためかと、蔣は思い悩んだようである[30]。もし、蔣が学良の異変から「兵諫」を疑っていれば、西安事件は未然に防げたわけだが、蔣は学良がそこまでの行動を起こす度量があるとは思っていなかったといえる。

（二）事件の概要

ここでは紙幅の関係上、事件の経過を時系列にまとめる。

日	時間	出来事
一二	午前〇五・三〇	張学良、東北軍将校を招集し、「兵諫」の実行を伝える。学良と将兵、新城大楼にいた楊虎城の下へ。ここを連絡本部とする。兵諫部隊、華清池に到着。蔣介石の寝室を襲撃。蔣は寝間着と室内履きのまま裏山に逃げ、岩の間に隠れる。
	九	蔣、孫銘九に発見され、新城大楼の一室に監禁される。この時初めて蔣は学良の単独行動ではなく、楊虎城も加わっていたことを知る。

		学良と楊は連名で「双十二通電」を発し、「八項目の要求」[31]を発表する。
	一〇・三〇	学良が蒋を訪ねる。蒋は激しく学良を叱責する。食事を拒否。
	午後・一	南京の国民党本部に事件の情報が伝わる。何応欽、臨時常務委員を招集。武力攻撃派（何応欽・戴季陶ら）と慎重派（宋一族・陳果夫・立夫ら）に分かれる。
	八	宋美齢、上海で事件の報告を聞く。
一三	午前	美齢、孔祥熙・友人であるオーストラリア人W・H・ドナルド（元TIMES紙特派員）と共に南京に向かう。美齢、委員会に参加。「迅速かつ平和裏に解決する」ことを要請。何応欽らの行動に不信感を示す。
	午後	美齢、ドナルドの西安への派遣を決定。ドナルドは学良と奉天時代から親しかった。
一四	午後五	ドナルド、洛陽経由で西安に到着。蒋を訪ね、美齢からの自筆の手紙を渡す。ドナルドのすすめで、東北軍師団長・高桂滋邸に移ることに同意。
	夜	ドナルドは、美齢に電話で状況を報告。美齢は、何応欽の進撃を止める命令を出すように要請。
一七	午前	南京国民政府、何応欽を「討逆総司令」に任命して、空爆を含む攻撃を西安に仕掛ける準備を整えていた。空爆は、西安郊外の渭南、華県などで実際に行われていた。蒋介石、何応欽宛ての停戦命令書簡を出す。

一八	夜	蔣、宋子文が西安に来ることを知る。
二〇		宋子文、西安に到着し、学良と共に蔣を訪ねる。この時学良は、「八項目」のうち、最初の「四項目」だけでも受け入れれば、ただちに釈放すると伝える。
二一		宋子文、南京に戻り、美齢を連れてドナルドと共に西安に行くことを決定する。
二二	午後	美齢、子文・ドナルドと共に西安入り。学良、空港に美齢らを出迎える。二人は、一九二五年から親しい間柄であった。その後、美齢は蔣と再会する。
二三		宋子文、蔣解放に向けて、学良と楊虎城、周恩来と協議を重ねたが、次第に首謀者二人の間に齟齬が生じ始める。
二四	午前一〇	美齢、周恩来と直接会談。この時周は、「中共は本来、この事件には関与していないが、平和的解決を望んでおり、蔣先生が抗戦に同意されれば、中共は先生を全国の指導者として擁護する」と語った[32]。
二五	午前	蔣介石、事件後初めて周恩来と会談。周は剿共戦即時停止を要求。蔣、これを承諾。その代わりとして、全国統一と全国軍隊の指揮を蔣が統率することを主張。これに対して、周は「紅軍は蔣先生の指揮を受け、中央の統一を擁護」すると約束した[33]。

	午後二	蔣、美齢・子文・ドナルドと共に西安から洛陽に飛び立つ。蔣の解放に関しては、学良と楊との間で激しい意見の対立があった。この時、学良も自家用機で洛陽に飛ぶが、抗日軍の指揮を任されると思っていたため、それが長い監禁生活の始まりになるとは考えていなかった。
二六	午前一二・二〇	蔣介石、洛陽で「張と楊に対する訓示」を発表し、自らの事件に対する見解を公表した。ここで蔣は、二人は反動派の扇動を受けて事件を起こしたと総括した。蔣介石一行、南京飛行場に到着。飛行場には林森国民政府主席が出迎え、沿道には市民の盛大な歓迎があった。
二九		蔣、学良を西北には戻さないことと同時に、学良の生命に関しては保全すると決心する。[34]
三一		国民政府軍事委員会、李烈鈞を裁判長に任命し、軍事法廷を開いて張学良の「上官暴行脅迫罪」に判決を下す。判決は一〇年の懲役、公民権を五年間剝奪するというものであった。翌年の一月五日、蔣は特赦によって学良を無罪にし、蔣の故郷である奉化県渓口鎮に軟禁する。

三、国民政府の対応

この事件の経過の中で注目すべきは国民政府、特に何応欽と戴季陶の対応である。張学良の反乱、蔣介石拘束の情報が国民党要人に伝えられたのは、一二日の午後一時になってからである。この時、何応欽が国民党の臨時常務委員会を南京で招集し、その対策にあたった。委員は武力攻撃による解決を主張する強硬派と交渉による解決を模索する慎重派に分かれた。慎重派は、宋一族と陳果夫・陳立夫ら家族に近い側近であった。美齢が上海で事件の報告を聞いたのは、午後の八時になってからで、翌一三日、美齢は義兄である孔祥熙、友人であるオーストラリア人W・H・ドナルドと共に南京に向かった。

美齢が委員会に到着した時には、何応欽や戴季陶らの強硬派の意見が大勢を占めていた。これに対して宋美齢は、「流血の事態は避け、迅速かつ平和裏に解決すべく全力をあげる」方法を模索することを提案する。また、蔣の安全確保を軽視する彼らには、「(蔣を)犠牲にしてもよいという別の下心があるのではないか」とも述べた[35]。その猜疑心は、あながち杞憂ではなかったといえる。強硬派は空爆を含む武力攻撃を根強く主張していた。

何応欽と戴季陶のこの時の行動は興味深い。何応欽は振武学校で蔣介石と同期であり、蔣の信頼も厚かった。何応欽は辛亥革命後再び日本に渡り、陸軍士官学校を卒業しているが、日本語が極めて堪能で日本での人脈も広かったといわれる。一九三五年六月に「梅津・何応欽協定」を結んだことで歴史に名を残しているが、背景には次のようなことがあった。

天津を守っていた支那駐屯軍(天津軍)は、一九三五年(昭和一〇)五月二九日、軍事委員会北平分会委員長代理であった何応欽に対して、国民党機関の河北省からの撤退、河北省主席于学忠の罷免、中央軍・于学忠軍の河北省外への移駐を要求した。六月一〇日、期限付通牒を突きつけられた何応欽はついにこれを承認し、いわゆる

「梅津・何応欽協定」が成立した。同日何応欽は、全国に向け「排外および排日行為の禁止」を通達した。その理由として、当面の急務は国力の充実にあり、国際的に平和な環境を維持することが重要であるため、近隣諸国との友好が肝要であることがあげられた[36]。

本協定の陰には蔣介石と何応欽との綿密な電文でのやりとりがあったことが国史館の檔案史料から分かる。六月九日に何応欽が蔣に送った電文には「万が一、戦争が発動されれば、（中略）国内は崩壊状態になるであろう。今は和平を保ち、持久戦に耐えうるような国家を造りあげることが重要である」と書かれていた[37]。これを「党国の存亡」のためと痛恨の思いで了承する電文を書いた蔣の六月一〇日の日記には、このようなことを受け入れざるを得なかった自らの無力に対する嘆きと、美齢がこれを知り、涙を流して、夜眠れなかったことが書かれている[38]。この時から中国の中央軍は河北省から撤退する。

ここに、西安事件時の何応欽の行動の原点があると思われる。日本との本格的な衝突を避け、国家建設を優先させる考えは、蔣介石の安内攘外政策と矛盾しないが、蔣の救出を優先させていないと美齢が不信感を持ったのも無理からぬことであった。また戴季陶に関しては、その隠し子であった緯国を蔣が自らの実子として育てていた関係もあり、より親しい関係であった。彼らは、蔣との個人的な関係よりも反共産主義というイデオロギーを優先させたとも解釈されるが、家族同様の関係を築いてきた戴との関係は、事件後微妙になる。

南京国民政府においては一七日、何応欽を「討逆総司令」に任命して、空爆を含む攻撃を西安に仕掛ける準備を整えていた。空爆は、西安郊外の渭南、華県などで実際に行われていた。美齢は夫の安全のため、蔣に自筆の停止命令を出すよう、ドナルドに伝える。美齢の頼みに応え、蔣は何応欽宛ての停戦命令書簡を一七日付で出す。そこには、今週の土曜日までに南京に帰りたいと思っているので、空軍に爆撃を止めさせるようにとあった。土曜日は二日後の一九日である。蔣が拘束された一二日は土曜日で、日曜礼拝ができなかったため、二〇日の日曜日には南京の教会に行きたいと思ったのであろうか。いずれにしても、何応欽は、蔣の命令に従い、攻撃を一時的に停止する。

四、西安事件とソ連、日本

(一) ソ連の蔣介石評価

事件発生の一九三六年(昭和一一)一二月一二日朝、張学良は延安の共産党に対して、蔣介石の身柄を拘束したことを打電した。第一報を受けた共産党指導部はこれを「朗報」として受け取った。一三日の共産党機関紙『紅色中華』は、事件の第一報を「西安抗日蜂起、蔣介石拘留さる」と伝えた。ここでは、張学良と楊虎城の行動は「革命行動」とされ、「全国の人民大衆は、漢奸・蔣介石を人民裁判にかけることを要求している」との文字が躍った。また、一気に「中華民主共和国の実現」にまで言及している。

一三日、延安で政治局会議を開いた毛沢東は、「蔣介石を罷免し、人民裁判にかけること」を要求し、「排蔣抗日」による張学良、楊虎城と共産党との連帯の方針を主張し、周恩来・秦邦憲・葉剣英を西安に派遣することを決定した。そして、ソ連の意向を聞くこととし、モスクワに事件の概要を打電する。

これに対して、一四日のソ連共産党機関紙『プラウダ』は社説で「中国の事件」を論評した。その内容からは、ソ連の立場は極めて慎重で、事件の重要性を指摘しながらも「内政不干渉主義」を強調し、「中国の真の独立を獲得するためにすべての勢力を統一・糾合する政策」を進めることが肝要であることを主張したことが分かる[39]。そのことは、一九三七年一月二一日のソ連外務人民委員代理ストモニャコフが駐華ソ連代理大使スピリヴァネクに宛てた書簡の中からも明らかになる。そこには「中国国内の事件に我々が積極的に介入するかのように解釈されるようなことがあってはならない」とある。[40]このことは、コミンテルンが学良の共産党入党に否定的な見解を持っていたことと連動する。

張学良自身は早くからスターリンとの関係を強調する発言を繰り返していたが、一二月一六日になって、コミンテルンは共産党中央に「張学良の行動はその意図が何であったにせよ、客観的には中国人民の勢力を抗日統一戦線に結集させることを害し、中国に対する日本の侵略を助長するものである」と打電した。[41]これを知った学良と楊は激怒したといわれる。彼らが、はしごを外された思いとなったことは容易に想像できる。

この時期、スターリンが最も恐れたことは、中国の分裂であった。分裂は日本の華北への侵略を深化、拡大させ、ひいてはソ連の利権をも侵害することになる。一九三五年七月のコミンテルン第七回大会の決定により、抗日民族統一戦線の結成が急がれたが、あくまでもそれは「連蔣」によって実現されるべきものであると認識されていた。ヨーロッパにおいては、ファシズム勢力が台頭し、国内においてはトロツキー派に対する大粛清の影が色濃く残っている政治状況の中で、隣国中国に政変が起きることは望ましいことではなかったのである。すなわち、この時期、ソ連およびコミンテルンは、蔣介石こそが中国を統一できる唯一の指導者と見なし、重視していたといえる。そのことは、ソ連外交文書から明らかになる。

①「大使の情報によれば、本日、上海から南京に蔣介石がやってくるそうだが、あらゆる政治問題の最終的な決定権を握っているのは、実質上、彼である」（一九三七年二月一六日、ソ連駐華全権代表ボゴモロフと蔣廷黻の会談）[42]。

②宋子文の見解と発言に対するボゴモロフの容認。

「中国の内政事情に関しては、西安事件のあと、蔣介石のもとにすべての勢力が集結した由。蔣介石の役割について宋は、次のように自分の考えを定式化した。蔣介石は聖人でも英雄でもない。がしかし、彼は我々にとって最良の人物なのだ。蔣介石が死ねば内戦が勃発する」（ボゴモロフの「日記」一九三七年四月六日）[43]。

ソ連は、外交文書から見ると、延安にいた毛沢東を単なる紅軍の指導者と見なしていたことが分かる。そのため、ボゴモロフは中国政府が「我々に与えるべき保証」に「共産党の合法化」と共に「紅軍に一定の地区を提供し、中国政府の指示のもとでそのリーダーを行政職に就かせる」ことを要求するように提案したのである[44]。

これに対して、蔣介石は陳立夫の秘書の張冲を通して、一九三七年（昭和一二）二月周恩来に次のような提案を行っている。

①中国紅軍は紅軍と称するのをやめ、政府の軍事機構に合流する。
②旧紅軍部隊の兵員数は五個師団分または六万から七万人にとどめる。
③南京政府はこれらの部隊に対し、一カ月当たり百万ドルの融資を行う。
④「ソヴィエト共和国」の名称は廃止する。これに属する地区（山西北部、甘粛北東部）は中央政府の全面的な行政統治下に置く。
⑤共産党は国民会議の後に初めて合法化されるものとし、同会議には共産党も代表を派遣する。
⑥共産党は南京政府に反対する扇動活動を停止する（張冲は、これは南京政府の転覆への呼びかけを意味していると念を押した）。

張冲によれば、周恩来はこれらの提案をすべて受け入れた[45]。このことを西安事件時の蔣介石から共産党への資金援助の約束の具現化と見れば、大変興味深い。

全国レベルでの抗日民族統一戦線の結成は、蔣介石率いる国民政府が実行しなければ、成功しない。それがソ連とコミンテルンの共通認識であった。いずれにしても、蔣は自らの命の危険と引き替えに、統一戦線結成時には総司令となり、紅軍を改編後自らの指揮下に置くことを中国共産党からも、ソ連からも確約されたことになる。

（二）日本の対応

日本は西安事件に多大な関心を寄せた。新聞の号外、雑誌の特集などが出され、事件の詳細な報道がなされ、蔣介石の「西安半月記」も『中央公論』がいち早く翻訳して掲載した。日本の関心は、その後中国が抗日戦に向かうか、蔣が反共政策を放棄し、共産党およびソ連と連帯して日本と戦うことになるのか、にあった。当然既得権益をいかに守るのか、ということにも関心が払われることとなった。その中で尾崎秀実は、「実に現代支那社会の持つ基本的な矛盾の端的な表現である」とし、西安事件の重要性を日本が深く受け止めるべきであると指摘した。(46)

西安事件が起きると、日本では主要新聞各紙が号外を出していっせいに伝え、関心の高さを示した。一二月一三日の『東京朝日新聞』朝刊の見出しは、「張学良軍の兵変・蔣介石氏を監禁」「張学良氏が指揮して西安の宿舎襲撃　クーデター敢行」であったが、同時に張学良が「対日即時宣戦」するとの記事も見られ、国民政府が圧力により「容共政策」を第三国の影響下で受け入れることになれば、日本は国民政府の決定如何では、「断乎たる決意の要」があるとした。

また、『神戸又新日報』は、一四日の朝刊で「学良軍、完全に赤化」「コミンテルンと連携の下に挙兵」「司令部屋上に翻る赤旗」を見出しにもってきて、ソ連の関与、指導下での挙兵を強調した。(47)まさに日本の報道は、西安事件の原因を張学良の「赤化」とし、ソ連の援助を得て、対日宣戦する可能性があると報じたのである。

前出の『東京朝日新聞』には、同時に北平で北京大学と東北大学の学生二〇〇〇人が大規模な「排日デモ」を行い、その背後には第六回ヨセミテ太平洋会議（中国ＩＰＲ［Institute of Pacific Relations］、日本名・太平洋問題調査会）帰りの胡適がいるとする記事が掲載されている。(48)蔣介石は、一九三一年（昭和六）一〇月の第四回上海・杭州ＩＰＲ

から中国IPRを領導するようになり、そこを日本とのさまざまな矛盾を解決する場として、極めて重視していた。日本にとって中国IPRの代表であり、満洲問題で日本批判を繰り広げていた胡適が「排日デモ」を扇動したとなれば、五・四運動以来の危機と映ったであろう。いずれにしても、西安事件によって、中国が全国的な抗日に踏み切るかどうか、日本の関心はそこに集中していたといえる。

日本にとっては、ソ連の介入による「支那の赤化」が現実となれば、最終的な「覚悟」が必要となる。そのような疑念と緊張を和らげるためにも、先に述べた『プラウダ』の記事は効果的であったといえる。一五日の『東京朝日新聞』の夕刊は「ソ連当局が今次の事件には全く関係していない」「一切の干渉も支持も与えていない」「張学良氏との同盟も全く根拠のない風説に過ぎない」と発表したことを紹介している。

ソ連の西安事件への最初の論評が電文ではなく、新聞記事という形をとったのは、国際世論、特に日本に配慮したためと思われる。張学良の主張では必ず背後にソ連がいることを疑われる。ソ連は、その疑念をまず晴らすため、新聞記事として自らの立場を公にしたといえる。

この時期ソ連は、日本との関係は「決して良好とはいえないものの、外交関係は続いている。石油と漁業の利権問題についていえば、ソ連との関係改善を望む日本側勢力との良好な関係を保つことに反対する理由はない」との見解を示していた。[49] 一九三七年二月時点でボゴモロフは「日本が大規模な対ソ戦争を直ちに実施する準備ができていないのみならず、中国単独に対してさえも大規模な戦争を行う準備ができていない」と判断していたのである。[50]

欧米の反応に関しては、蔣万里が事件の概要をいち早くまとめ、一九三七年（昭和一二）一月に出版した『蔣委員長西安蒙難真相』に詳しい。[51] それは、事件発生から最初に出された国民政府の事件に対する認識として評価される。それによると、イギリスは事件の背景に反日感情の高まりがあることを指摘し、学良は西北地方を任され、蔣介石のもとで抗日を行うことになると予測し、また、蔣が抗日戦を指導する唯一の領袖であると見なしている。アメリカの反応については、この事件は中国ばかりでなく、全世界に影響を与えることになるだろうという予測を紹介した。また、ドイツは事件を通して、蔣個人にその国家統率の権力が集中したことに注目し、イタリアはこれによりかえって日本の介入が強くなるため、日中双方は懸案事項を協議していく必要があると指摘したのである。いずれにしても、西安事件は全世界に大きなニュースとして駆けめぐったのである。

おわりに

西安事件は、日中関係史の視点からすると、以下のような影響をもたらした。

⑴宋一族の権力掌握、親日派の衰退

西安事件勃発後、国民党内部で起きた蔣介石救出をめぐる対立は、妻である宋美齢の「思い」が優先される結果となり、決着した。空爆を含む武力進攻を主張したメンバーに美齢は蔣を見殺しにして、権力の座をねらっているとの疑いまで持った。その代表的な存在であった何応欽、戴季陶は、日本留学経験者で、蔣とも古くからの仲間であった。彼らは、親日派とも呼ばれており、強硬な反共主義者でもあった。当然、事件解決後、彼らの立場は微妙なものになる。

事件解決後、権力を掌握していくのは、命がけで救出に向かった美齢はもとより、共産党とソ連から交渉役として認められた宋子文であり、孔祥熙であった。いわゆる宋一族は、日本からは欧米派と見られていた。美齢は、戦闘機が何応欽によって使われ、西安が爆撃されそうになり、蔣の命の危険があったということを理由とし、事

件後自らが空軍を指揮することを蔣に申し出る。そして、中国空軍の充実のため、顧問にクレア・リー・シェンノート（中国名・陳納徳）を採用し、「飛虎隊」を創設させるなど、政治的な関与を深めていく。

(2)ナショナリズムの激化

国民政府は、西安事件を単なる軍内部の争いとして、報道管制を敷いた。中国の新聞各紙の報道（共産党系を除く）には、抗日、共産党との合作などの内容は見受けられない。しかし、それにもかかわらず、中国の世論は一気に抗日に傾いた。その背景には西安事件直前の一一月に起きた綏遠事件（関東軍による内蒙古分離作戦）で傅作義軍が勝利し、内蒙古分離を阻止したこともあった。中国ではこの勝利が大々的に宣伝され、世論を動かした。一九三七年（昭和一二）になると、中国各地で日本人に対する暴行や日本関係施設の破壊事件が頻発した。盧溝橋事件の当事者となった支那駐屯軍の司令部があった天津でも西安事件後、「学生の集団が抗日を叫びながら日本租界を堂々と練り歩いたり」、「露骨に日本人を馬鹿にする言動をとったりするようになった」のである。[52]

このような状況下で日本は、西安事件の過程を通じて統一された国家としての中国、強力な指導者としての蔣介石、高揚するナショナリズムの対象としての日本を認識させられることになる。[53] そのことが日本の既得権益保護、華北分離政策に加速をかけることになった。

(3)西安事件後の蔣介石の対日政策

しかし、それでも一九三七年前半の日中関係は、表面上は平穏であった。蔣介石の「日記」の一九三七年一月一日にはその年の一年の計が記されている。それによると、日本に対しては、「抵抗するが排除せず」、「応戦するが、「求戦」せず」、交渉に関しては、「刺激せず、畏縮せず、現状を維持する」方針であることを綴っている。蔣介石は、この年の初め、日本との戦争はできる限り避け、交渉によって現状を維持しながら、中国の共産化を阻止しつつ、何とか国内の統一を達成したいと願ったのである。すなわち、蔣介石は日本と戦争するにはまだまだ準備が足りず、国内建設、国防建設には相当な時間がかかると認識していた。これは、安内攘外政策の継続ということができる。

蔣介石は西安事件後抗日民族統一戦線の結成に踏み切ったと一般的には思われている。しかし、実際に剿共戦は停止したが、「救国七君子」の釈放は盧溝橋事件開始後となるなど、共産党の思い通りには進まなかった。共産党に対しては「殲滅と宥和」を同時に行い、「粛正がし易くなるのを待つ」と元旦の「日記」にはある。西安事件によって、共産党対策に微妙な変化が認められる記述ではあるが、蔣にとって、あくまでも共産党はいつかは粛清すべき存在であったことには変わりがなかったといえる。

註

（1）蔣介石「告全国同胞一致安内攘外」、秦孝儀主編『総統　蔣公思想言論総集』第三一巻「書告」、中国国民党中央委員会党史委員会、一九八四年、一四九～一五一頁。

（2）一九三一年五月に起きた朝鮮における日本の警察による中国人労働者虐殺事件、および七月に長春で起きた「万宝山事件」を指す。この後朝鮮の仁川においては中国人華僑が朝鮮人によって襲撃された。蔣介石はこの一連の事件を重視し、その後も繰り返し日本の残虐性を現すものとして例示したが、これらの事件の背後に共産党の煽動と関与があったことをも指摘していた。蔣は、共産党が引き起こす大衆運動への列強の武力介入が列強の中国への侵略を深化させていくという図式を最も警戒した。

（3）ソ連の外交文書に関しては、河原地英武・平野達志訳著、家近亮子・川島真・岩谷將監修『日中戦争と中ソ関係』（東京大学出版会、二〇一八年）で邦訳し、解説を加えている。

（4）近代中国人名辞典修訂版編集委員会編『近代中国人名辞典 修訂版』、霞山会・国書刊行会、二〇一八年、八三二～八三四頁。
（5）西村成雄『現代アジアの肖像3 張学良』、岩波書店、一九九六年。
（6）本事件に関しては、家近亮子「北伐から張作霖爆殺事件へ」（筒井清忠編『昭和史講義』、ちくま新書、二〇一五年、四九～七一頁）で詳述した。
（7）前掲『現代アジアの肖像3 張学良』、四八頁。
（8）畢万聞主編『張学良文集』第一冊、新華出版社、一九九一年、四七三頁。
（9）同右、七九頁。
（10）NHK取材班・臼井勝美『張学良の昭和史最後の証言』、角川書店、一九九一年。
（11）富永孝子『国と世紀を超えた愛』、角川書店、二〇一四年、八三頁。
（12）「蔣介石日記」一九三三年三月九日、アメリカスタンフォード大学・フーヴァー研究所――手稿版、邦訳は本稿筆者による。
（13）この点に関しては、家近亮子『蔣介石の外交戦略と日中戦争』（岩波書店、二〇一二年）参照。
（14）西村成雄によると、この言葉は「東北を失った東北人たちが自らをふるいたたせたり、関内の中国人が批判的に東北人を指して言ったりすることばであった」（前掲『現代アジアの肖像3 張学良』、八二頁）。
（15）楊虎城に関しては、西村成雄「楊虎城」（前掲『近代中国人名辞典 修訂版』、七三〇～七三一頁）および米暫沈『楊虎城将軍伝』（福州・福建人民出版社、一九九二年）を参照。
（16）筒井清忠「二・二六事件と昭和超国家主義運動」、前掲『昭和史講義』、一三二～一三四頁。
（17）「解決中日両国問題之途径――中華民国二五年一月一三日於南京与中野正剛談話」、『総統 蔣公思想言論総集』第三八巻「談話」、三三～三九頁。
（18）蔣介石が一九三四年一二月に『外交評論』（南京）に出した「日本は、敵乎？友乎？――中日関係の検討」が火付け役となり、中国には日中親善ブームが起きていた（前掲『蔣介石の外交戦略と日中戦争』第二章）。
（19）寺山恭輔『スターリンとモンゴル――一九三一～一九四六』、みすず書房、二〇一七年、三一七頁。
（20）張学良「西安事変懺悔録」、『明報』（香港）第三二～三四号、一九六八年、および前掲『張学良の昭和史最後の証言』、一六七頁。
（21）同右、一七四頁。

(22) 同右、一七三～一七六頁。
(23) 前掲『国と世紀を超えた愛』、一九三～一九四頁。
(24) 張学良「西安事変懺悔録」。
(25) 前掲『現代アジアの肖像3』、一七四～一七五頁。
(26) 「蔣介石日記」、一九三六年九月二〇日、二一日。
(27) 岸田五郎『張学良はなぜ西安事変に走ったか――東アジアを揺るがした二週間』、中公新書、一九九五年、二八頁。
(28) 前掲『張学良の昭和史最後の証言』、一八六頁。
(29) 「蔣介石日記」一九三六年一二月一〇日。
(30) 『蔣中正総統檔案――事略稿本』第三九冊、台北・国史館、四一〇頁。
(31) 「八項目の要求」①南京国民政府を改組し、各党各派を受け入れ、共同で救国の責任を負うようにする、②一切の内戦を停止する、③上海で逮捕された愛国領袖の即時釈放、④全国の一切の政治犯の釈放、⑤民衆の愛国運動の解禁、⑥人民の集会結社・一切の政治的自由の保障、⑦総理遺嘱の遵守、⑧救国会議の即時開催――西安『解放日報』一九三六年一二月一三日。
(32) 前掲『現代アジアの肖像3』、二二一頁。
(33) 「蔣介石日記」一九三六年一二月二五日。
(34) 「蔣介石日記」一九三六年一二月二九日。
(35) 前掲『現代アジアの肖像3』、二一六～二一八頁。
(36) 「国民政府公報」第一七六四号、一九三五年六月一一日。
(37) 「蔣中正総統文物」002020200025026 台北・国史館檔案史料。
(38) 「蔣中正総統文物」002020200025027 台北・国史館檔案史料。
(39) 『プラウダ』の記事の邦訳は、伊丹明彦「西安事変前の張学良とソ連の接近」（麻田雅文編『ソ連と東アジアの国際政治』、みすず書房、二〇一七年）、二三二頁にある。
(40) 前掲『日中戦争と中ソ関係』、三頁。
(41) 前掲、伊丹明彦「西安事変前の張学良とソ連の接近」、『ソ連と東アジアの国際政治』、二三二～二三三頁。

(42)前掲『日中戦争と中ソ関係』、八頁。
(43)同右、三六頁。
(44)同右、五頁。
(45)同右、一七~一八頁。
(46)尾崎秀実「張学良クーデターの意義――支那社会内部的矛盾の爆発」、『中央公論』特輯「学良兵変と支那」、一九三七年一月新年特大号。
(47)『神戸又新日報』一九三六年一二月一四日朝刊。
(48)『東京朝日新聞』一九三六年一二月一三日朝刊。――胡適は、中国IPRの創始者であった余日章が体調を崩したため、一九三三年八月の第五回カナダ・バンフ会議から中国側の代表となっていた――家近亮子「蔣介石における戦時外交の展開――中国IPRへの領導と中華の復興・領土回復の模索」、『軍事史学』特集 日中戦争八〇周年、第五三巻第二号、二〇一七年九月。
(49)前掲『日中戦争と中ソ関係』、一一頁。
(50)同右、五頁。
(51)蔣万里編『蔣委員長西安蒙難真相』、上海・民族出版社、一九三七年一月。
(52)広中一成『牟田口廉也』、星海社新書、二〇一八年、九一頁。
(53)岩谷將「盧溝橋事件――塘沽停戦協定からトラウトマン工作失敗まで」、前掲『昭和史講義』、一四五頁。

汪精衛を語ること――対中認識の一側面

関　智英

はじめに

一九九八年一一月、江沢民が日本を訪問した。この年は日中平和友好条約締結二〇周年でもあり、江の訪日を日本の新聞各紙は大きく取り上げた。『朝日新聞』が「中国の元首の公式訪問は歴史上初めて」と伝えた他、[1]『朝日新聞』とは対照的な論調で知られる『産経新聞』も、この件に関しては「隣国でありながら、中国の国家元首の日本公式訪問は、有史以来初めて」と『朝日』の報道内容と大差はなく、[2]他社の論調も概ね同様であった。[3]こうした報道はその後も繰り返されており、二〇年を経ても「江沢民国家主席が中国元首として日本を初の公式訪問」との記事が確認される。[4]

さてこうした説明の仕方――中国の国家元首として初の公式訪日を果たしたのは江沢民である――は、日本のマスコミにおける認識としては大変興味深いのだが、実はそれ以前にも中国の元首として日本を公式訪問した人物がいる。中華民国国民政府主席汪精衛である。[5]

ちなみに江沢民訪日について、日本外務省は「史上初めての中国国家主席公式訪日が実現し、小渕総理との首脳会談では率直で突っ込んだ意見交換が行われた」と総括している。[6]「国家主席」とはするものの、「中華人民共

汪精衛（おう・せいえい　1883〜1944）
「お人好しの情熱政治家――汪精衛の素描」
より

和国」でなく「中国」とし、さらに「史上初めて」と述べているので、外務省担当者の念頭にもかつて「国民政府主席」として汪精衛が日本を訪問した事実は想起されなかったのだろう(7)。

むろん筆者はこうした認識を責め立てようというつもりはない。ただ作家吉屋信子が「汪兆銘の名は一躍日本で〈時の人〉以上まさに〈時の氏神〉だった」と回想したように(8)、確かにかつて日本は汪精衛に熱狂した。そのことを思うと、戦後の日本社会の汪精衛に対する扱いとの間には大きな断絶がある。筆者はこの事実と共に、汪精衛に対する熱狂の背景にも興味を持つのである。

同じく汪精衛に対する日本人の認識の断絶を意識していたのが思想史家の松本健一である。松本は「戦前の日本人は、汪兆銘が大好きだった」にもかかわらず、戦後「日本人がいつのまにか汪兆銘嫌いになり、名まえさえ忘れてしまうという仕打ちをするのに、我慢ならなかった」とする。さらに松本が問題視したのは、こうした汪精衛に対する評価を日本人が主体的に決断したわけでなく、中国の下した判断を受け入れてしまった点にあった。中国の下した判断をそのまま日本人が受け入れたのか否かについては、異論があるかもしれないが、少なくとも「日本人は汪兆銘＝親日・和平派の南京国民政府の記憶を抹殺し、その必然のなりゆきとして戦後生まれの日本人たちは汪の名まえさえ知らなくなった(9)」という指摘は、先に示した報道の内容を見ても、概ね的を射ていると考えられる。

では松本が指摘した日本人の汪精衛への熱狂は、どのようなものだったのか。本稿では戦前期の日本における汪精衛に関する様々な紹介記事や議論を主な材料に、日本人の汪精衛認識が具体的に如何なるものであったのかを考えてみたい。またその際、比較対象として同時代の蔣介石に対する日本での議論についても適宜検討を加える。

一、汪精衛略歴

分析に入る前に汪精衛の経歴を整理しておこう[10]。汪精衛（名は兆銘・字は季新、精衛は号）は、一八八三年五月（明治一六、光緒九年三月）広東三水県に生まれた（祖籍は浙江省紹興府山陰県）。父の汪琡は商売を生業としていたが、陽明学を信奉する好学の士でもあった。汪は父から王陽明の『伝習録』や陶淵明の詩などを学び、後年「これに依つて受けた利益は書塾に於けるよりも遥かに多かつた」（『汪精衛自叙伝』、五頁）と振り返っている。しかし、汪一四歳の年に母、翌年に父が相次いで死去した。このため長兄汪兆鏞が親代わりとなり、汪精衛も私塾教師をして兄の家計を助けた。一九〇一年、汪精衛は番禺県で県試（科挙の第一段階）を兆鏞と共に受験し、汪精衛は三番の成績を取った（実際には汪精衛が一番、兆鏞が三番だったが、精衛が兄を立てたのである）。

（一）日本への留学

一九〇四年（明治三七）、広東省が日本への官費留学生を募集すると、汪精衛はこれに合格し、日露戦争真っ只中の日本に渡り、法政大学速成科に入学した。すでに日本留学前から西郷隆盛・吉田松陰・福沢諭吉などの伝記を訳本で読んでいた汪精衛は、日本への思いを募らせていた。一九〇六年六月、二番の成績で速成科を卒業した汪は、法政大学専門部に進学した。後年汪は、直接薫陶を受けた教授として梅謙次郎・富井政章・山田三良三名の法学者を挙げ、また「一番お世話になったのは、山田〔三良〕、小野塚〔喜平次〕、筧〔克彦〕の三先生」（『汪精衛清談録』）と回想している。

留学中、汪精衛は戊辰戦争で江戸城を無血開城に導いた西郷隆盛と勝海舟に心酔して関係書籍を買い漁り、日曜日にはよく上野公園に出かけ西郷隆盛像を飽かず眺めたという。当時日本では西郷の一連の行動は陽明学に基づくものと理解されており、西郷の存在や日本での陽明学理解が汪に与えた影響は小さくない。実際、この頃汪精衛は陳璧君と共に、里見常次郎の『陽明と禅』という書籍を翻訳している。この中で里見は、「〔禅の〕無心を主とし、〔王陽明の〕知行合一を主とするときは、死生の問題は茲《ここ》に天地の運行と異なることなし。（中略）生あれば死あり、生死は天地運行の問題なり」と論じ、「陽明の思想と禅の思想」こそが「真理なり」と述べている。(1)同書の汪精衛訳が一九四〇年代の汪政権下で刊行されていることを考えると、「生死は天地運行の問題」とする感覚は、晩年に至るまで汪精衛の身の処し方にも影響を与えたかもしれない。ちなみに晩年の汪精衛は吉田松陰、乃木希典の詩を愛誦していた。

（二）中国同盟会への参加と摂政王暗殺未遂事件

一九〇五年（明治三八）八月、孫文が東京で中国同盟会（中国国民党の前身）を結成すると、汪精衛も評議部議長としてこれに参加し、機関誌『民報』で健筆をふるった。この時使われた筆名の一つが「精衛」である。精衛とは古代中国の地理書『山海経《せんがいきょう》』に登場する、日夜小石や小枝を運び大海を鎮めんとした霊鳥のことで、ここには革命の捨て石とならんとする汪の気概が表れている。

汪精衛を革命家として一躍有名にしたのは、一九一〇年（明治四三）二月の摂政王載灃《さいほう》（宣統帝溥儀の父親）暗殺事件である。汪は革命を促進するには直接行動が必要と考え、北京に潜伏し暗殺の時を待った。しかし企ては露見し汪は獄に繋がれたが、時の民政部尚書粛親王善耆《しゅくしんのうぜんき》の計らいで死一等を減じられた。この時汪の救出に奔走したペナン島の華僑の娘陳璧君は、後に汪の妻となる。[12] まもなく武昌で革命が勃発すると、汪は大赦で出獄した。

（三）国民党の元勲

出獄後の汪精衛は、清朝の実力者袁世凱の腹心楊度《ようたく》と国事共済会を組織し、革命派と袁世凱との提携に奔走した。一九一二年（明治四五）元旦、中華民国が成立し孫文が臨時大総統に就任した際の宣言文も汪が起草したものである。その後も汪は孫文と共に革命運動に尽力し、孫文死去に際してはその遺嘱を起草したことから、国民党内では孫文の後継者の一人と目され、その死後も孫文の国共合作の方針を堅持して広東国民政府の主席に就任した（その後、北伐開始により国民政府は武漢に移った）。汪精衛が国民党内の左派と呼ばれるのはこの時期の共産党容認の姿勢による。

一方、黄埔《こうほ》軍官学校を基盤とする軍事力を背景に国民党内の実力者にのし上がったのが蔣介石だった。蔣は国民革命軍総司令として北伐を進めたが、共産党の影響力拡大を警戒して反共姿勢に転じ、一九二七年（昭和二）四月、南京に国民政府を樹立して、汪精衛率いる武漢国民政府と対抗した。まもなく武漢国民政府も反共に舵を切り、武漢・南京二つの国民政府は合流した。

一九二八年六月、国民革命軍が北京に入城し、中国は蔣介石率いる国民政府の下に名目上統一された。しかし蔣介石の独裁化に警戒する人々や地方の軍事実力者は、その後も蔣を牽制し、時に別個の国民政府を組織し対抗した。汪精衛もしばしばこうした動きに与し、陳公博・顧孟餘ら蔣介石の指導に批判的な党員が組織した中国国民党改組同志会（改組派）も、汪を精神的リーダーと仰いだ。

一九三一年九月に満洲事変が勃発した際も、国民政府は蔣介石の南京国民政府と、汪精衛・胡漢民らの広州国民政府に分裂していた。しかし、日本の侵略に対処するため両国民政府は合流を決定し、蔣が軍事、汪が外交という役割分担で政権を運営することになった（蔣汪合作政権）。汪精衛は行政院院長や外交部部長として「一面抵抗、一面交渉（抵抗しながら交渉する）」という姿勢で対日交渉に臨んだ。

一九三七年七月、盧溝橋事件が勃発し、一二月には日本軍が首都南京を占領した。国民政府は重慶に遷都し徹底抗戦を唱えたが、戦争により工場数で九割、耕地面積で四割以上が日本軍の占領下にあった。また国民党内部では、戦争の混乱に乗じて中国共産党が勢力を拡大することも憂慮されていた。日本との和平を求める声は国民政府内部にも少なくなく、汪精衛はこうした和平派の中心となっていった。

（四）重慶脱出と和平運動

一九三八年（昭和一三）一一月、汪精衛の意を受けた梅思平・高宗武らと、日本の参謀本部の影佐禎昭大佐・今井武夫中佐（支那班長）が秘密裡に会談し、満洲国の承認・租界返還・治安回復後二年以内の日本軍撤兵・賠償放棄などで合意した（「日華協議記録」）。汪はこれを受けて重慶を脱出し、ハノイ（フランス領インドシナ）に赴いた。

武力を持たない汪精衛は、政治のキャスティングボートを握るために、静養などを名目にした国外への一時避難を政治的手段としてしばしば用いていた。汪自身も「党国の内訌が紛糾すると、いつも外遊するのがわたくしの手段であるが、国家の安危と共に、忽ち帰国する」（『汪精衛自叙伝』一四七〜一四八頁）と語っている。したがってこの時の動きも、汪の政治行動のパターンに沿ったもの、という見方もできる。

汪精衛の狙いは、重慶を離れた自由な立場で和平運動を行うことで、国民政府を日本との和平の席に着かせることにあった。そのため和平交渉が実現した暁には、汪自身は活動から手を引くことを明言していた。また雲南省主席の龍雲など、西南地域の軍事実力者が汪に賛成・合流するという読みもあった。

しかし「日華協議記録」調印から一〇日後、御前会議で決定された「日支新関係調整方針」からは日本軍の撤兵の文言は消え、その内容も、日本の権益を華北のみならず華中・華南にまで拡大し、中国に損害賠償まで要求する、過酷なものに変質していた。いわば汪精衛は梯子を外された形になったのである。

国民党副総裁・国民参政会議長の汪精衛が日本との和平に乗り出したことに、重慶の国民政府は動揺し、刺客をハノイに送り込んで汪暗殺を試みた。汪精衛は辛くも殺害を免れたものの、汪側近の曾仲鳴が暗殺された。身の危険を感じた汪は日本占領下の上海に移り、以後和平運動の方針は新政府樹立へと方向転換することになった。

（五）新政権の樹立

一九四〇年（昭和一五）三月、汪精衛は重慶の国民政府が南京に首都を還《かえ》すという体裁（還都）で、新政府を樹立した（汪政権）。当初汪政権も重慶国民政府と同様に林森を主席として仰ぎ、汪自身は代理主席と称し行政院院長を兼任した。同年一一月、正式に主席に就任した汪は、日本との間に日華基本条約を締結した。しかし同条約は日本軍の駐兵権を認めるなど、中国の主権を損なうものだった。南京での調印式で日本側全権が到着する直前に、汪が涙を流し取り乱したことが伝えられており、[13]汪自身もこのことに自覚的だったと考えられる。

それでも汪は中国の自主独立の回復を諦めたわけではなく、その後も「政治独立」を綱領の一つに掲げる東亜聯盟運動を積極的に推進した。一九四三年一月には、英米に対して宣戦を布告し、日本と共に主体的に大東亜戦争に関わる意志を示し、同年一〇月には日華基本条約に代わる、より中国の自主性を認めた日華同盟条約を締結した。

（六）晩　年

しかし汪精衛の心中は複雑だった。日米開戦後、汪は子息に対し「もし中国がまだ救われるとしたら、私の一身と名誉は失われるだろう。もし私が不幸にして成功したら、抗戦の失敗した後の国家は、どんなことになるだろう？」と語ったという。ここには、対日協力と中国ナショナリズムの板挟みになった者としての苦悩が吐露されている。後述するように温厚な人柄で知られた汪精衛だったが、汪政権下で『中報』『平報』などを発行したジャーナリストの金雄白によれば、晩年の汪は会議の席上でも慷慨激昂することが一度ならずあったという。[14]少なくとも汪が精神的にも厳しい状態に置かれていたのは確かだろう。

一九四四年（昭和一九）三月、汪精衛は持病が悪化し名古屋帝国大学附属病院に入院し、同年一一月に死去した。戦時中であることを考慮し国葬は延期され、遺体は孫文の眠る中山陵のかたわら梅花山に埋葬された。日本の敗戦後、汪政権関係者は「漢奸」として厳しく責任を追及された。汪の墓も蔣介石の部下によって爆破され、遺骸も焼却処分された。その後、汪精衛は共産党政権下の中国大陸でも国民党政権下の台湾でも「漢奸」として厳しい批判にさらされたことは周知のとおりである。

二、日本における汪精衛認識

では汪精衛を当時の日本社会はどのように認識していたのであろうか。以下では汪精衛が具体的にどのような形で日本社会に紹介されたのかを、同時代に忽然と指導者として登場した蔣介石の台頭にも触れながら、清末から一九二〇年代前半、北伐から国民政府時期まで、重慶国民政府の離脱から死去まで、の大きく三つの時期に区分して検討したい。

（一）「王兆銘」登場――清末から一九二〇年代前半

管見の限り最も初期の汪精衛への言及は、一九〇八年（明治四一）一二月三日の『東京朝日新聞』の記事である。この記事は、清朝政府が日本で活動する革命党員の暗殺を企てたことを伝えたものだが、その中で革命党の機関誌「民報は先年孫逸仙の始めたもので当時胡漢民、王兆銘らが主として編輯の任」に当たったと解説が続く。[15] ここでの汪の扱いは革命党員の一人にすぎず、姓も「王兆銘」と誤って伝えられている。

続いて確認できるのは、摂政王載灃暗殺未遂事件に関する報道である。これは後年、汪精衛の輝かしい革命的行動として繰り返し語られることになるエピソードである。汪の留学生としての経歴や詩作に達者であるとの説明はその後も踏襲されるが、汪を「変質者」とし、その行動を「狂態」とも伝えている点は興味深い。

摂政王暗殺首謀者汪兆銘は法政大学在学中勤勉家にして卒業の際は首席を占めたり其後南洋に赴き新聞事業に関係し頗る過激なる議論を為して清国官憲の交渉により発行を禁止せられしが（中略）汪を久しく教育せる人の直話に拠れば至つて変質者にて斯《かか》る狂態を演ずる特質を具へたりと（中略）汪が犯人顚末を審問せられたるに対し即座に文章を以て答辯せるもの簡単明瞭非常に明文なりと云ふ[16]（後略）

しかし翌年になると早くもこの逸話は革命美談としての意味合いを込めて伝えられている。一九一一年（明治四四）一一月、雑誌『中央公論』に掲載された「支那革命党の奇傑「汪兆銘」」がこれである。著者の断水楼主人こと池亨吉は孫文の革命運動に協力し、『支那革命実見記』[17]を著したことで知られる。池によれば、この文章は、孫文や黄興に比べると「未だ世人の多く知らざる同然の奇傑汪兆銘」の紹介を目的に執筆されたが、日本における汪精衛論の先駆と言える存在である。

それによると、一九〇六年（明治三九）の秋、池亨吉が「牛込築土八幡の森蔭に寓する孫逸仙氏を訪ねた」際、たまたま出会った「瀟洒たる清国の一青年」こそが汪精衛であった。池は「容姿一見貴公子の如く、顔の何処かに凜乎《りんこ》として侵すべからざる影あるを覚ゆ」と、汪の第一印象を描写した上で、鎮南関での挙兵や摂政王暗殺事件などでの汪の活動に触れた。そして「実行の人」「稀世の豪傑」として、次のように汪の人となりをまとめた。

汪兆銘は実行の人也。稀世の豪傑也。彼は当年取つて僅かに廿四歳也。摂政王が彼の才気胆略に服して終に其死を赦したる亦宜なる哉。彼は広東府大族の家に産れ、其素行純潔、種々の誘惑に犯され易き弱冠の境に在り乍ら、学に従つて真理を探究し、傍ら之を革命の上に施こすの他何事も知らざる篤学篤行の青年にして、実に志士たるの面目に於て秋毫も恥づる所なし。今や彼は生を有して生無きに若かず。（中略）彼は毒殺か将《は》た斬殺か、早晩其孰れかの悲運に遭遇せん。是を想ふて予は彼が為めに熱涙の下るを禁ずる能はず。[18]

辛亥革命時期、汪精衛は革命派と立憲派の間を取り持つ役割も果たした。日本の報道もそうした汪の活動についても触れている。立憲派の楊度らと組織した国事協済会については「其趣旨とする所は穏健の主張に依り革政の目的を達せんとするもの」と説明し、[19]「両派の主張は憲政を確立し民権を発揮して国威を発揚せんとする点に於て同一」との主張を掲載した。[20]

一九一二年（明治四五）一月一日、中華民国が成立した当日の「新政府大臣顔触」は、新政府において「汪兆銘を司法」担当とする噂の存在を伝えた[21]（実際には汪が司法部総長に就任することはなかった）。この他、広東の革命軍が汪に都督就任を要請したものの、汪が固辞したことや[22]、唐紹儀・汪精衛が袁世凱を訪問し、今後の問題について長時間協議したこと[23]、また「摂政王殺害を企てたる際助力したチエンピー嬢」、すなわち陳璧君と汪の結婚も報道された[24]。

以上、この時期の日本における汪精衛に関する言説をまとめれば、摂政王暗殺事件のエピソードを除いては、ほぼ中国の革命党の一員としての活動紹介に終始したと言える。汪に対する日本での標準的な理解は、「支那共和政府ノ成立ニ対スル彼ノ功ヤ実ニ偉大[25]」や、「南方派中にて最も孫文氏に信任せられ民国成立後も嘗て一度も官に就かず典型的党人[26]」といったところで、汪の人となりを深く掘り下げた説明はほとんど確認できないのである。ちなみにこの時期、蔣介石は政治の表舞台にはまだ登場していない。日本の新聞が蔣介石に言及するのは管見の限りで一九二五年（大正一四）七月のことで、「大正十三年六月[27]」の外務省情報部編『現代支那人名鑑』にも蔣介石の項目はない。

（二）「お人好しの情熱政治家」――北伐から国民政府時期まで

汪精衛の人となりにまで踏み込んだ言及の登場は、孫文の死後、国民革命軍が北伐を再開してからである。当時広東を根拠地としていた国民党勢力の拡大に伴って、汪への関心も高まったのである。

「支那通」として知られた長野朗[28]は、汪精衛の経歴を説明した上で、「古き国民党員として、邦人の間にも能く知られて居る。（中略）屢々《しばしば》国務員に擬せられたが、何時も固辞して受けず、飽まで野にあつて革命のために尽して来た所は偉い[29]」と称賛した。また北京新聞主幹の風間阜も「氏は文章家として、理論闘争家として又その政敵に対する不屈不撓の実際闘争家として又青年を吸引する魅力の所有者として、時には旧軍閥を利用する点に於て、革命家であると同時にデマゴーグとして他面実際政治家として確かに現在支那に偉大なる光芒を放つ人物」と語った。[30]

もっとも汪精衛に対する評価は、芳しいものだけではなかった。後述するようにこの時期は蔣介石への関心が高まりを見せた時期でもあった。[31] 蔣介石が国民党からの共産党員排除を決定し、武漢とは別個に南京に国民政府を樹立した直後の一九二七年（昭和二）四月の『読売新聞』の記事では、汪精衛が党内で難しい立場にあるとして次のように説明した。

然し汪氏も昨今は頗る不遇の地位に立つてゐる。（中略）早い話は共産派の決定的凋落である。然るに民党中でも共産派に属してゐるので、民党中の漸進論者は彼を目して共産派を民党に引入れた元兇であるとし、最近は頗るその勢力を失墜して居る。現に汪氏は今では南京に寄り付く事さへ出来なくなつた気の毒な境遇にある。[32]

汪精衛の政治家としての資質に対しても、「機会主義者」であると否定的な説明もなされた。新聞・雑誌記者として知られた室伏高信は、直接面会した汪の政治家としての資質について次のように記した。

政治家としての彼は未知数である。思想家としての彼はいふに足るほどのものがない。（中略）彼には彼の独自の存在が乏しい。彼はペテロであり得てもイエスではあり得ない。（中略）時代の先端に立つものとしての汪精衛の時代は数年前に過ぎ去つたといはなければならない（中略）彼はもともと思想家ではない。彼には孫文の理論を解釈する以外に、何等の理論的独自性もない。彼はむしろ一個の機会主義者である。[33]

さらに室伏は汪の容姿や雰囲気について「恐らくは八十パアセントまで女性」で「賢者的な面影」があるとして、次のように説明した。これは以後様々な人によって繰り返される[34]、汪精衛紹介の一パターンの嚆矢と考えられる。

〔汪精衛は〕いくらか太り加減の、背の可成りに大きい、血色のいゝ、物やさしい男である。（中略）年は四十七だといふが、見たところは三十六七である。その軟らかな人当り、物静かなる言葉、繊細な感覚、彼は正に一個の女性だ。恐らくは八十パアセントまで女性であらう。（中略）彼を一個の賢者に比したものがある。彼は学者でもなく、思想家でもなく、また政治家でさへもなく、賢者としてもあまりにハイカラであるかも知れない。けれども賢者的な面影がどこかにひらめいてゐるところに、彼の意味があり、またこの意味に従つてこそ方向が定められなければならない[35]。

新聞や雑誌で汪精衛の肖像が伝えられるようになったのもこの時期のことである。汪の図像が与える印象も、汪精衛のイメージ形成に影響を与えていたと考えられる。例えば「お人好しの情熱政治家——汪精衛の素描」は、汪の写真を掲げ（一六六頁写真）、汪を「円熟、明朗、お人好しの情熱政治家」と説明したが、この記者がどこまで汪の内面まで理解した上で記事を書いていたのかは疑わしく、写真など外面的な情報に基づいて書かれた部分が多いと考えられる。

円熟、明朗、お人好しの情熱政治家、これが一口に素描した汪精衛氏である。（中略）支那の多くの人に見る隠性は、氏には全然見当らない。斯んなお人好しが、どうしてあれほど危険で、社会を揺り動かすやうな革命工作に命を投げ出すのだらう……とそう云ふ疑問さへ起させるのである。

然しこの明朗性、お人好しこそ、汪精衛氏を、氏の見方は固より、反対者側からさへも好意を以て迎へさせ、氏の革命理論が優れて居るのと相俟つて、段々党国の中心人物に祀り上げてしまつた。[36]

このように国民革命から国民政府時期にかけて、汪の人となりを伝える記事が日本で複数登場したことは確認できた。しかし、この時期汪精衛以上に注目を浴びていた中国人政治家がいたことを忘れてはならない。それが蔣介石である。

(三) 蔣介石の台頭——高まる蔣への関心

国民革命の進展から北伐の完成、さらに国民政府時期にかけての中国政治の主人公は、短期間に指導者に躍り出た蔣介石だった。蔣の登場がいかに急なものであったかは、「数年前までは自己の手兵としては殆ど一兵も持たず、同僚の間には「頭脳明晰なるも軍事学に乏し」と評され、その名は「支那官紳録」にも一九二五年版の「中国人名録」にも、はては外務省編纂の最新版「現代支那人名鑑」にすら見当らぬ全く無名の士であった」という説明からもうかがえる。[37]日本社会は突如中国政界のキーパーソンとなった蔣介石に関心を持ち、新聞や雑誌にもその人となりを紹介する記事が溢れたのである。

蔣介石の名前が最初に日本の新聞記事に確認できるのは一九二五年（大正一四）七月のことである。[38]翌年には新聞の見出しとして登場し、[39]以後、戦前期の日本でおそらくは最もその名が報道された中国人となる。

まずはその経歴を、「東洋の那翁　蔣介石」の一節で確認しておこう。著者の浜野末太郎は「東大法科出身、東亜経済調査局にあって支那租界問題、南洋問題を研究して来た斯界の権威[40]」である。

介石は号で中正は名である。浙江省の人で日本の士官学校を孫伝芳、李烈鈞、李根源等と同期に出て、帰国後間もなく革命軍に投じ、陳其美の参謀として忠勤を励んだが陳が袁世凱の刺客の手に斃れてからは、同志からも殆ど忘れられ不遇の境地にあり、民国十二年孫文に拾はれてその参謀長となり一時は大本営行営参謀長として孫大元帥の北伐軍に従つて韶関方面までは出動したが、肝腎の背後の広東政府が軍費の欠乏で遠征の壮挙も空しく彼は八月その職を辞して上海に赴き、一時彼の消息は杳として絶えたが、此の時彼は孫文の密使となつて労農政府との提携にその重任を果たすべくモスコーに使して居たのであつた。（中略）ロシアから帰つた彼は事実上の同校〔黄埔軍官学校〕校長となつて全国から応募した将校志願の青少年三千余名の中から五百名を選抜して、之に速成的軍事教育を施すと共に孫文の三民主義を基礎として革命将校に必要な政治思想の教育をした。（中略）彼は今や民国の洪秀全として第二の革命共和国の樹立を策し北方軍閥と中原の覇を争はんとして居る[41]（後略）。

蔣介石への高い関心は、日本だけのものではない、ということも伝えられた。『中央公論』に掲載された「裸にした蔣介石」は、蔣への関心が世界的なものであるとして、次のように説明した。

東洋のナポレオンだの、ジンギスカンの再来だなどと欧米人の中には蔣介石を恐れてゐる者がある。わづか一ヶ年余りの間に、武力的に思想的に支那の三分の二を風靡した形になつてゐる蔣介石はとにかく現代の驚異でなければならない。『蔣介石はどこへ行く?・』――これは単に支那のみならず、日本にとっても、否、世界的の重大な問題である。[42]

こうした蔣介石のイメージは、「すご腕」[43]「独裁政治」[44]「革命的独裁官」[45]「新支那の指導者」[46]といった表現に象徴された他、上述のように蔣自身が洪秀全、ナポレオン、ジンギスカンに擬された。また時の人となっていたイタリアのムッソリーニ、トルコのケマル・パシャ、イランのレザー・ハーン（パフラヴィー朝の創始者）、モロッコ独立運動のアブド・エル・クリム、インドのガンディーなどと並べて議論されることもあった。[47]

蔣の人柄についても、先の浜野末太郎が「その寡黙らしい中に（中略）風采の重厚、容貌の沈毅真の武士らしく而かも革命家らしい精悍の気眉宇に溢れて居る風貌に似ず、態度は温厚な紳士風」と好意的に伝えた他、「この人と会つた時の印象は誰でも、スバラしく宜《よ》い（中略）蔣介石は決して武骨一点振りの武人ではない、彼れは如才なき会社の重役である、純粋の商人とも思はれない、何時も報償契約と利権とで喰つて居る、会社の社長さんと云ふ態度」[48]や、「蔣氏はまだ若い。支那人には稀れな、きりつとひきしまつた革命家らしい顔、意志強固で彼れの心は国民革命に燃えて居る」[49]など、蔣を好意的に伝える報道は枚挙にいとまがない。

むろん中には「蔣介石の自ら戒めなければならぬ事は、その独裁的なやり方である。（中略）もそつと人に委《ま》かせねば駄目」[50]や、「彼には未だ重みもなければ、徳望もない。只、新人として元気があるのみである。それが彼の大なる欠点である。彼が天下をとるといふことは、まづ困難なこと」[51]といった否定的な議論もあったが、それも蔣の力を認めた上での話であった。

蔣介石の私生活への関心も高かった。一九二七年（昭和二年）一〇月、一時下野し日本に滞在していた際には、その動静が写真入りで逐次伝えられた他、[52]宋美齢との結婚[53]についても、「蔣介石に捨てられた」前妻陳潔如との関係[54]や、蔣のキリスト教信仰の実情[55]などとからめて伝えられた。戯曲[56]や小説[57]にも取り上げられ、また伝記が複数編まれたこと[58]も、蔣への関心の高さを伝えていよう。

この時期の日本人の汪精衛認識を考えるには、以上見て来たような日本人の蔣介石に対する関心の高さも併せて考えなければならない。両者を比べれば、圧倒的に蔣介石への関心の方が高いのである。読売新聞特派員として北平に滞在していた村上知行《ともゆき》は、一九三五年半ばの段階で汪精衛を、すでに革命精神を失った「堕ちたる天女」と述べている。[59] そして「革命家汪精衛は既に此の世のものでない。今日の汪精衛は憐れむべき李鴻章、曾国藩と同一列に立つもの」と、汪が「往時の専政王権を代表してゐる」蔣介石の下に在って、統治事務を処理する「純然たる官僚」になったと結論付けたのである。[60]

しかしこうした汪精衛の評価は、日中戦争の最中、汪が日本との和平運動を始めたことで激変することになる。

(四)「新中国の大指導者」――重慶国民政府の離脱から死去まで

一九三八年(昭和一三)一二月、汪精衛は日本からの和平の呼びかけに応じて重慶を脱し、日本との和平を主唱し、一九四〇年三月には新政権樹立に至った。これ以後、日本社会では急速に汪に関する議論が盛り上がった。汪兆銘と汪精衛を別人だと早合点し、「汪兆銘はすでに過去の人間である。これからは汪精衛の一挙一動にこそ注意すべき」と宣った政治家が話題になり、[61] 汪との直接会見を終えて帰国した室伏高信のところに二日間で「汪兆銘について何か書けといつて来た新聞雑誌が十種にものぼつた」[62] ことからも、汪に対する関心が急激に高まったことがうかがえる。

汪精衛に対する批判的な見方も減っていった。汪の重慶脱出直後こそ、「汪兆銘の過去の行動を見ると多くの場合伸縮自在であつた。汪兆銘の感じが「しゃくとり虫」的であるのみならず、行動までが実によく「しゃくとり虫」に似て居るのである。(中略)いけないことには時々もみ手をするのである。僕等は汪兆銘がもみ手をし始めるともう嫌になつて話す気がしなかつた」[63] といった汪に対するやや否定的な議論もあった。また原理日本社のように、汪精衛の主張する「三民主義こそ赤化の母体でありマルクス主義の親類である」から、汪への警戒を怠るべきではないとの主張も存在した。[64]

しかし汪精衛の新政府構想が明らかになる一九三九年（昭和一四）後半には、こうした主張は影を潜め、それまでの汪の欠点とされていた点を擁護するような論調も登場した。満洲建国大学教授中山優は、友人の語った「汪氏は機会主義者であり、支那人の仲間には政治的信用がないといふ」汪精衛評に対し、「酷に過ぎる」とし、「機会主義といふ真実の意味で妥当するのは、寧《むし》ろ汪氏に非ずして蔣介石である」と述べた。そして「政治家汪精衛は信念の徒」であり、「汪氏は政治家たる以上に、寧ろ革命児」と絶賛した。[65]また汪の「政治生活が極端なオポチュニストとして非難の的」になってきたとしながらも、今回の「汪の行動に、もつと積極的な意図が含まれてゐるのは勿論である」[66]という根拠のない主張もなされた。

室伏高信の言葉からも、汪への否定的な論調は消え、さらには「私は何かしらこの人に友情を感じてゐる。蔣介石の名が高いにかゝはらず、私はたえずこの人において新支那の真の指導者を感じて来た」と以前から汪に注目してきたような筆致へと変化した。数年前の「時代の先端に立つものとしての汪精衛の時代は数年前に過ぎ去つた」という自身の評価とは大きな変わりようである。そして室伏は次のように結んだ。「救国の情熱がこの人をして青年のごとくならしめてゐるのだ。彼の運動は必ず成功するであらう。また成功させなければならない。なぜならこの運動のみが、真に中国を救ふの道でもあるが、またこの運動の成功のみが、日支両国永久の和平を確立しうるものであるからである」[67]と。

こうした汪精衛に対する議論の変化には、日本政府の方針も影響を与えていた。衆議院では「支那事変の処理」について政府批判を展開した斎藤隆夫が一九四〇年三月に議員資格を失っていたが、その質問には成立予定の「支那新政権」すなわち汪政権への疑問が含まれていた。[68]また同様の汪政権への疑義を雑誌論文で発表した領事の米内山庸夫も外務省を「依願免官」となった。[69]日本社会は汪精衛を自由に論評できる状況ではなくなっていたのである。

代わって主流をなしたのは、汪の重慶離脱と日本との和平の動きは、辛亥革命以来の汪の精神の発露と見るような論調である。次に挙げるような議論が、当時の汪精衛論を象徴するものである。やや長いが当時の雰囲気をよく伝えているので引用しよう。

士は天下のために生れ
また天下のために死す
止水既に滓なく、流水また波なし……

と、男児本懐の精気をうたつて縲絏獄に下つた好漢――
若かりし日の汪兆銘の感慨と熱血は今新たにこゝに沸騰して、支那民衆の敵！蔣政権に対し断乎として今回の如き措置に出でたことは、天命の重きの身を偉大に自覚発揚した結果に他ならない。
われ〳〵は汪兆銘のその真摯――熱血の大志に対しいたづらな讃辞、或は感歎を放つだけにとゞまつてゐてはならない。斯く奮起するに至つた汪兆銘をして、我に対する期待を空しさにおはらせることのなきよう力むべきは勿論であるが、進んでは汪兆銘と、新生支那民衆の渾然たる強力結合がいよ〳〵の発展――飛躍に向ふべき、その限りなき支援と協力をあたふること、これこそが汪兆銘の生くべき道！であり、又われ〳〵の行くべき『興亜』の大道なのだ。(70)

汪精衛に関する伝記も、『敵中横断三百里』などで人気を博していた山中峯太郎が『新中国の大指導者汪精衛』を著すなど、複数編まれた。(71) 山中の汪精衛伝の巻末に付された他の外国人政治家のラインナップ（順にヒットラー・ムッソリーニ・ジンギスカン・マホメット・ナポレオン・ビスマーク）と比較すると、当時の日本における汪精衛のおおよその位置づけがうかがえる。

帝国劇場では「汪行政院長の烈々たる和平救国を描いた力作」と宣伝された「汪精衛」が新国劇によって上演された。[72] 同作は、重慶での和平をめぐる論争から、ハノイでの曾仲鳴暗殺までを全六景で描き、[73] 島田正吾が汪精衛、辰巳柳太郎が蔣介石を演じた。[74] また実現しなかったものの、汪の重慶脱出から和平運動までの映画も企画された。[75]

ラジオ放送[76]や一九四〇年に始まったニュース映画「日本ニュース」にも汪が頻繁に登場した。「日本ニュース」では平均して一〇回に一回以上の割合で汪が登場しており、外国人の登場頻度ではヒトラーを超えて最も多い（表参照）。むろんこの後ろには政府・軍の支援があったことは疑いない。先述の新国劇が演じた「汪精衛」の脚本は「昭和十七年度国民演劇」として情報局賞を受賞していたし、汪の映画化には当然のように軍の支援が想定されていたのである。

汪精衛自身のみならず、宋慶齢（孫文夫人）・何香凝《かこうぎょう》（廖仲愷《りょうちゅうがい》夫人）と共に「支那革命の三女性としてうたはれた[77]」汪精衛夫人の陳璧君についても、婦人雑誌に「汪精衛氏夫人物語[78]」が掲載されるなど注目が集まった。例えば「新生支那の大立者　汪兆銘夫妻物語」は「和平救国のために敢然起上つた汪兆銘、彼は何よりも夫人陳璧君の支持激励に力づけられたのである。その美しき夫妻愛は曾て孫文を嘆称せしめた。（中略）「売国奴」と罵られる汪兆銘、陳璧君夫妻が、やがて新生支那の父として母として、救世主的崇拝をうける日も、もう遠い将来ではない[79]」と説明した。

蔣介石・宋美齢夫妻と汪精衛・陳璧君夫妻との比較も格好の話題であった。「汪兆銘夫人はどんな女性か」という記事では、蔣介石夫妻に対しては、その結婚が政略に出発したものであり、蔣介石はアメリカ育ちの宋美齢

号	年	月	内容
13	1940年（昭和15）	9月	事変処理へ新段階へ 日支国交交渉終了
15		9月	国交交渉を了して或日の阿部、汪両氏
29		12月	輝く紀元二千六百年を送る
40	1941年（昭和16）	3月	出雲艦上に日華要人歓談
43		4月	和平の光明輝き還都一周年の慶び
54		6月	汪精衛主席 訪日の途へ
55		6月	汪精衛院長感激の訪日声明
56		7月	訪日の責任果し 汪主席帰途へ
56		7月	南京に中央政権樹立（特輯聖戦四年）
56		7月	汪精衛主席訪日（特輯聖戦四年）
63		8月	興亜への協同新聞記者大会
82		12月	世紀の黎明 東亜全民族に贈る
100	1942年（昭和17）	5月	孫将軍、和平陣営参加
113		8月	日華提携強化へ 汪主席来訪
119		9月	阿片戦争百周年 反英興亜大会
121		9月	遣中三特使 国都南京訪問
124		10月	中国国慶日 双十節式典
127		11月	南京を飾る大東亜博覧会
133		12月	日華提携強化へ 汪主席来訪
137	1943年（昭和18）	1月	打倒米英！ 中国の戦意昂る
140		2月	テント生活で鍛える中国少年少女（陳璧君）
145		3月	東条首相 南京訪問
147		3月	日中両国の演習 力強し共栄圏
173		9月	提携強化へ 汪主席来訪 共栄圏の新展開
178		11月	汪主席の激励演説
179		11月	共栄の理想顕現 大東亜会議
233	1944年（昭和19）	11月	汪国府主席逝去
236		12月	故汪精衛氏安葬

汪精衛が登場した「日本ニュース」一覧

の僕となっている、と批判的に描くのに対し、「汪兆銘と陳璧君は、極めて円満主義、且つ夫唱婦和で、陳璧君は努めて蔭に立たんとする」などと好意的な説明に終始した。そして「支那ではその夫人を見ればその人も知り得るといふのも、かうしたところから来たもの」と結論付けている。[80]

しかし陳璧君の会見記はほとんど確認できない。これには実際の陳璧君が日本人に対して好感を持っていなかったことも関係しよう。[81] そうした中、東洋婦人教育会の使節団団長として陳璧君と直接面会した矢田鈴江（元上海総領事・前満洲国参議矢田七太郎夫人）の記録は貴重である。矢田は陳璧君の姿を次のように書き留めている。

愛想よく会釈された陳璧君女史は、支那革命の三大女傑と謳はれた方とも思はれぬ、女らしい、家庭的な温かみのある方でした。白髪のほの見える断髪には軽いウエーヴがかかり、福々しい丸顔にロイド眼鏡をかけ、黒の支那服を召された、おつとりとしたお姿は、とても感じよく、親しみぶかい印象をうけました。でも、さすがに御主人汪精衛氏の片腕として政治的にも御活躍になつただけに、そのやさしげなお目の色にも、ひろい額にも、いかにも聡明らしい理智の閃きがうかゞはれ、この方なればこそ汪氏をして今日あらしめたのだと、しみぐ〵感じさせられました。

しかし別れ際に日本側から所望された記念撮影は、陳璧君によって「鄭重に断られる」[82]。日本側の、言うなれば一方的な思い込みは、陳璧君から冷や水を浴びせられたのである。

汪精衛に関する議論が、恒常的に中国政界の事情を伝えていた新聞報道や『改造』『中央公論』といった総合雑誌のみならず、『婦人之友』『婦人倶楽部』『婦女界』といった女性誌、『工業評論』『肥料』『相撲と野球』『柔道』などの専門誌、そして『小学校教材研究』『保育』『ラヂオ　子供のテキスト』『少女の友』『少年倶楽部』といった子供に関する、ないしは子供向けの諸雑誌にまで、分野を問わず幅広く掲載された点にも特徴がある。

例えば幼少時の汪精衛の様子は、汪の姉の言葉を借りて次のように語られた。「汪は子供の頃から、大変お母さんおもひの孝行な子でした。そして、又、大変おとなしい子で、友達とも非常に仲よく遊ぶ子でしたが、一度怒るとどんな強い子にも、どんな大ぜいの相手でも恐れず戦ふ様な子でした」と。(83) ここには一九四〇年（昭和一五）当時の汪の置かれた状況が投影されていることは明らかである。また別の記事で汪は「こんな苦しい家庭にそだつたのですが、それでも少しもいぢけることがなく、どんな困難でも自分が努力しさへすれば、必ず打ちかつといふ強い意志をもつて、それをやり通してきた人」と説明された。(84) 汪精衛は、単なる隣国の政治家という枠を大きく超えて、子供たちが見習うべき人物として描かれたのである。(85) この他、汪精衛を詠った詩が複数確認できる他、(86)「新聞合掌」で知られた本田仙太郎(87)が「支那の救世主」として汪に「南無妙法蓮華経」の題目を唱えた。(88) こうした汪への関心は、すそ野の広さという点でも、蔣介石への関心を大きく超えていた。

このように、重慶脱出以降の汪精衛への関心は、当時の新興メディアであるラジオ・映画なども含めた多様な媒体によって、短期間に広範囲に日本社会に伝えられた点に特徴がある。この背景には汪精衛の半生が、摂政王暗殺未遂事件など、蔣介石のそれと比べると伝記として起伏のある——端的に言えば面白い——ものであったこともあろうが、それ以上に、日中戦争の見通しが立たなくなっていた時期に登場した汪の和平声明が、日本社会にとってはまさに「時の氏神」（先の吉屋信子の言）として歓迎されたことが大きかったと考えられる。

さらに言えば、日本の呼びかけに応じて抗戦から和平に転じた汪精衛の行動そのものが、日本に中国が従うという、当時の日本の国策や中国観を具現化したものと見えた点も無視できない。これには女性的とされた汪精衛の容貌も何らかの影響を与えていよう。(89)

おわりに――汪精衛への熱狂を如何に伝えるか

以上本稿では戦前期の日本における汪精衛認識が具体的に如何なるものであったのかを検討した。その結果大きく次の二点を明らかにできた。

一点目は、清末から一九一〇年代の新聞報道における汪精衛の扱いは、革命党の一人という枠を超えるものではなかった点である。本格的に汪の経歴が紹介されるのは一九二〇年代半ば以降のことであった。さらに、その時期の日本で最も注目されていた中国人政治家は汪ではなく蔣介石であった。[90]

二点目は、一九三九年（昭和一四）から四四年にかけて、汪精衛に関する報道が激増した点である。[91]内容も、汪の政治活動はもとより、人柄、妻陳璧君とのなれそめ、息子・娘の事情、[92]詩作など多岐にわたり、さらにそれが子供向けの雑誌からニュース映画まで、様々な媒体で伝えられた。汪精衛に対する批判的な議論は影を潜め、「新中国の大指導者」という点が前面に押し出された。汪精衛が世界の「偉人」と並び称されるようになったのもこの時期のことで、まさに汪精衛ブームとでも言うべき状況が招来されていたのである。[93]

このように戦前の日本における汪精衛への関心は、短期間のうちに急激に高まった点にその特徴がある。これは汪に対する日本社会の注目が、日本による対中和平工作、すなわち日中戦争の展開と密接に繋がっていたということでもある。汪精衛に対する関心は、日本の戦争の行方と帰趨を同じくする運命を当初から内包化していたのである。このため日本が敗戦を迎えると、汪精衛にまつわる物語は、急速に過去のものとなった。

これは言わば日本社会は短期間のうちに汪精衛を消費したということである。一九二〇年代から隆盛した新聞・出版メディアやラジオ放送、さらには映画までもが、政府や軍部の後押しを受けながら汪を取り上げ、繰り返し国民に伝えた。このように汪精衛への関心は、それ以前の蔣介石に対する関心とは異なる条件の中で育まれた点に最大の特徴がある。したがって戦前期を通して日本人が汪精衛を意識していたとは言えない。この点で冒頭に掲げた松本健一の「戦前の日本人は、汪兆銘が大好きだった」という表現は、間違いとまでは言えないものの誤解を与えかねない説明である。

もし戦後の日本人が汪精衛の名前を忘れてしまった、ということだけを問題視するのであれば、それはあまり意味を持たないだろう。人々の関心がその時々の状況によって移ろうことは自然なこととも言え、それ自体が責められるべきではないからである。

むしろ我々に必要なことは、汪精衛をめぐる事情の特殊性を理解することと同時に、蔣介石をめぐる事情――北伐から十数年間は、実は蔣介石に対して日本人が高い関心を持ち、そしてその事実もまた忘却されていること――をも合わせて想起することである。かつて日本社会が汪精衛に熱狂したことを知ることも大切かもしれないが、重要なことは、それがどのような環境・条件の下で起き、如何なる特徴があるのか、ということまでも含めて理解することである。冒頭で取り上げた江沢民や、その後中国の国家主席となった胡錦濤、習近平に対する日本社会の関心の形は、かつての蔣介石や汪精衛、さらに毛沢東に対するものともおそらくは違う。そうした視角を持つことが、意味のあるより深い中国認識に近づく上で必要なのである。

註

（1）「（社説）未来を開く日中関係に 江主席来日」、『朝日新聞』一九九八年一一月二四日五面。
（2）「江沢民主席訪日「共同文書」は建設的内容に 歴史認識と台湾は決着ずみ」、『産経新聞』一九九八年一一月一五日総合二面。
（3）「「元首」の初来日――江沢民・中国国家主席」、『週刊読売』第五七巻第五六号、一九九八年一二月一三日巻頭五頁。「江沢民主

席あす来日 新たな日中関係確認へ」、『読売新聞』一九九八年一一月二四日三面。記者の中でも「中国・江沢民国家主席の記者会見は、初来日の国家元首とあって取材記者が殺到、これまでの記録を大きく塗り替えた」「中国の国家元首としては初の公式訪問」のように、この江沢民訪日を中国元首の初来日とする認識が一般的であった。那部吉正「記録破りの江主席記者会見――初の記者研修も大成功」・伊藤正「江沢民 中国国家主席」、『日本記者クラブ会報』第三四六号、一九九八年一二月一〇日、五、一一頁。

（4）「中国国家主席の公式来日 〇八年の胡氏が最後」、『日本経済新聞』二〇一八年一〇月二七日三面。

（5）汪精衛は留学時代や汪政権成立前の一九三九年五月にも日本を訪問しているが、中華民国国民政府主席としては一九四一年六月一七日が初訪日である。その後も国民政府主席あるいは行政院長として一九四二年一二月二〇日、一九四三年九月二二日、同年一一月一日（大東亜会議参加）に訪日した。一九四四年三月には持病の治療のため訪日・入院し、同年一一月そのまま名古屋で客死した。

日本ニュース第一三三号（一九四二年一二月二四日）は、国民政府主席として二度目となる汪訪日の模様を次のように伝えている。「中華民国国民政府主席兼行政院院長汪精衛氏は、大東亜戦争第一周年に当たり、我が国の赫々たる戦果に祝意を表するとともに、日華提携をさらに緊密化する目的をもって、我が方要路の人々と懇談のため、一二月二〇日、空より晴れの帝都入りをしました。入京第三日の二二日、畏きあたりにおかせられては、松平式部長官を宿舎大東亜迎賓館に御差遣。汪主席に対し大勲位菊花大綬章を御贈進あらせられました。同日午前一〇時、汪精衛氏は中華民国政府主席の資格をもって、我が皇室に来訪のご挨拶をなし、敬意を表するため宮中に参入。宮中を退室した汪精衛氏は宿舎迎賓館において記者団と会見、畏きあたりの熱き思し召しに謹んで御礼の言葉を述べ、さらに日華提携強化の方途について率直明快に所信を披瀝しました」。

（6）「江沢民国家主席訪日（訪日全体の概要）」、「主な要人来日日程（平成一〇年）」、外務省ホームページ。

（7）現職であることにこだわらなければ中国の国家元首経験者として日本を初めて訪問したのは、中華民国臨時大総統を経験した孫文だろう。また満洲国皇帝として日本を訪問した溥儀も清朝皇帝であったことを考えれば中国の国家元首経験者と言えなくもない。

（8）吉屋信子『私の見た人』、朝日新聞社、一九六三年、九五頁（原載、吉屋信子「汪兆銘」上、『朝日新聞』一九六三年四月六日一一面）。

（9）松本健一『大川周明』、岩波現代文庫、二〇〇四年、三七四～三七五頁（原刊、作品社、一九八六年）。
（10）以下汪精衛の経歴は、汪精衛「正月の回想」、『中日文化』（第一巻第一号、一九四一年三月）、安藤徳器編訳『汪精衛自叙伝』（大日本雄辯会講談社、一九四一年九月）、山中峯太郎『新中国の大指導者汪精衛』（潮文閣、一九四二年一月）、太田宇之助「汪精衛清談録」（『文藝春秋』第二一巻第一号、一九四三年一月）を軸に、徐友春主編『民国人物大辞典（増訂版）』（河北人民出版社、二〇〇七年）で情報を補った。
（11）里見常次郎『陽明と禅』、宝文館、一九〇四年一二月、一一六～一一八頁。
（12）汪精衛と陳璧君のなれそめについては、田中忠夫「汪兆銘と陳璧君」（『中央公論』第五五巻第七号、一九四〇年七月）が詳しい。
（13）金雄白／池田篤紀訳『同生共死の実体——汪兆銘の悲劇』、時事通信社、一九六〇年一二月、一一二頁。
（14）同右、一六四～一六六頁。
（15）「毒殺事件の真相 革命党と清国政府」、『東京朝日新聞』一九〇八年一二月三日六面。
（16）「暗殺主謀者の人物」、『東京朝日新聞』一九一〇年四月二三日二面。
（17）池亨吉『支那革命実見記』、金尾文淵堂、一九一一年一一月。
（18）断水楼主人「支那革命党の奇傑「汪兆銘」」、『中央公論』第二六巻第一一号、一九一一年一一月。
（19）「中国協済会組織 停戦要求の決議」、『東京朝日新聞』一九一一年一一月一六日二面。
（20）「国事協済会宣言」、『東京朝日新聞』一九一一年一一月一八日二面。
（21）「新政府大臣顔触」、『東京朝日新聞』一九一二年一月一日二面。
（22）「王《ママ》兆銘固辞す」、『読売新聞』一九一二年一月一九日一面。
（23）「袁唐汪会見」、『東京朝日新聞』一九一二年二月二九日二面。
（24）「汪兆銘結婚」、『東京朝日新聞』一九一二年五月二七日二面。
（25）外務省政務局『現代支那人名鑑』、同局、一九一二年一一月、一八四頁。
（26）「南北和議代表 人物と経歴」、『東京日日新聞』一九一八年一二月一七日五面。
（27）同書表紙による。本書の情報は基本的には一九二三年末までのものである。「凡例」、外務省情報部『現代支那人名鑑』、東亜同文会調査編纂部、一九二五年三月。

(28)「「支那通」の戸籍調べ」、『実業之日本』第四二巻第六号、一九三九年三月。
(29) 長野朗「偉才——汪兆銘」、『邦文パンフレット通信』第一一三号、一九二七年四月。
(30) 風間阜「汪兆銘論」、『同仁』第六巻第九号、一九三二年九月。
(31) 浜野末太郎「東洋の那翁　蔣介石」、同『現代支那人物批判』、世界出版社、一九二七年二月、二八頁。
(32)「南支舞台の新人物（六）国民党の長老　汪兆銘氏」、『読売新聞』一九二七年四月三〇日二面。
(33) 室伏高信「汪精衛を語る」、同『支那は起ちあがる』、新潮社、一九三一年六月、七七、八二頁。
(34) 風間阜、前掲「汪兆銘論」。
(35) 前掲、室伏高信「汪精衛を語る」、『支那は起ちあがる』、八六、八九頁。
(36) 江啓士「お人好しの情熱政治家——汪精衛の素描——朗らかに日支和協を提唱」、『国際写真新聞』第九八号、同盟通信社、一九三五年三月。
(37) 前掲、浜野末太郎「東洋の那翁　蔣介石」。
(38)「広東の持久戦準備成る　注目される露船の小銃弾」、『読売新聞』一九二五年七月一四日二面。
(39)「蔣介石氏辞職　広東政府動揺の兆」、『東京朝日新聞』一九二六年二月二八日三面。
(40)「援蔣窟・上海両租界　占領下に見る不合理——東亜新秩序の癌　敵性租界③」、『東京日日新聞』一九四〇年七月一六日。
(41) 前掲、浜野末太郎「東洋の那翁　蔣介石」。
(42) 古荘国雄「裸にした蔣介石」、『中央公論』第四二巻第四号、一九二七年四月。
(43)「広東は暫く穏健派の天下　急進左傾派を追払つた蔣介石氏のすご腕」、『東京朝日新聞』一九二六年四月三日三面。
(44)「蔣介石氏の独裁政治」、『東京朝日新聞』一九二六年八月三日二面。
(45)「急に乗出してきた若き革命的独裁官（上）」、『東京朝日新聞』一九二六年九月二日一面。
(46) 三浦生「星座を覗く（八）——孫文の遺嘱を全ふした新支那の指導者蔣介石」、『読売新聞』一九二八年七月一〇日二面。
(47) 高畠素之「贔屓役者を見る」（人物評論——蔣介石論）、『中央公論』第四二巻第一一号、一九二七年一一月。沢田謙『世界十傑伝』、大日本雄辯会講談社、一九三一年。笹子修三『努力か天才か——風雲時代』、趣味の教育普及会、一九三二年。小林知治『世界独裁英傑譚』、南光社、一九三四年。加藤清司『世界の偉人——立志成功』、一心社、一九三六年。蒔真三郎『今日の世界

を動かす五人男』、東亜書房、一九三六年。
(48) 奥田正男「蔣介石と金蔓」、同『支那人の生活と江南の風物』、海外教育会、一九二九年一一月、三七頁。著者の奥田は、一九一一年初夏に初めて上海を訪れた後、中国奥地を旅し、「支那人と仲良くすること」の重要性を実行するために、日華国民同志会なる団体を組織した人物である。奥田正男「序」、同『支那人と風俗』、日華国民同志会、一九二六年。
(49)「情熱児・蔣介石論」、『実業時代』第五巻第七号、一九二八年七月。
(50) 清水安三「情の人蔣介石」(人物評論――蔣介石論)、『中央公論』第四二巻第一一号、一九二七年一一月。
(51)「現代支那の三人男――蔣介石・馮玉祥・張作霖」、『日支』第一巻第二号、一九二八年七月。
(52)「我等の国民革命は精神的に成功した 紅葉にはまだ早い箱根の宿に 雌伏の蔣介石氏語る」、『東京朝日新聞』一九二七年一〇月一四日夕刊二面。「蔣氏入京す 盛んな出迎へを受け 一先づ帝国ホテルに落つく」、同上一九二七年一〇月二四日二面。「お祖父さんの懐ろに飛込んだ蔣介石氏 望が適つて頭山邸の隣家に 満足した仮の住居」、同上一九二七年一〇月二四日七面。
(53)「新妻と共に革命の基礎を建つ きのふ結婚した蔣介石さん」、『読売新聞』一九二七年一二月二日七面、「蔣介石氏、愛の巣に納まる」、『東京朝日新聞』一九二七年一二月七日一一面。
(54) 中野江漢「蔣介石に捨てられた女」、『読売新聞』一九三三年四月一一日三面。
(55)「蔣介石は何故基督者となつたか」(一)~(三)、『読売新聞』一九三〇年一〇月二八~三〇日四面、丸山伝太郎「蔣介石――彼をめぐる人々とその宗教的雰囲気」、『読売新聞』一九三一年二月一~三日四面。
(56) 前田河広一郎「蔣介石――長篇戯曲」、『文藝戦線』第六巻第六~八、一〇~一一号、一九二九年一一月、大庭武年「戯曲 蔣介石」、『満蒙』第一五巻第五号、一九三四年五月。
(57) 別院一郎『長篇小説 蔣介石』、教材社、一九三八年一一月。
(58) 古荘国雄『蔣介石』、社会教育協会、一九二九年三月、同『蔣介石』(世界巨人叢書第一編)、金星堂、一九二九年二月、吉岡文六『蔣介石と現代支那』、東白堂書房、一九三六年六月、石丸藤太『蔣介石』、春秋社、一九三七年一月。
(59) 村上知行「支那更生の主役 汪精衛を語る(上)」、『国本』第一五巻第七号、一九三五年七月。
(60) 村上知行「支那更生の主役 汪精衛を語る(下)」、『国本』第一五巻第八号、一九三五年八月。
(61) 三府楼主人「汪兆銘奇譚」、『民政』第一三巻第六号(通号三〇八号)一九三九年六月。菊池寛も汪精衛が重慶を脱出した際、日本の新聞の中には、汪兆銘と汪精衛を別人のように報道したところがあったと振り返っている。菊池寛「汪精衛氏の印象（僕のメモより）」、『キング』第一六巻第八号、一九四〇年七月。

(62) 室伏高信「汪兆銘会見記――汪兆銘とはどんな人物か」、『実業之日本』第四二巻第一九号、一九三九年一〇月。

(63) 吉岡文六「汪兆銘論」、『中央公論』第五四巻第二号、一九三九年二月。

(64) 斎藤隆而「汪兆銘の和平運動批判」、『原理日本』第一五巻第九号（通巻一三六号）一九三九年九月。

(65) 中山優「汪精衛論」（一九三九年八月）、同『支那論と随筆』、刀江書院、一九四〇年六月、二二七、二三〇～二三一、二三四頁。ほぼ同様の議論が「新政権樹立と汪精衛を語る現地座談会」（『揚子江』第二巻第九号、一九三九年九月）にも確認できる。

(66) 三昧庵「汪兆銘とはどんな人物か」、『小学校教材研究』一九三九年八月号。

(67) 室伏高信、前掲「汪兆銘会見記――汪兆銘とはどんな人物か」。

(68) 有馬学「戦争のパラダイム――斎藤隆夫のいわゆる「反軍」演説の意味」、『比較社会文化』第一巻、一九九五年四月。

(69) 「米内山領事、筆禍で辞意」、『東京朝日新聞』一九四〇年三月一日二面、米内山庸夫「支那事変処理の基調」、『外交時報』第九三巻第三号、一九四〇年二月。

(70) 沢田耿二「汪兆銘を語る」、『経国』第六巻第九号、一九三九年九月。

(71) 森田正夫『汪兆銘』、興亜文化協会、一九三九年九月。沢田謙『叙伝　汪兆銘』、春秋社、一九三九年一一月。松山悦三『人間汪兆銘』、人生社、一九四〇年一月。棟尾松治『世紀の人傑』興亜日本社、一九四一年九月。前掲『汪精衛自叙伝』。白井喬二『東亜英傑伝　小村寿太郎・汪精衛』、宋栄堂、一九四三年二月。

(72) 「（広告）新国劇正月公演　汪精衛　帝国劇場」、『朝日新聞』一九四二年一二月二九日四面。

(73) 鴇田忠元「汪精衛――六景」、『国民演劇』第三巻第二号、一九四三年二月。

(74) 野依秀市「汪精衛劇」、同『勝ち抜く国民政治』、秀文閣書房、一九四三年一二月、四〇七～四一七頁。

(75) 大塚和「新しき東亜の巨人　和平救国の志士　汪精衛の映画化　企画なる！」、『映画之友』一九四二年七月号。

(76) 「汪兆銘氏の記念放送」、『読売新聞』一九三九年一二月三〇日二面。「還都式典中継と汪精衛氏の挨拶」、同上一九四〇年三月三〇日五面。「汪精衛氏の祝賀放送」、同盟グラフ編纂部編『奉祝紀元二千六百年』、皇道振興会、一九四一年三月四三頁。

(77) 尾崎秀実「時の問題・人　汪兆銘を語る」、『婦人之友』第三三巻第二号、一九三九年二月。

（78）大庭鉄太郎「汪精衛氏夫人物語」、『婦女界』第六一巻第九号、一九四〇年五月。
（79）朝倉貞夫「新生支那の大立者　汪兆銘夫妻物語」、『婦人倶楽部』第二〇巻第一二号、一九三九年一〇月。
（80）水谷温「汪兆銘夫人はどんな女性か――陳璧君女史の横顔」、『話』第八巻第一号（新年特大号）、一九四〇年一月。
（81）犬養道子『ある歴史の娘』、中公文庫、一九八〇年（原刊、中央公論社、一九七七年）、三三〇～三三二頁。村上和夫「汪兆銘先生の終焉に侍して」、記念誌編集委員会編『滬城に時は流れて――東亜同文書院大学創立九十周年記念』、滬友会、一九九二年一〇月。
（82）矢田鈴江「新生支那の母と仰がれる汪精衛氏夫人陳璧君女史に会ふの記」、『婦人倶楽部』第二一巻第五号、一九四〇年五月。
（83）若杉雄三郎「偉い人の少年時代　汪精衛」、『ラヂオ　子供のテキスト』第一三巻第五号、一九四〇年五月。
（84）「少年時代の汪精衛　早く両親に死別　十六歳で塾の先生　どんな不幸にも負けぬ強い意志」、『読売新聞』一九四〇年三月二四日四面。
（85）「愛国の志士　わが国で苦学した汪精衛先生の話」、『朝日新聞』一九四一年六月一八日三面。
（86）野口米次郎「汪兆銘に与ふ」、『読売新聞』一九三九年九月二九日夕刊二面。小池曼洞「寄汪精衛先生」、『昭和詩文』第三〇巻第三号、一九四〇年三月。境沓南「迎汪精衛」、『詩林』第二四四号、一九四一年七月。岡崎春石選「汪精衛閣下歓迎（漢詩）」、『法曹公論』第四五巻第八号（九月号）、一九四一年九月他。
（87）相守生「怪物本田仙太郎の軍資金その他」『サラリーマン』第二巻第六号、一九二六年六月。
（88）本田仙太郎「南無妙法蓮華経　汪兆銘先生に合掌す」、『読売新聞』一九三九年一〇月二六日四面。
（89）占領地の中国人の子供たちの様子を伝える連載記事が「汪精衛の末裔」と題されている点は興味深い。汪が潜在的に日本に従う中国人として認識されていたことがうかがえる。「汪精衛の末裔――戦線拾遺」、『読売新聞』一九四一年五月五～六日三面、七日七面、八日三面。
（90）この傾向をつかむため、国立国会図書館デジタルコレクションのデータを用い、一九二六年から一九三八年までの書籍・雑誌を対象に検索したところ、「蔣介石」六五八件、「汪兆銘」七三件、「汪精衛」三三件という結果を得た。蔣介石に関する記事は汪精衛の六倍強となる。
（91）国立国会図書館デジタルコレクションのデータを用い、一九三九年から一九四四年までの書籍・雑誌を対象に検索したところ、

「汪兆銘」二七二件、「汪精衛」一九九件、「蔣介石」四二一件という結果を得た。「汪精衛」の登場は一年平均九四件で、これは一九二六年から一九三八年までの「蔣介石」の登場頻度（一年平均五四・八件）の倍近い数字である。

(92) 「汪精衛氏令息結婚」、『東京朝日新聞』一九四〇年四月五日七面。「初孫にニコニコ　還暦の〝青年主席〟汪精衛氏に重なる喜び」、『朝日新聞』一九四三年五月三日二面。

(93) 汪精衛には日本女性から複数のファンレターが送られていた。佐藤俊子「汪精衛氏への贈物　押花をおくる日本の女性」、『読売新聞』一九四〇年五月二八日五面。

第三部
日本の政治・経済人の業績

加藤高明とその周辺

櫻井良樹

はじめに

『人物からたどる近代日中関係史』というタイトルの書物で、加藤高明を取りあげることは、加藤という人物に多少でも触れたことのある人に対しては、場違いのような感覚を抱かせるに違いない。[1] なぜなら加藤高明は、イギリスで学び、駐英公使・大使をつとめたという経歴から、親英派の代表的人物とされているからである。加藤は四度にわたって外相をつとめ、明治・大正期の外務省における欧米派本流路線の流れを作った人物として理解されている。加藤に対する評として、「まるで英国人」のようだと批判がなされるほどであった。[2]

ただし加藤が、アジアあるいは中国と無関係であったわけではない。第一次世界大戦中の一九一五年（大正四）に対華二一カ条要求を中国につきつけたのは、加藤が四度目の外相在任中のことであり、それは近代に長く続いた日中間の摩擦を象徴する事柄となった。そのことからすると、加藤は、その責任者として日本の対中外交の展開に決定的な悪影響を与えた人物であるということになる。

いっぽうで、その九年後の一九二四年に、加藤は首相の座についた。その内閣で展開された外交は、幣原外交と称される。その幣原喜重郎外相による対中外交は、原敬内閣以来の外交政策の延長線上にあったものであり、

加藤高明（かとう・たかあき　1860〜1926）桂太郎内閣の外相時代

原内閣時代の外交は、第一次世界大戦中の加藤外交や、加藤が外相辞任後の排袁政策にもとづく対中強硬外交、さらにはその後代わった寺内正毅内閣時の援段政策とは全く対照的なものとして理解されている。対英米協調のもとに、中国内政の動向を静観し、したがってまた干渉につながるような行動を控えるものであった。加藤外相時代の対中外交と、加藤首相のもとでの幣原外交は、異質なものと捉えられているのである。

しかし加藤首相のもとで幣原外交が展開されたことは事実であり、これはふつうに考えると不思議なことである。現に、加藤が首相と決まった時、欧米および中国の観測筋は、第一次世界大戦中の加藤外交を想起して、それが再現されるのではないかとして身構えた。[3] しかしそうはならなかった。このことに関する整合性は、これまであまり問われることはなかったように思われる。

本稿では、このようにこれまであまり触れられることのなかった、加藤とアジアとの関係、特に中国との関係についての発言を、日清・日露戦間期から一九二〇年代というかなり長い期間にわたって取りあげることによって、加藤外交における対中外交の占める位置と、その政策傾向を抽出してみたい。その作業によって、一般的にアジアに対して典型的な旧外交（帝国主義的外交）を行っただけだとされる加藤に対する評価を確認することができると考える。

また本稿では、対比することができる人物として、親英的であったかどうかは別として、少なくとも知英派であった宇都宮太郎を取りあげる。[4] 宇都宮は、イギリス公使館付武官をつとめ、その後もイギリス人脈とかかわりを持つと同時に、日中の提携を主張した陸軍軍人である。さらに加藤が党首として大正期に率いることとなった立憲同志会・憲政会には、対外硬派の系統にある議員が多かったことにより、党首として加藤が思い抱く外交政策と、党員の期待する外交政策との間にさまざまな矛盾や摩擦・乖離が生じ、それが政局の展開に絡むことになった。本稿では、その問題にも留意して論じていくことになろう。

一、加藤の中国体験

すでに記したように加藤は、外交官として中国勤務をしたことがなく、身をもってアジア体験をする機会が少なかったことは確かである。だが近代日本の大きな対外問題は、明治期の条約改正問題のような欧米と直接向き合う問題が解決されて以後は（移民問題や通商問題などは別として）、朝鮮半島や中国大陸をめぐる諸問題と、それに関して生じる欧米諸国との交渉が主となったわけであるから、アジア問題に無縁でいられるわけはなかった。それを列強間の国際関係がドミネントな力を発揮する国際社会のなかで、どのようにして「解決」していくかが、外相や首相としての力量が試される場となった。

したがって加藤も、中国を知る必要性は十分に感じており、責任ある立場を離れた際に、中国旅行を二回行っている。一回目は、駐英公使をやめて帰朝後の一八九九年（明治三二）秋のことで、最初の外相となる半年前のことであった。

この旅行は、明治初期に清国に留学したという珍しい経験を持つ水野遵（前衆議院書記官長・台湾民政局長）となされたもので、朝鮮視察後の一〇月一〇日から一二月五日に神戸に帰着するまで約二カ月、営口・芝罘・天津・北京などの華北と、上海および周辺の蘇州・杭州などをめぐった。現地では、栄禄（軍機大臣）や慶親王、李鴻章

（直隷総督）、張之洞（湖広総督）や劉坤一（両広総督）などの有力者に面会した。

この時に加藤が二回も営口を訪れているのは、ロシアの南満洲経営の進捗状況に関心があったからであろう。[5]注目されるのは、朝鮮について鉱山・鉄道事業に協力して、その独立を援助し文明に誘《みちび》かねばならないと述べていることと、中国についても列強は中国の領土的分割よりも自国の商権を拡充し利益を得ようとする政策であるから、日本もそれにならうべきであり、日本租界を発展させ製造業を興すことを勧めていることである。[6]

旅行した時期は、義和団の運動が激化し始めた頃であり、その後外相として北清事変の処理にあたることになったが、そこでも通商上に障害となる制度を除くことが清国の発達隆盛をもたらすとしていた。[7]大蔵官僚の経験（一八九〇〜九四年）もある加藤は、朝鮮や中国は、日本人の通商・産業活動の場として重要であると見なしていたのだった。

二回目の中国旅行は、一九一三年（大正二）四月末から六月上旬にかけてのもので、上海・漢口・長沙・大冶・北京・天津・青島・済南・曲阜・南京を訪れている。辛亥革命を経た後の時期（第二革命直前）であり、一四年前とは政治状況は劇的に変化していた。上海では二回も孫文・黄興に面談、北京では袁世凱（大総統）・湯化龍（衆議院議長）・張継（参議院議長）・王正廷（参議院副議長）・章宗祥（大理院長）らと面会している。

帰国後の視察談では、前回に比べ租界（漢口・天津・青島など）における日本人の貿易活動が発展していることを喜ぶとともに、無理をしてまで日本は鉄道敷設費用を中国に貸しつける必要はなく、むしろ資本が少なくてすむ貿易業や鉱山採掘などに投資するのが適切だろうと述べている。[8]二回の訪中ともに感想は基本的には同じで、中国大陸における日本人の通商貿易を発展させることに注目した報告は、加藤の重視するものが、中国における通商の拡大にあったことを示す。イギリスがそうであったように、加藤は貿易立国論の観点から中国を通商によって利益を生む場と見ていたのだった。

旅行直前の三月末に起こった宋教仁暗殺事件後の南北対立状況については、双方から事情を聞いた上で、日本は「不偏不党で南北の孰《いず》れにも私恩を売るべきでない」、それは中国内部の政争であり国際間の問題ではないから、「それに干渉すべき所以を見ぬ」と、内政問題に対する不偏不党と不干渉を主張している。(9) 孫文に対しては、六月一日の面会の際に、先に事を起こす者は、列国少なくとも日英の同情を失うだろうとして「自重と軽挙なき様」勧告した。(10) 当時の日中提携論者の多くが革命派に共感を有していたのに対して、中国情勢の安定を第一に考え、対立を助長することになる南方派支援に否定的な態度を示したものであった。これにはイギリスが袁世凱政権を支持していたことも影響していた。

二、加藤のイギリス観・中国観

（一）加藤にとっての対英協調の意味

加藤はイギリスとの協調関係を重視していたが、これは従属的な意味、言いなりになるということを意味しない。加藤のイギリス外交についての発言を広く見ると、それはイギリスに追随する受動的なものではなかったように思われる。イギリスの動向が世界を動かす現実をふまえて、イギリスに働きかけて日本側に引きつけておくことによって、日本に有利な環境を作り出していこうとする積極的なものであった。つまりイギリス対策を日本外交の軸に据えるという意味での対英協調外交であった。

たとえばそれは、外務省に入省して大隈重信外相秘書官として条約改正交渉にあたった際に原初的に見ることができる。大隈条約改正案が他列強に受け入れられつつあった時、イギリスが乗り気ではなかったことについて、イギリス政府は「例のコンセルバチーフ説にて悪く凝《こ》り固まり」活発な政略を取ることができないように見えると述べている。[11] これは単に既得権益を手放さないイギリスを非難したものではなく、潮流の変化をつかむことができず保守的であると文句を言っているのである。

最初の駐英公使時代（日清戦後）に加藤が行ったことは、極東において朝鮮をめぐるロシアと日本との綱引きが始まるなかで、ロシアと対抗するために、イギリスをどうにかして朝鮮問題にかかわらせようとして働きかけることであった。イギリスは東アジアの問題について「主動者」にならないからこそ、日本が主導してイギリス政府を動かす必要があると考えていたのであり、それが加藤の対英協調外交政策の基本であった。加藤が早くから日英同盟論を唱えていたのも同様の観点からで、加藤は対ロシア強硬論と日英同盟論を展開した意見書を一八九八年（明治三一）一月に本省に提出し、三月一六日にチェンバレン植民地相と会談し良い反応を得ている。[12]

第一次外相期においても、一九〇一年春における北清事変後の露清密約交渉や、ロシア軍の満洲からの撤退を定めた一九〇二年四月八日の「満洲還附協約」の際に、イギリスやアメリカに対して、何の抗議もしなければロシアの永久的な満洲占領を黙認することになるとして関与を働きかけた。[13] その結果について加藤は、イギリスはロシアへ直接警告するところまでは踏み込まなかったが、清国に警告を与えるなど、日本により動かされることになった、日本の歩いた分ほどイギリスは歩かなかったが、方向を同じくしてくれたと感謝している。[14] これが加藤の理想とするイギリスとの協調であった。

ただし日露戦争後、日本が国際社会のなかで一人前のプレーヤーとして振る舞えるようになると、イギリス社会では日本の行動に対する警戒感が高まってくる。したがって駐英大使期には、イギリスの東アジア政策を日本寄りにいかに引き留めておくかが課題となった。たとえば加藤は第三次日英同盟の改定に尽力したが、これは日露戦争でのロシアの敗北によって、その役割が低下し忘れられたような存在になっている同盟を、再認識させることに主眼があった。世界政治上において、ロシアにかわってアメリカとドイツ、特にドイツの勢いが強くなっているなかで、イギリスのドイツに対する恐怖感を利用して、ドイツ包囲網として形成された英仏露三国協商の効果を補完させるものとして日英同盟を位置づけ、その存在意義をアピールしようとしたのであった。(15)

いっぽう日露戦後の日本でも、ロシアの脅威が消滅したことによって、今後日本が進むべき道について官民での方向性の一致が失われるとともに、「一等国」意識が高まることによって、より積極的な外交を求める動きが生じてきた。対外硬派といわれるものがそうである。加藤は、ある所で、日露戦争での勝利によって日本に好ましからざる現象が生じたと述べている。(16)それは、日本はもう一等国になったのだから、いつまでも西欧文明を追うのは愚かであるとする風潮であった。これについて、加藤は、それを慢心として戒め、謙虚となるべきことを説き、まだまだ欧米から学ぶ必要があると諭している。

これは、日本が列強を無視するような外交行動を取ることを否定するものであった。

（二）アジアとの関係

では加藤は、どのようにアジアとかかわろうとしていたのだろうか。それを知るには、東邦協会とのかかわりを見るのがわかりやすい。東邦協会は、一八九一年（明治二四）に設立された外交問題を扱う民間団体で、会頭を副島種臣が、副会頭を近衛篤麿、幹事長を稲垣満次郎がそれぞれつとめていた。その性格については、欧米との対抗を強調し、アジア諸国との連帯を唱えていた団体と理解されている。たとえば設立の趣旨には、次のように書かれていた。(17)

彼〔西洋〕の諸邦は頻《しきり》に殖民地を捜《さぐ》り頻に貿易地を索《もと》め、西南諸州既に尽き漸く我か東洋に及ふ、而して日本支那は実に其衝に当れり、(中略)此の時に当り東洋の先進を以て自任する日本帝国は、近隣諸邦の近状を詳かにして実力を外部に張り、以て泰西諸邦と均衡を東洋に保つの計を講ぜざる可らず、未開の地は以て導く可く、不幸の国は以て扶《たす》く可し、徒《いたず》らに自ら貧弱なるを怖れて袖手傍観するは是れ所謂る坐して亡を俟つの類にあらずや。

欧米諸国に対抗しアジアを保全するために、アジア諸国を助け導くことが必要だというような文言が含まれている。

このような団体と加藤が関係を有していたこと自体あまり知られていないが、名簿を確認すると、加藤は一八九四年(明治二七)以前から会員であったことがわかる。外交政策を研究する団体なので、単に名を連ねていたと理解したくもなるが、そうではなくて、一九〇二年(明治三五)から一九〇八年まで副会頭を引き受け、評議員会や茶話会に毎月のように熱心に出席している。特に一九〇五年一月の副島会頭没後は、黒田長成会頭と会務の中心を担った。日露戦争前後、加藤は『東京日日新聞』社長となり、同紙は日露講和問題で厳しく政府を批判し、講和騒擾に向けた世論を煽ったことから、加藤は対外硬派に鞍替えしたと理解したくなるが、これは対露強硬という点で一致したからだと思われる。

加藤が副会頭を引き受けた時の演説には、加藤のアジア外交観がよく現れている。その講演で加藤は、会則が改正されて、規約から「黄色人種同盟とか東邦聯合」のような語句が削除され、「本会は東邦の平和を保障し人文の発達を企図するを以て目的とす」と変更されたことを取りあげ、会の目的が日英同盟締結後の「日本の国是」と一致するようになったと述べている。そしてそれに続けて、次のようなことを述べている。[18]

我が国には古来から「弱きを扶けて強きを挫く」という観念があるが、弱い者が正しい場合には良いが、強い者を必ずしも挫かなければならないということはないと自分は信じている。一部の人の頭には「我が邦は弱い、自分を弱者の地位に置いて他の弱い者に対して同情を表し、さうして強い者に当る」という観念があった、「東洋に国するものは皆弱い、日本も弱い〔の〕であるから弱い者を扶け若《もし》くは是と同様の地位に居つて、強い即ち欧羅巴《ヨーロッパ》、亜米利加《アメリカ》に当る」という観念があった。しかし自分は日本を弱者の地位に置く必要はないと思う、東邦協会の書類にはよく東邦と書いてあり、それで外国人などのなかにはいくらか疑いを懐《いだ》く者がある。ことに日本が勢力を示して以来、外国の論者のなかには「日本は支那や朝鮮を率いて将来白人に当る」という考えを持っていると邪推する者もある。ところが自分の見るところでは、「東洋人種と連合する――同盟して白人に当る」必要はないのみならず、それは無謀のことであり、黄色人種同盟とか東邦連合とかいうのは、我が国が外国と交際する上で非常な弊害と思う、そのような考えは排除していかねばならない、と。

どうも加藤は、強者として文明国としての日本、「東洋の他の国に対して先進国として」の日本の働きを自覚した上で、東邦協会を単にアジアのためだけでなく、世界の利益のために働くものにしなければならないと感じており、そのように導こうとして積極的に活動に参加したのだと思われる。

以上が大正期に入る前までの、加藤のイギリスやアジアとの向き合い方であった。

三、宇都宮太郎の対英・対アジア観

ここで加藤と対比するために、親英的であったかどうかは別として、長いイギリス経験を持つと同時に、日中提携論を展開した陸軍軍人である宇都宮太郎（一八六一〔文久元〕～一九二二年）を取りあげてみよう。

一八八五年に陸軍士官学校を首席で卒業後、宇都宮が参謀本部に勤務し始めてまもない時期に、参謀次長の川上操六に提出した一八九二年九月の意見書（後に「昔日之夢」と題する）が残されている。[19]そこで宇都宮は、日本は進取的国是を定め、ロシアに備えるために攻勢的防御を取ることが必要で、そのために第一にすべきことを「清英と連合して魯〔ロシア〕を西方に駆逐」することであると書いている。イギリスとの提携は、英露対立の世界情勢をふまえたものであり理解しやすいが、当時の日清関係はこの二年後に戦争が始まるように決して良好なものではなかった。ロシアに対抗する上でイギリスを味方につけるという考えは、加藤のそれとそれほど隔たりはないが、それに清国を加えるという考え方は、脱亜論とアジア連帯論がしばしば対立的に捉えられる近代日本の外交理念においてユニークなものであった。ただしそこではすでに中国の内政改革・近代化を日本が手助けする必要が主張されており、日本盟主論につながる要素を、この時点から内包するものであった。

宇都宮は日清戦争直前の一八九三年（明治二六）一二月から約一年間インドに派遣され、英語の訓練と中近東方面における英露対立について調査を行った。いっぽう日清戦争後には、参謀将校として何回も中国に派遣された。孫文に早くから注目し（一八九六年）、一八九八年には漢口で湖広総督の張之洞と面会して日清提携による西洋（具体的にはロシア）への対抗を説き、日本人軍事顧問の雇用と、軍事留学生の日本派遣について交渉し、それを実現させている。この段階における中国との提携は、清国の弱体化を背景にした提携論であり、日本の援助・協力を通じて中国の自強化の必要を説くものであった。

一九〇一年（明治三四）には日本公使館付武官に任じられ、四月下旬ロンドンに赴任し、対露諜報工作（明石工作）の一端を担った（一九〇五年まで）。そして宇都宮は、帰国後もイギリス人とかかわりを持つ陸軍で数少ない知英派となった。その赴任中に結ばれたのが日英同盟（一九〇二年一月）であり、それにともない生じることになった日英陸軍の協定の成立と、日露戦争における日本の勝利にともなう第二回日英同盟の改定にもかかわったようだ。

これらの動きは、宇都宮にとっては日英清同盟が現出していくものであったといえよう。しかし帰国後の宇都宮の対外観は、しだいに変化し、日中提携に比重を置くようになる。日露戦後の日本陸軍は、宇都宮の目には、積極的な大陸政策を放棄しているように映った。それは寺内正毅を中心とする長州閥による陸軍支配の弊害と感じられるものであった。そこで宇都宮は陸軍非主流派として陸軍改革をめざすとともに、参謀本部の対外情報を扱う責任者である第二部長として、対中政策展開に深くかかわり、可能な限りにおいて大陸への影響力の確保と権益の増大をめざすことになった。

特に一九一一年（明治四四）の辛亥革命勃発にともなう中国の混乱は、その絶好のチャンスであった。宇都宮は、革命派（孫文や黄興）を支援するとともに、満洲における清朝勢力の維持をも図る。その時に強調されたのが人種対立論にもとづく日中提携論であり、しだいにイギリスには対抗的となっていく。

かつて張之洞より日本に派遣され、その後満洲で活動した藍天蔚の一九一二年の来日時に、宇都宮は「対白人問題の為め日支両国提携の必要」を論じ、中国がまず第一に「自強」することが必要だと語った[20]。これは一八九八年に張に説いたものと同じだったと述べている。また一九一三年二月に上海で黄興と面会した際にも、日中提携・白人対抗などについて意見を交換し、この「政策を実行する為めには、支那は先づ富強を謀ることを勧め」、その前提として「彼我の間の問題」（満蒙問題）を解決しなければならないと説き、黄興も首肯したという[21]。

しかし宇都宮が張に説いたのは日露戦争以前であり、日本は、その後中国に利権（南満洲利権）を有する国になっていた。したがって同じような論でも日中提携の位相は異なっていた。「満洲問題」とは、ロシアから譲り受けた南満洲権益の期限延長を中心に、後の対華二一カ条要求に含まれていく同地方における権益拡大を指すものであった。これは日本の南満洲における特権的地位・影響力の拡大を意味し、日本の自主性を指向するものであったから、国際協調を重視する立場の者からすると、危惧されるものであった。

宇都宮は第二部長をやめる直前、一九一四年（大正三）四月の師団長会議において、「世界の大勢」という講演をしている。(22) そこでは、この二、三百年の国際情勢を、キリスト教諸国の勢力拡大と他宗教諸国の衰退滅亡、また白人による世界制覇と捉え、日本が今後取るべき道は「自大自強」することによって「自ら存する」ことだと述べている。これは最後の部分で強調した、国家が最後にたのむべきものは「一に其自家の国力」であり、「国家は自ら大国と為り強国と為り、押しても押されず倒しても倒されざる底の大国力を養成し、自ら自家の存在を確保せざる可らざる」と述べているように、領土拡大を追求しなければ白人が優越する世界において存立できないとする考え方であった。そのためにも中国と提携することが、喫緊の課題であるとしたのであった。

四、辛亥革命と「満洲問題」

（一）辛亥革命への対応

辛亥革命が勃発したのは一九一一年（明治四四）秋、翌年一月には東洋初の共和国である中華民国が成立した。その間、清国軍と革命派との間で激しい戦闘が繰り広げられ、この混乱は三月に袁世凱が中華民国の臨時大総統職を引き継ぐまで継続した。そしてこの時、その対応に関して日英両国の足並みが揃わなかったことはよく知られている。日本政府は、清朝を擁護し立憲君主制の実現による事態収拾を図ったが、革命派勢力の強い華中に利害関係が多かったイギリスは共和制を容認し、日本の共同干渉提案を拒否し、独自に休戦の斡旋を行った。日英の協力が実現できなかったことは、日英同盟の評価を低下させ、宇都宮がそうであったように、新たな外交政策を追求する動きを生んでいくことになった。

イギリスを日本に引き留める努力をしていた加藤にとって、日英間のすれ違いはショックであった。ちょうど日本に一時帰朝していた加藤は、帰任の際に、明治天皇の日英親密関係を確保増進させることが自分の思いであるという勅語と、日英同盟が日本「外交の骨子」であり、同盟の基礎を強固にすることが「東洋平和の維持と帝国利権の擁護とに資する」という閣議にもとづく訓令を持ち帰ることによって、日英関係の修復を図った。(23)これにイギリス側も応え、ジョージ五世は同盟が永続することを切望すると述べ、グレイ外相も同盟が有意義であることを議会で説明した。(24)このように加藤は、イギリスの日本への支持を失わせない方向に積極的に動いた。だが現実には、日英双方ともに警戒感が高まりつつあった。

加藤は中国の混乱について、日英同盟は中国の領土保全・機会均等を保障するものであり、同盟があったから不満足ながら革命は収拾でき、イギリスは日本の満洲における特殊権益を認めており、もし同盟がなかったなら日本は独露仏米に加えて英国を向こうに回して活動できたか疑わしいと、「日英同盟の真目的及び価値」という長い記事のなかで述べている。(25)ここに触れられているように、この時期の日中間に横たわる最大の問題は、一九二三年に期限が迫っている南満洲権益の延長問題であった。そしてこれは対華二一カ条要求条項の核心の一つであった。これについて加藤は、英国大使時代からイギリス政府の了解を得るべく働きかけを行っていた。日英同盟の意義を再確認させていこうとしたのも、それに結びつくものであった。

この記事を、グリーン駐日大使は本国のグレイ外相に、一年前のグレイと加藤との会談を思い起こさせるものだと書いて、送付している。(26)一年前の会談というのは、加藤が第三次桂太郎内閣の外相に就任し帰朝することになった時に行われたものを指す。これについては加藤の正伝的位置づけにある伊藤正徳の『加藤高明』も大きく取りあげている。(27)その際に、グレイ外相に、日英同盟をどこまでも外交政策の骨子とする考えを伝え、また交渉により満洲利権継続を中国政府に承認させることについて同意を得たという。(28)

このように、加藤は辛亥革命後の対中国外交にあたっても、イギリスに働きかけ日本側に引き留めておくことを重視していた。そのためにもイギリスの中国に対する利害関心の中心である中国マーケットを日本が独占するような方向性を、日本が前面に打ち出すことは避けなければならないことだった。

（二）立憲同志会と加藤

一九一三年（大正二）二月、第三次桂内閣は、憲政擁護運動の昂揚によりあっけなく倒壊した。この時、桂は新党（立憲同志会）創設を宣言し、加藤も内閣崩壊後の四月になって入党した。入閣・入党にあたっては、日中懸案の解決を政策とする約束がなされたという[29]。そして政党への加入は、加藤にとって転機となった。それは桂が一〇月に亡くなったことにより、加藤が党首を引き受けることになったからである。これまで一官僚として外交運営にあたってきた加藤にとって、党員を率いた外交指導は困難がともなうものになった。

それは、立憲同志会の参加メンバーと、対外政策観にかなりの違いがあったことによる。加藤が対英協調を最優先したのに対して、衆議院に議席を有する党員に、対外硬派の流れをひく人物が多かったためである。彼らは、日露戦後政治史において、日本の富強化のためには、国民総力を結集することが必要だと主張するとともに、これまでの列国協調政策よりは、より自立した対外政策を求める傾向が強かった。

この違いは、対中国政策の側面においては、イギリスとの了解のもとに中国政策を進める加藤に対して、中国政策への関与を日本の役割あるいは使命とし、積極的に中国内政に関与し、中国有力者と結んで日本の影響力を高めていこうとする路線の違いになって現れた。結ぶべき勢力についても、現状維持を指向するイギリスや日本政府が、清王朝にかわって北方に影響力が強かった袁世凱、ないしはそれをつぐ北洋政府を支援しようとしたのに対して、立憲同志会の党人派は袁を排斥し、革命勢力の強い南方派との提携をめざした。満洲問題の解決の方法についても、加藤は、イギリスとの協調を重視したのに対して、彼らは中国内政に関与し革命派を支援することにより満蒙における日本権益の承認を獲得することを期待した。

そのような違いは、一九一三年春から夏にかけての第二革命前後を例に挙げると、よくわかる。一九一三年三月、中国国民党の有力者である宋教仁が暗殺された事件は、袁世凱と革命派との対立を深めた。立憲同志会内では、革命派援助論が強まったのに対して、加藤は静観して中国内政に干渉すべきではないという態度をとった。これは最初に言及した加藤の二度目の中国旅行での視察をふまえてのものだったが、それは第一次山本権兵衛内閣の姿勢と同じだったため、党内の失望を誘った[30]。

七月に入り李烈鈞が挙兵し第二革命が始まった。しかし失敗に終わり、孫文や黄興は日本に亡命してきた。九月に袁軍が南京に攻め込んだ時、商店が襲われ日本人が殺害される南京事件が起こった。この事件に日本世論は沸騰し、袁への厳しい対処を政府に求め、同時に満蒙懸案解決の機会として利用しようとする動きを生んだ。その中心だったのが対支同志聯合会であった。立憲同志会議員も多く参加しており、九月一〇日の代議士会は、厳重な要求、決然とした交渉による問題解決を決議した。しかし加藤は、一六日の幹部会で当局者の硬軟を批判することを不可とし、党争の具に供することをしないと述べた[31]。これは党員たちにとって不評で、その後長く続く、党内における幹部派と非幹部派の対立を激しくする一因となった。

亡命者処遇についても、加藤は、いずれの勢力からも反感を招かないよう公平に取り扱うこと、法律を曲げるような措置を取らないことが重要で、亡命者を保護することはかまわないが、歓迎会を開催したり意見を広めたりするようなことはしない方が良いと述べている[32]。これは党内の革命派援助論に多少配慮したものだろう。

以上のように、本来の加藤外交は、連帯という名目で内政干渉をも辞さない外交とは異なり、中国情勢について静観しようとする態度を基本とするものであり、その後、原敬内閣や加藤が首相をつとめた内閣期の外交につながる側面があった。

五、第二次大隈内閣期の外相として

加藤は四度外相になっている。最初の外相時代（第四次伊藤博文内閣）の半年間は、北清事変後の処理にあたるなど若干の成果をあげているが、二度目と三度目は短期間であり、ほとんど手腕を発揮することはなかった。しかし四度目の外相期（第二次大隈内閣の最初の約一年四カ月）は長く、第一次世界大戦の勃発という大事件もあって、加藤の手腕が問われるものとなった。

加藤は、世界大戦への参戦にあたってもイギリスに積極的に働きかけた。イギリスが宣戦布告した八月四日の前日、加藤はグリーン大使に全面的な軍事援助の用意があることを伝えている。七日にイギリスより、日本軍の行動を限定する意味合いを含みながらも、中国沿岸における商船保護のための協力要請がなされると、加藤は戦域限定のない参戦提案を行い、ドイツ租借地の膠州湾を中国に返還する方針を表明して、青島戦への同意を促した。イギリスは、一一日に日本参戦に同意を与え、イギリス軍参加を伝えた。こうして一五日、日本はドイツに最後通牒を送り、その期限の二三日に宣戦布告した。

だがこのような積極的な開戦外交は、山縣有朋・井上馨ら元老から強い批判を浴びた。これは同時期に、フランスやロシアから日英同盟加盟の申し入れがなされたのだが、それを加藤が「日英同盟の効力を薄弱ならしむ[33]」として反対したことや、ヨーロッパ列強の対中外交政策が不在となった機会を利用して袁政権と密接な関係を築きあげることによって中国への影響力を増大させるという提案が無視されたからであった。

いっぽう党内の受けも悪かった。それは満蒙問題に対する取り組みが消極的であるという理由であった。前述の対支同志聯合会は、同年一二月四日に「自主的外交」「挙国一致」「対支問題の根本的解決」を掲げる新たな団体、国民外交同盟会を結成した。これにも同志会党員が加わっていた。「自主的外交」というスローガンは、加藤の行う外交を、対英追随の軟弱外交と見なしたものであった。加藤はその代表者と会見している。その時に加藤は、列強諸国が利権保護のために出兵して土地を占領する心配はないので、強硬な手段を取らず、日本は国力に相当する範囲で国家の地歩を安全にすることを基礎とし、貿易伸張こそ主眼としなければならないという貿易立国論を述べた。(34)これを聞き、国民外交同盟会は大隈内閣打倒の立場に立ち、同志会からの脱党者が生じることになった。

加藤は、この時には、単独で中国と独自の関係を築くような日中提携論も、あるいは袁政権に武力を用いて強くあたるようなやり方も否定していたのである。日本の実力はまだ「外国の意思を顧慮せず、自ら其欲する処を行」うことができるほど強くはなく、もし「余りに我儘を行ひ」、「若し自ら戒むる処なくんば」ドイツのように世界を敵とするに至るかもしれないと後に述べている。(35)

では対華二一カ条要求交渉で、最後通牒まで発して承諾させることになったのは、どうしてだろうか。それを合理的に説明することは難しい。ただしこれまで見たように、加藤は満洲権益の延長を、機会を捉えて実現しなければならないと考え、すでにイギリスに向けて工作をしていた。それを、前年占領したドイツの膠州湾租借地の処分をめぐる中国政府との交渉を機会と捉えて行おうとしたことは理解できる。だが問題は、この時の交渉が、要求第一号の山東半島旧ドイツ権益処分に関する件、第二号の南満洲・東部内蒙古における日本権益の延長と拡大に関する件にとどまらなかったことであろう。

第三号第二条や第四条では、漢冶萍《かんやひょう》公司付近における鉱山は公司の承諾なく他に採掘を許さないとか、直接・間接に公司に影響を及ぼすおそれのある措置を取る場合は日本の同意が必要だとする条項があり、また第四号の中国沿岸の港湾・島嶼の不割譲に関する件は、機会均等や門戸開放主義に反するおそれがあった。これには第一号に関連して、いったん山東権益を日本が手にすることを中国政府に了承させ、その上で膠州湾租借地還付の際に専管居留地設定を条件とするようなことを考えていたことも含まれる。このような手法は帝国主義的であり、中国（南北どちらの勢力）から反発を受けて当然のものであった。そしてこれは、それまで対中貿易拡大の方法について、日本だけが優越権を得ていくような方向を基本的には取っていなかった加藤の姿勢に反するものであった。加藤はこの問題について「一時多少支那の感情を傷《そこな》ふの如き事あるも」忍ばなければならないと正当化している。(36)

二一カ条交渉のまずさが際立っていたことは知られている。第五号は、諸要求を羅列したものであったが、最初それを公表せず、中国側のリークによって明らかにされた時に、言い訳がましく希望条項であり要求とは違うというような説明を行ったことは、列強に知られてはまずいことを隠蔽したと受けとめられた。交渉手段として譲歩を見越して設けられた条項であり、加藤の本心ではなかったというような理解もなされている。中国の日本に対する反発とアメリカの対日不信を招く結果となった拙劣なものと、当時から見なされた。

ただし方法のまずさは批判されたが、山縣が「第五項は親善なれば要求せずとも出来得べき箇条のみなり」(37)と述べているように、また国民外交同盟会が加藤以上に強硬であったことなどを考えれば、反対のための反対と言ってもよい側面もある。

最大の問題であった第五号に含まれている政治・財政・軍事顧問の雇用や、警察の日中合同化、兵器共通化などの中国内政にかかわる要求は、これまでの加藤であったら考えられないものであるし、その必要性について交渉前に語られることはなかった。世界大戦という日本にとって絶好の機会を捉えて、日本は中国を指導しなければならないという意見に対して、加藤は、立派な独立国に対して日本が指導するという意思はないと述べていることから、内政干渉的な条項を加藤が重視していたとは思えない。(38)最終段階で第五号が削除され、第三号第二条や第四条も結ばれた条約からは外された。つまり満蒙特殊権益と福建省以外に関する機会均等・門戸開放原則に抵触する条項が放棄されていることは、加藤の希望の最小限が、それを除いた部分であったことを示していよう。

それでもこの時に、それまでの加藤の姿勢からは考えにくい逸脱があったことは、この時の外交が列強のアジア政策の空白のスキをついた帝国主義外交であったことを示している。第一次世界大戦という特殊事情が要求を肥大化させた事情もあったろうが、加藤も欧米勢力の強く出られない国際環境だと判断して、交渉内容をより拡大したのだろう。イギリスの同意を得られるとふんでいたことは確かである。アメリカについては、参戦にあたり摩擦を回避する外交が比較的うまく進んでいたことが甘い判断につながったのかもしれない。以上からは、加藤はイギリスとの了解、アメリカに異論を唱えさせないと思われるギリギリの範囲で、対中権益の拡大を策していたと見るのが適当であろう。

さて加藤は、一九一五年（大正四）八月の大隈内閣改造を機に閣外に去る。内閣では党人派の影響力が高まり、外交政策的には、袁の帝制計画に干渉し、その年末に第三革命が勃発すると、あからさまな革命派援助＝排袁政策を取ることになった。党人派の代表である尾崎行雄は袁を嫌っており、たとえ欧米の意見に反対しても、ぜひ排袁の目的を貫徹したいと大隈に伝えている。[39]このような中国内政への干渉は、加藤時代にはなかったことである。

また欧米列強との関係では、第四次日露協商が結ばれ、英仏露三国間の単独不講和宣言（ロンドン宣言）への加入がなされた。加藤は、これについては賛否を表明していない。閣外に去ったからと言って与党の党首であったことから、表だって反対することは難しかっただろう。中国問題に関しても、日本に不利益を及ぼさない限り南方にも北方にも肩入れするものではないという不干渉の立場をとった。

以上のように第二次大隈内閣時代の加藤の外交は、対英協調と中国内政不干渉路線を基本としていた。それは党内外からイギリス追随だと批判されていたことからもわかる。これは一九二〇年代の幣原喜重郎による米英協調外交と中国内政不干渉外交が軟弱外交だと批判されていたことを思い起こさせるものである。そして加藤が、中国における日本の発展を経済関係中心に考えていたことは、幣原外交の経済重視の姿勢と重なる。ただし対華二一カ条要求は、典型的な帝国主義時代の外交であり、第一次世界大戦後の状況に対応した幣原外交とは異なるものであるが、大戦という状況に対応した外交であったとも言えよう。

六、野党党首から首相へ

（一）野党党首として

第二次大隈内閣は一九一六年（大正五）一〇月に倒れ、寺内正毅内閣に代わる。それから八年間にわたって加藤の率いる憲政会（同志会を中心に結成されたもの）は野党に転落した。その間、第一次世界大戦の休戦（一九一八年一一月）の直前に成立した原敬内閣による、米英との協調、対中不干渉政策への外交政策の転換がなされた。これは大隈内閣後半および寺内内閣の政策を否定したものであった。

もともと加藤は、交渉の内実を知らない立場の人物がする外交政策批判を好まず、原内閣の外交姿勢については同じ方向であったから、加藤による原外交批判は、その不徹底を責めるという形をとった。しかしそれは憲政会内の対外硬派から相当のつきあげをくらうものとなった。ただし対華二一カ条要求の責任者として、その権益を失うこと（特に山東半島問題）については強く反対し続けた。列国との協調は、いたずらに列国に追従するのではなく、当然の利益は主張し、正義公道にもとづく要求は貫徹する必要がある、それでこそ初めて列国の理解・信頼・畏敬をかち得るのであり、この点で現内閣の外交には満足できないと述べている。[40]それが英米との対抗を加藤が主張しているように世間には見えた。世間から好評であったことは、シベリアからの早期撤兵を主張したことくらいであった。

野党として憲政会は対外強硬的な発言をせねばならず、加藤もその党首として党内に配慮をしなければならなかった。党員は革命派勢力の支援や英米からの自立的外交を主張したため、憲政会の外交政策は対中内政干渉的に見え、英米に対しては非協調的に見えた。

（二）首相となる

だが突然、加藤に政権が降ってくる。一九二四年（大正一三）五月の衆議院議員総選挙で憲政会が第一党になり、翌月加藤が首相に選ばれることになった。

加藤は内閣成立後、外相の幣原喜重郎に外交政策に変更のないことを表明させ外国を安心させている。幣原が表明した外交方針は、お互いの権利・利益を尊重してそれを侵さないこと、侵略主義・領土拡張政策は取らないこと、さらに外交政策の継続性を重んじることを強調するものだった。特に懸念された対中外交政策については、中国の「内政上の事柄に就ては、我々の関与すべき限りではない、又我々は支那の合理的なる立場を無視するが如き何等の行動を執らんとする者ではない、之と同時に支那に於ても、我合理的なる立場を無視するが如き何等の行動を執らざることを信ずる」というものであった。[41]

これは第二次大隈内閣時の「加藤外交」と、大きな点で一つ異なっていた、それは「侵略主義・領土拡張政策は取らないこと」というところであった。対華二一カ条要求は、強圧的な態度で権益の維持・継承を要求する帝国主義的なものであった。幣原の方針を加藤が受け入れたのは、次のように理解することで可能となる。加藤が首相となった時には、すでに第一次世界大戦中に獲得した中国における日本権益は、ほとんど譲歩し失われてしまっていた。加藤は原内閣期に、条約で決められた既得権益が失われていくことを批判していたが、いっぽうで外交の継続性を重んじる加藤は、それを覆すことはしなかった。その復活や新たな権益獲得をめざさなければ、加藤の外交と幣原の外交の差はなくなる。内閣成立直後の幣原による侵略主義の否定と中国の対日態度に期待した上での内政不干渉政策表明は、かつての加藤が行った外交の侵略性を否定したものであったが、対中内政不干渉政策の側面については引き継ぐものだった。ただしそれが実現できるかどうかは中国情勢次第であり、内閣成立当初はその姿勢は確立したものではなかった。

加藤内閣期、中国は内戦や混乱が激しさを増している時期であった。一九二四年（大正一三）九月の第二次奉直戦争、翌年上海での在華紡ストに始まる五・三〇事件、同年末の郭松齢事件などである。当初は幣原外相と加藤との間で居留民保護のための出兵の是非をめぐって対立があったようだが、幣原の意見を入れて不干渉の態度を厳守したところ、幸いに混乱は満蒙まで拡大せずに済み、中国にも信義を貫徹し親善を深めることができた。[42]つまり結果が日本にとって利益になったことがわかった段階で、加藤も絶対的な不干渉原則を受け入れたのである。この時「加藤外交」は「幣原外交」に発展したと言えよう。

加藤は一九二六年一月、議会開会中に死去した。その死について『益世報』は、対華二一カ条要求当時の外相であったことは不満であるが、時勢の変化に順応して「今日の外交は権謀術数をこととす可きでなく、平和正義の大道を以って進む可き時代であると宣言した」ことを高く評価した。[43]

おわりに

加藤が大学卒業後に初めて就職したのは三菱汽船であった。そしてイギリスに派遣され、そこでイギリスが海洋国家として貿易を中心にして繁栄していることを学んで帰ってきた。そのため加藤は、中国を貿易立国論にもとづく通商・貿易拡大の場として捉え、居留地における商業や工業の拡大を図ることを第一と考えていた。ただしその際に、日本だけが特別な利益を獲得するという方向については、列国の疑いを招くとして否定的であった。これは加藤が、日清戦後から日露戦後の時期を通じて、イギリスを日本に引きつけておき、あるいは日本に引き留めるようにしていくことが、前者の時期においてはロシアに対抗する上で、後者の時期においては中国における日本の立場を確保する上で日本の利益になるという観点を重視していたことによる。それは国家と国家がパワーゲームを行っていた二〇世紀初めまでの外交にもとづいていた。

したがって中国に対する加藤の政策は、欧米の動向を主に見て外交を行うという点では、日本外交の主流に位置づけられるものであった。しかしそれは欧米に従属するものではなく、イギリスと連合あるいはイギリスの理解を積極的に取り付けようとするものであった。そのような点から、英米の反発を招くような日中連帯論ないしは内政干渉的行動については否定的であった。

だが、あるいはそうしたところから必然的に、欧米勢力が強く出られない国際環境だと判断すれば、第一次世界大戦中における対華二一カ条要求のような強い要求もすることになったのだろう。

これは日英清同盟を唱えていた宇都宮太郎が、日露戦後、特に辛亥革命後、日中提携論に比重を移し、人種的対立を強調していくようになった動きと対比させることによって、より明瞭に理解できよう。また加藤が党首を担うことになった立憲同志会・憲政会内における対外強硬論者の主張との差を見ることによって明らかになろう。

そして加藤が首相となった時、加藤がとった方針は、欧米からの自主的な外交によって、中国における特権的な権益獲得をめざす外交政策ではなく、列国から突出することなく現状の権益は確保し、それと同時に内政に干渉することなく、商工業の拡大によって日本の影響力を高めていこうとする貿易立国主義による発展策だったといえよう。

註

（1）本稿は櫻井良樹『加藤高明――主義主張を枉げるな』（ミネルヴァ書房、二〇一三年）を下敷きにしている。加藤に関する先行研究の代表的なものには、奈良岡聰智『加藤高明と政党政治』（山川出版社、二〇〇六年）、同『対華二十一カ条要求とは何だったのか』（名古屋大学出版会、二〇一五年）がある。また櫻井良樹「加藤高明と英米中三国関係」（長谷川雄一編『大正期日本のアメリカ認識』、慶應義塾大学出版会、二〇〇一年）も関係する。

（2）第一次世界大戦参戦時の山縣有朋の発言（「原敬日記」一九一四年八月一二日、原奎一郎編『原敬日記』四、福村出版、一九六五年、二七頁）。

（3）「加藤内閣出現説に『廿一箇条』を想起して早くも怖気をふるふ支那紙」（『東京朝日新聞』一九二四年五月一五日）。'Government Change in Japan', *The Manchester Guardian*, 20 May 1924 など。

（4）宇都宮については、宇都宮太郎関係資料研究会編『日本陸軍とアジア政策　陸軍大将宇都宮太郎日記』（全三巻、岩波書店、二〇〇七年）の解題および櫻井良樹『辛亥革命と日本政治の変動』（岩波書店、二〇〇九年）、櫻井良樹「『財部彪日記』と『宇都宮太郎日記』」（黒沢文貴・季武嘉也編著『日記で読む近現代日本政治史』、ミネルヴァ書房、二〇一七年）などを参照のこと。

（5）一八九九年一〇月一九日付伊集院彦吉宛加藤高明書簡（尚友倶楽部他編『伊集院彦吉関係文書　第一巻〈辛亥革命期〉』、芙蓉書房出版、一九九六年、二八四頁）。

（6）「日本経済会」（『中外商業新報』一八九九年一二月二〇日）、「加藤公使の清国談」（『東京朝日新聞』一八九九年一二月九日）、「加藤高明氏の清国企業談」(『東洋経済新報』一九〇〇年六月一五日)。
(7)「清国事変所感」(『東洋経済新報』一九〇〇年一〇月二五日)。
(8)「支那視察談」(『立憲同志会叢書』第三、立憲同志会、一九一三年)、「支那に於ける日本の実勢力」(『国家及国家学』第一巻第九号、一九一三年九月)。
(9)「予の観たる支那の現状」(『新日本』第三巻第七号、一九一三年七月)。
(10)一九一三年六月一日付牧野伸顕宛有吉明電報(「支那南北衝突関係一件 松本記録/宋教仁暗殺事件及衝突ノ経過二」外務省記録5・3・2・135-1、アジア歴史資料センター Ref. B08090258200)。
(11)一八八九年三月二八日付陸奥宗光宛加藤高明書簡(「先考米国駐劄中大隈外相及加藤秘書官ト往復書翰写」「陸奥宗光関係文書」六八。同文書九一―一三にもある。国立国会図書館憲政資料室蔵)。
(12)一八九八年三月一八日付西徳二郎宛加藤高明書簡(『日本外交文書』明治三一年 第一冊、外務省、一九五四年、二六七頁以下)。
(13)一九〇一年一月二六日付林董宛加藤高明公電(『日本外交文書』明治三四年、外務省、一九五六年、一一四頁)、一九〇一年一月二九日付高平小五郎宛加藤高明公電(同前、一一九頁)。
(14)「日英同盟に就て」(『東邦協会会報』第八五号、一九〇二年三月)。
(15)一九〇九年四月二五日付山縣有朋宛加藤高明書簡(尚友倶楽部山縣有朋関係文書編纂委員会編『山縣有朋関係文書2』、山川出版社、二〇〇六年、九頁)、同日付大隈重信宛加藤高明書簡(早稲田大学大学史資料センター編『大隈重信関係文書3』、みすず書房、二〇〇六年、二九八頁)など。
(16)「青年への四警告」(『雄弁』一九一一年一二月号)。
(17)「東邦協会設置の趣旨」(『東邦協会会報』第一号、一八九四年八月)。
(18)「副会頭加藤高明君」(『東邦協会会報』第八八号、一九〇二年六月)。
(19)宇都宮太郎『昔日之夢』(明治二五年九月、宇都宮太郎関係資料一一〇)。同資料は宇都宮太郎関係資料研究会にて整理中。
(20)「宇都宮太郎日記」一九一二年七月一一日(『日本陸軍とアジア政策 陸軍大将宇都宮太郎日記』第二巻、一二七頁)。
(21)同右、一九一三年二月一二日(同右、一九七頁)。
(22)宇都宮太郎『大正三年四月師団長会同ノ際第二部長口演ノ要旨(世界の大勢)』(宇都宮太郎関係資料三九七)。

（23）「対外政策並態度関係雑纂（対英国之部）」（外務省記録1・1・1・3-5、アジア歴史資料センター Ref. B03030014600）。
（24）一九一二年七月一五日付内田康哉宛加藤高明書簡（同右所収）。
（25）「日英同盟の真目的及び価値」（『大阪毎日新聞』一九一四年一月一日）。
（26）一九一四年一月一二日グレイ宛グリーン電報（Ian Nish ed. *British Documents on Foreign Affairs: Series E Asia, 1860–1914*, Volume10, p. 361）。
（27）伊藤正徳『加藤高明』（加藤伯伝記編纂委員会、一九二九年、下巻、一三三～一四〇頁）。
（28）一九一三年一月三日ランボルト宛グレイ公電（F.O.410/62〔969〕文書、〔972〕文書、イギリス国立公文書館蔵）。
（29）前掲『加藤高明』下巻、一四五頁。
（30）一九一三年六月一四日付伊集院彦吉宛牧野伸顕書簡（『伊集院彦吉関係文書 第一巻〈辛亥革命期〉』三三一～三三三頁）。
（31）「同志会と対支問題」（『東京朝日新聞』一九一三年九月一七日）。
（32）「支那亡命客待遇▽加藤高明男」（『東京朝日新聞』一九一三年八月九日）。
（33）一九一四年九月二八日付井上勝之助宛加藤高明電報（『日本外交文書』大正三年 第三冊、六一八頁）。
（34）「外相加藤男の対支方針」（『東京経済雑誌』一七七八号、一九一四年一二月五日）、黒龍会編『東亜先覚志士記伝』中巻（黒龍会出版部、一九三五年、五七三～五七五頁）。
（35）「欧州戦後に於ける世界の変局」（『同志』第一巻第三号、一九一六年六月）。
（36）「我対外関係の現状」（『同志』第一巻第二号、一九一六年五月）。
（37）「原敬日記」一九一五年七月八日（前掲『原敬日記』四、一一三頁）。
（38）「現内閣の外交方針」（『新日本』第五巻第三号、一九一五年三月）。
（39）一九一五年四月一日付大隈重信宛尾崎行雄書簡（前掲『大隈重信関係文書3』、一五五頁）。
（40）「加藤総裁の演説（七月六日関東大会）」（『憲政』第二巻第六号、一九一九年七月）。
（41）幣原喜重郎「現内閣の外交方針」（『憲政』第七巻第八号、一九二四年八月）。
（42）「第五十議会に臨みて」（『憲政公論』第五巻第二号、一九二五年二月）。
（43）加藤高明伝刊行会編『加藤高明伝』（同会、昭和三年、四〇九頁、『時事新報』一九二六年一月三〇日に転載されたもの）。

台湾近代農業の主導者——藤根吉春について

呉　文星
（末武美佐　訳）

はじめに

日本が台湾の植民統治を開始してまもなく、台湾総督府は積極的に台湾の産業調査・開発を推進し、殖産部門管轄下に、農事試験場（一八九九年）、種畜場（一九〇五年）、糖業試験場（一九〇六年）、園芸試験場（一九〇八年）、茶樹栽培試験場（一九一〇年）など研究機関を設置した。同時に、これらの機関では内地から多くの学術的専門知識を有する人材を招聘し、技手、技師などの職位に就かせ、各種調査研究の業務を担当させた。筆者は過去の研究において、札幌農学校出身者が積極的に渡台し、農事試験場や糖業試験場の主たるポストに就き、主導的な役割を担ったことを指摘した。彼らは各種調査研究の業務を担当し、その一環で台湾の近代的農業研究に着手することとなり、農業各分野の研究における先駆者となった。彼らの研究成果はまさに、台湾における近代農学の礎となったのである。(1)

渡台した多くの優秀な札幌農学校出身者、例えば、新渡戸稲造（一八六二〜一九三三）、柳本通義、藤根吉春（一八六五〜一九四一）、長嶺林三郎、川上瀧彌、石田研、大島金太郎、金子昌太郎、素木得一、石田昌人、渋谷紀三郎、三宅勉、磯永吉などは、近代台湾の農事改良に対していずれも卓越した業績を残し、多大な貢献をした。このう

藤根吉春（ふじね・よしはる　1865～1941）

ち、藤根吉春は、近代台湾農業が成立する過程において、まさに先駆者としての役割を果たした人物である。早くも藤根の台湾での在職中、世論は折に触れてその仕事ぶりや台湾農業への貢献を讃えており、彼は将来台湾における歴史的人物の一人となるだろうと評していた。例えば、一九一二年（明治四五）の『台湾日日新報』一五周年記念号において、記者は渡台一五年以上の人物を評論したが、藤根については「異日『台湾名士列伝』なるものを編纂する存念である」[2]と述べた。

また、一九一五年（大正四）に藤根が職を辞して台湾を離れる際、雑誌『新台湾』では、藤根の評伝を掲載した。ここでは、藤根の台湾での業績を高く評価し、新渡戸稲造とは同郷でいずれも札幌農学校出身、普段から両者の関係は密接であったことを取り上げている。その上で、「随分忌憚なく新渡戸に言う者は藤根一人と言える」と述べ、藤根の学識の高さ、経験の豊富さを称賛した。新渡戸は甘蔗の新品種の台湾への導入・普及に関わったことから、その貢献は極めて大きい。一方藤根は、農事試験場を主導しており、評伝でも、台湾の農業開発史にその名を残すと形容された[3]。つまり、藤根に対する一般的評価及び歴史的地位は生前しかも現役時にほぼ確立していたと言える。

しかしながら、戦後において台湾近代農業を論じる場合、藤根吉春に焦点を当てることはあまりなく、台湾近代農業発展への正しい理解を考慮すれば、明らかに遺憾な点が少なくない。この状況に鑑み、本稿では、近代台湾農業調査研究、水稲・畜産品種改良、農業人材の育成、近代農業知識・概念普及などにおける藤根吉春の役割と貢献を解明することを目指す。

一、大志を抱き遠路台湾へ

一八六五年（元治二）四月四日、藤根吉春は現在の岩手県盛岡市大沢川原にて、父吉愛、母イキの長男として生まれた。早くから高い目標を定め、一八八三年（明治一六）盛岡中学校卒業後、上京し本郷区元町の進文学社へと進んだ。一八八五年（明治一八）には札幌農学校に合格、同年七月、農商務省北海道事業管理局貸費生の身分で、横浜港から汽船に乗って北海道札幌へと向かった。一八八九年（明治二二）、畜産学専攻にて札幌農学校卒業後、まず真駒内種畜場で職を得た。二年後には同主任へと昇進したが、この間、北海道庁物品会計官吏、勧農協会学芸委員、北海道物産共進会審査委員などの職を兼任した。一八九三年（明治二六）には札幌農学校講師となり、畜牧及び肥料に関する講義を担当した。同時期、札幌農学校を志す青年のため、自分の俸給の大部分を投じて「北海英語学校」なる予備校を設立した。そして自ら同窓生を説得、あるいは、現役の札幌農学校生を招いて彼らを講師とした。その後、一八九四年（明治二七）には山形県立米沢中学校教諭心得に転じている。(4)

日清戦争後、日本は台湾を初の植民地としたが、藤根はこの大きな変化の中で、内地の「僻地」での教職に甘んじるのではなく、新領土にて力を発揮することを望むようになった。一八九五年（明治二八）一一月、藤根は、東京へ出張を命じられていた台湾総督府民政局殖産部長心得橋口文蔵（一八五三〜一九〇三）の招きに応じ、殖産部雇の身分で渡台した。台湾における初めての仕事は、殖産部農務課における牧畜業務担当であった。(5)

翌年四月、台湾総督府の軍政から民政への移行に伴い、藤根は民政局技手として拓殖課に勤務することとなり、そこで植民係長となった。当時、藤根は頻繁に台湾各地への出張を命じられ、各地の産業状況と植民適合地の調査をしていた。藤根は真面目な態度で仕事に向き合い、自らまとめた調査報告書も極めて詳細なものであった。例えば、一八九六年（明治二九）一二月二三日から一八九七年（明治三〇）二月二八日まで、森貞蔵と共に宜蘭支庁へ赴き、植民に適した土地を選定するための「植民地調査」を行った。この時の復命書には、宜蘭各地の開発、農作物の栽培及びその生産高、価格、商品の交易状況、気候などの概況をまとめ、丁寧に作った図表を付した[6]。また、一八九七年（明治三〇）五月一三日から六月二〇日まで苗栗支庁へ赴き、同じく植民地調査を行った。この時の復命書では、苗栗、三叉河、公館、竹橋頭などの地域における開発状況、農業・畜牧業概況、市街地、物価、官舎建築などの調査結果を詳細に記し、手描きの八櫃庄牧場官舎図六枚、大安港略図一枚を付した[7]。その要旨は、「旧新竹県下植民地」という標題で『台湾協会会報』に掲載されている[8]。

藤根は渡台後、台湾住民の生活習慣や言語、考え方に慣れるため、職員宿舎ではなく、大稲埕の富豪で貢生であった陳雲林の家に住んだ[9]。当時の殖産課長木村匡は、藤根が熱心に台湾住民への理解を深めようとしており、また、親しみやすい人柄であったことから、一八九七年八月三日から三一日まで、台湾総督府の招待で、先住民を募って長崎、兵庫、大阪、京都、東京、横須賀などの都市を旅程とする「内地観光」をさせた際、引率役を藤根に任せた。こののち藤根は復命書として「蕃人観光日誌」を提出した。復命書の最後に、先住民の内地観光には、彼らに帝国の国力の強大さを理解させ、反抗心を捨てさせる効果があると指摘し、今後五、六年は継続実施するよう、方法も含め極めて具体的な提言を行った。その結果、木村匡は、この復命書に高い参考価値を認め、民政局長曾根静夫に提案して出版し、参考用に各県庁に配布した[10]。

一八九七年一〇月、殖産課長心得沖龍雄は、藤根が普段から勤務態度が真面目で技術面も卓越していること、給与に関しては植民調査費から支弁の見込みがあることを理由とし、藤根を民政局技師（高等官七等九級俸）に推薦[11]、殖産課拓殖掛兼農商掛長に任命した。同年一二月藤根は調査のため嘉義、台東などへ出張を命じられた。翌年五月、台南県知事磯貝静蔵は、産業改良を図るため、台湾総督府参事官長石塚英蔵の同意を得、藤根を台南県技師とし、同県殖産課長に任命した[12]。藤根が台南県殖産課長になった当初、世論は強い期待を寄せた。藤根が札幌農学校出身であることを踏まえ、今後彼が台南の殖産事業のために積極的に啓発振興に努め、それが実現するのであれば、この人物を台南に迎えたことは大変喜ばしいと述べた(13)。

藤根は、台南県における農産物の改良と発達を図り、一八九九年（明治三二）三月から農産物品評会の準備に着手した。具体的には、関連規程の制定、委員の招聘、事務委員会と審査委員会の設置を行い、自らが審査委員長となり、同年一一月一～七日に「台南県農産物品評会」の開催を決定するに至った。農産物の総合的、近代的な品評会は台湾では初の試みであった。開催期間、児玉源太郎総督も参観に訪れ、臨席した授賞式では、品評会は、産業上最も有用であるとして開催を支持した。この品評会は、台湾において博覧会の性質を有する催事の始まりとなった。そればかりか、台湾総督府にその重要性を知らしめるきっかけとなり、その後、台湾総督府は統治政策の一環として各地での品評会や共進会の開催を奨励した。これを機に、品評会や共進会の開催は台湾各地で一般化していった(14)。一九〇一年（明治三四）年一月、台南県では引き続き第二回農産物品評会の準備を開始したが、藤根はこの時にも審査委員長を務めた(15)。

一九〇一年一一月の廃県置庁（地方制度改正）後、藤根は再び総督府技師の職位につき、殖産局台南出張所長兼台南農事試験場長となった(16)。この時阿公店、鳳山など南部の六庁管内を奔走し、産業状況を視察した。当時の仕事ぶりは常に高く評価され、一九〇二年（明治三五）九月には高等官五等へと昇級を果たした。翌年三月には台北農事試験場長に転じた。同年一二月、経費不足で三カ所全ての設備を充実させるのが困難なことから、従来の台北、台中、台南の農事試験場が合併され、台湾総督府農事試験場が設置された。初代場長は殖産局長心得新渡戸稲造であったが、新渡戸は同場初代主幹として藤根を任命した(17)。一九〇四年（明治三七）、新渡戸が京都帝国大学法科大学教授へと転じたため、殖産局長心得柳本通義は藤根を場長に任命した(18)。藤根はこの時、台湾におけるトップレベルの農事試験研究機関における主導者となったのである。

二、人材を重視した台湾総督府農事試験場の運営

農事試験場は農業の科学的研究機関であり、その目的は農事改良、優良種苗培養、優良種畜飼育、近代的農業知識の普及推進などであった。藤根は、専門人材の採用と適切な配置はこの試験場の試験成績と密接に関わると考えており、台湾総督府農事試験場設置当初、つまり、藤根が主幹、場長の職にあった期間、需要に合った専門人材の登用に尽力した。注目に値するのは、札幌農学校卒業生（以下、札幌系と記す）のうち、すでに実務経験があり、かつ業績優秀者を嘱託、技師、技手としたことである。例えば、一九〇三年（明治三六）一二月には川上瀧彌、鈴木真吉を嘱託として採用した。川上は一九〇三年卒、専攻は植物病理学、卒業後は北海道庁林務課嘱託、県立熊本農業学校教諭などを歴任していた。採用理由は、植物病理学関連の著作や新発見など関連する業績があるためであった。鈴木は一九〇一年卒、専攻は農芸化学、採用理由は、農事試験事務担当者として最も適任だと認められたからであった。[19]

一九〇四年には堀健、千葉豊治を嘱託として採用したが、堀は、農商務省農事試験場技師として同場昆虫部で勤務しており実務経験が豊富で、台湾総督府農事試験場における昆虫関連業務を任せるのに適当である、ということが採用理由であった。千葉は一九〇二年卒、専攻は森林学、採用理由は農事試験場農事講習生に対し森林学の講義をさせるためであった。[20]

一九〇五年（明治三八）には、吉田碩造、石田研、木村東次郎などを嘱託とした。吉田は、一九〇〇年卒、専攻は農芸化学、卒業後は北海道庁水産課嘱託、札幌農学校講師、県立熊本農業学校教諭などを歴任していた。採用理由は、農事試験及び農事講習生教員ための人材が必要であり、十分な学力と実務経験があり、適任だと認められたからであった。石田に関しては、一九〇五年卒、専攻は農芸化学、採用理由は、吉田とほぼ同様で、農事試

験担当者、農事講習生教員として相応の学力が認められたからであった。[21]

藤根は当時、母校の佐藤昌介校長宛ての書簡で適任者の推薦を要請していた。佐藤は、一八八七年（明治二〇）農芸伝習科第一期卒業生木村東次郎を推薦し、電報にて、木村は牧畜その他農事に明るく職務に忠実だと認める、と知らせた。また、佐藤は追って藤根宛ての書簡にて、月給五〇円以上を要求した。木村は長期にわたり毛利農場牧畜係主任、北海道庁事業手、札幌興農園農業部主任などの職を歴任していた。採用時の具申書には、その理由として農事試験と農事講習の授業上必要なためと書かれ、佐藤校長の推薦があった旨も註記されていた。[22]

一九〇六年（明治三九）、藤根は小田代慶太郎、井街顕、鈴木力治、高木道二郎などを採用し、嘱託、技師、技手とした。小田代は一九〇〇年卒、専攻は畜産学、北海道庁拓殖課嘱託、県立宮城農学校教諭、郡立栗原農学校長などを歴任していた。採用理由は、農事試験場教務主任担当者として適任であったからだ。井街は一九〇一年卒、専攻は農学・養蚕学、県立秋田農業学校、県立熊本農業学校教諭などを歴任した。採用理由は、農事試験事務を担当させるためであった。[23]藤根はこの年も、農事試験場「欠員」を事由とし、佐藤校長に適任者の推薦を要請している。佐藤校長は、新卒者鈴木力治は数学に長けており人選としては適当であろうと回答し、電報にて、鈴木の渡台のため旅費の送金を求めた。鈴木の専攻は植物病理学で、採用後は農事試験場病理部嘱託となった。[24]高木道二郎は林学科新卒者で、採用理由は、農事試験場における森林学関係の授業を担当させるためであった。[25]

一九〇七年（明治四〇）、藤根は引き続き素木得一、石川寛、高橋新民などを採用した。素木は一九〇六年卒、その後は札幌農学校助教授として昆虫学の講義を担当していたが、佐藤校長の推薦により、農事試験場昆虫部主任として採用に至った。[26]石川は一八九二年農芸科卒、大分県立農学校、県立熊本農業学校教諭を歴任していたが、畜産及び種芸部の業務の担当として採用された。[27]高橋は林学科の新卒者で、採用理由は、農事試験場における森林科の講義を担当させるためであった。[28]

以上からわかるのは、藤根が継続的に佐藤校長に対して適任者の推薦を要請し、農事試験場の専門人材の充実を図っていたことだ。しかし、藤根はたびたび農事試験場で職員の更迭が多いことや、適任者の獲得が困難であることを嘆いていた。このような状況が、農事試験場の成績に影響していたのである。[29]農事試験場一〇周年の際、藤根が初期の運営問題の回顧で述べたように、台湾総督府農事試験場官制が発布された一九〇八年（明治四一）六月までの間、同場の職員雇用形態は主に雇や嘱託などの臨時職員で、そのことが優秀な人材の安定的雇用を困難にしていたようだ。[30]

一九〇八年（明治四一）六月の台湾総督府農事試験場官制及び分課規程発布後、農事試験場が制度に拠って組織、運営されることとなった。これにより、人事は、殖産局長が兼任で場長となり、その下に主事一名、専任技師六名、専任書記三名、専任技手一九名を置くと定められた。また、種芸、農芸化学、昆虫、植物病理、畜産、教育、庶務の七部を分設した。それまでの数年間で藤根が積極的に採用した札幌系の人材は、ここで幹部として重要なポストを与えられた。例えば技師七名のうち六名までが札幌系、その内訳は、主事藤根吉春、種芸部長井街顕、植物病理部長川上瀧彌、技師鈴木力治、昆虫部長素木得一、教育部兼畜産部長小田代慶太郎が札幌系で、農芸化学部長堀内政一のみが非札幌系という具合であった。

同年、一八九八年卒、専攻が農芸化学の熊本県立阿蘇農学校長山田秀雄を嘱託として採用、農業事務の担当とし、一九〇三年農芸科卒業の細田勝次郎は農芸事務担当の技手とした。また、一九〇八年東北帝国大学農科大学農学科（札幌農学校の後身）卒業生網野一壽は、農事講習生の教授事務担当の嘱託として採用した。[31]つまり、当時の農事試験場職員人事はほぼ札幌系を中心としたものであり、同場は札幌系主導の機関であったと言える。

その後も、藤根は引き続き札幌系の人材を職員として採用した。ここに列挙すれば、一九〇九年（明治四二）には技師として長嶺林三郎（一九〇〇年卒、畜産学）、渋谷紀三郎（一九〇八年卒、土壌学）、嘱託として池田競（一九〇八年卒、農業経済学）、一九一〇年には技師として東郷実（一九〇五年卒、農業経済学）、技手として平間惣三郎（一九一〇年卒、農学実科）、一九一一年には技手として三田拍採（一九一〇年卒、農学科）、月原徳逸（一九〇九年卒、農芸科）、一九一二〜一九一五年には技手として磯永吉（一九一一年卒、農学科）、岩崎四郎作（一九一二年卒、農芸化学科）、白勢成三郎（一九一〇年卒、農学実科）、鈴田巌（一九一三年卒、農学科）などで、毎年札幌系が着任していたことがわかる。初歩的な統計によれば、一八九五（明治二八）〜一九一五年（大正四）の間に渡台した札幌農学校関係者は計一四三名、このうち農事試験場で職を得た者は最多の三八名（全体の二七％）であった。つまり、日本統治最初の二〇年間、台湾総督府農事試験場が、札幌系の台湾における主要な勤務先だったとわかる。[32]

先に述べたように、当時の農事試験場が抱えていた問題の一つは、職員の頻繁な離職であった。一〇年間における離職者は一一二名、このうち、在職二年以下の者は八三名にも及んだ。[33]言い換えるなら、大多数の者は、短期間の勤務にとどまっており、業務に悪影響が及んでいたことが十分に理解できよう。しかし、藤根の主導のもと、札幌系のほとんどは長期的に勤務して専門知識や技術を発揮しており、頻繁な離職は見られなかった。このことも、札幌系が次第に農事試験場の中核人材として頭角を表すようになった理由の一つであろう。

一九一三年（大正二）、農芸化学部長が技師鈴木真吉となり、各部門の部長は全て札幌系が占めることとなった。この時、専任・兼任技師は合わせて一三名、このうち札幌系は九名に及んだ。[34]つまり、藤根の考えに基づいた採用のもとで、一〇年の間、農事試験場は札幌系が専門知識や技術を発揮する重要な舞台として、また、札幌系が主導・運営する農業研究機関として存在したのだ。

農事試験場職員は主として農産物の増殖改良、農事調査、農事・林業・獣医術講習、そして種苗・蚕種・種畜の配布などの業務に従事していた。言い換えるなら、農事関連の科学的研究結果に基づいて応用的実験を行い、台湾農民に対して根本的な農事改良を奨励していたのである。さらに、台湾の農業は熱帯農業に分類され、内地とは状況が異なっていた。つまり、台湾の農事試験場は方針・事業の推進いずれも独自性を帯びていた。

試験研究の成績について言えば、一〇年間における各部門の成績は以下の通りである。まず、種芸部では、水稲、陸稲の品種・耕種・施肥試験、甘藷・黄麻・胡麻など品種試験、粟、トウモロコシなど二七種の作物の作付け試験を実施した。第二に、農芸化学部では、水稲肥料の圃場試験、アルカリ・酸性土壌調査を実施した。第三に、昆虫部では、稲作害虫・益虫調査研究を完了させ、普通作物で一三三種、園芸作物で二四一種、特殊作物で二一一種、その他作物で一二九種の害虫が存在すると整理した。益虫については、肉食・寄生性昆虫が約三五〇種存在することを明らかにし、一〇万匹あまりを採集して台湾産昆虫標本にした。

第四に、植物病理部では作物病害の予防駆除方法の試験を実施し、野生植物、作物病害菌類など計一四〇種の病原菌を発見、これに対して適切な予防駆除方法を提案した。例えば、瓜科白絹病、キャベツ菌核病、稲苗腐敗病、樟白絹病及び膏薬病、サトイモ疫病などはそのうち重要なものである。この他、台湾北部害草調査を実施し、その結果をパンフレット『台湾総督府農事試験植物目録』として出版した。第五に、畜産部では台湾の黄牛、豚、鶏などの品種改良、飼養などの試験を行った[35]。同場では毎年その事業の進捗状況及び成績をまとめて『概況』『一覧』『要覧』『農事試験成績』として出版したが、一九〇四～一九一五年の農事試験調査研究成果に関する書籍の出版点数は六二冊に及んだ[36]。

以上の調査研究成果は台湾近代農学の礎となっただけでなく、これらに従事した川上瀧彌、長嶺林三郎、素木得一、鈴木真吉、磯永吉、渋谷紀三郎などは、台湾における初の近代的農学者となった。一九四一年（昭和一六）、細田勝次郎が藤根吉春の回顧文において、彼が農事試験場の運営に際して発揮した人材運用の手腕を称賛したのも不思議ではない[37]。

三、内地種米の台湾への導入と品種改良の提案

水稲は台湾の主要な食用作物である。日本統治当初における台湾総督府の産業調査によれば、花螺、島尖、清油米、格米、紅米など台湾米（台湾の在来種水稲）はもろくて傷や欠けが多く、粘り気が少ないなど、質としては「粗悪」であると判断された[38]。それ故、台湾総督府は一九〇一年（明治三四）から殖産興業の方針を打ち立て、稲作改良を産業改良事業の重要事項とした。稲作改良の重点は三つ、即ち、塩水選種と短冊形苗代の奨励、緑肥栽培の奨励、米種改良事業であった。このうち、米種改良は台湾米の改良と内地米（内地種水稲）の試作を指す。初期の主たる事業は台湾米の改良で、各地の農会を通じて優良種のみを選抜し改良を行った[39]。

一八九七年（明治三〇）、台湾総督府殖産課は台北県大加蚋に付属農事試験場を設置したが、内地米は、そこで作付け試験を実施した作物の一つであった[40]。一八九九年（明治三二）、台北、台中、台南への農事試験場設置後、それぞれで内地米の作付け試験を実施した。当時藤根は台南農事試験場長であったが、ここでは鹿児島種を試作した[41]。

一方台北農事試験場では、神力、都、江戸、中村、佐賀万作など計一四種の内地米作付け試験を実施し、一九〇三年（明治三六）一二月に台湾総督府農事試験場となった後も、藤根は試験用水田の面積を一〇歩と定めて試験を継続した。また、花螺、白脚花螺、清油、烏殻など台湾米二六種についても作付け試験を実施し、内地米との比較を行った。その結果、一九〇四～一九〇六年の三年間、ほとんどの内地米の生育状況は台湾米よりも良好であった。内地米、台湾米計四〇種の収穫高を総合的に見ても、三石の第三位、江戸の第六位などを筆頭に、内地米のほとんどが上位三分の二以上を占めていた。これら内地米の収穫高は試験場付近で広く栽培されていた台湾米花螺の平均収穫高とほぼ変わらなかった[42]。

農事試験場は、以上の良好な成績について、毎年発行される試験成績報告以外に、「稲作改良法」の表題で冊子にし、広く配布した。また、農閑期を利用して各庁で農談会を開催し、職員を派遣して刊行物の要旨について講演するなど、台湾一般農民の教化と、試験成績の周知に尽力した[43]。

藤根が場長の身分で台湾各地に赴いて講演した際も、特に宣伝に力を入れた。例えば、一九〇六年（明治三九）一〇月七日台北庁農会において「農事の改良に就いて」という講演を行った時には、一九〇二（明治三五）～一九〇五年（明治三八）の台湾における稲の作付面積と収穫高の増加状況の紹介、台湾産米の外国・内地への輸出・移出の増加、並びに農事試験場における試験成績を取り上げ、台湾の稲作改良の成功について解説した。その上で、農事試験場における台湾米の作付け試験の結果は、第一期では白脚花螺が花螺より良好であったことから、台湾の農家では白脚花螺を選んで作付けし、第二期では、花肚が格仔より良好であったため、多くの農家で収穫高が見込める花肚を選択したと述べた。内地米については巾着の収穫高が年々増加しており、試験場付近で普遍的に栽培されている花螺のそれを若干上回り、粒の形状、光沢や色、硬度、風味が内地産米に酷似していると評価した。これに加え、価格がそれほど高くないことから輸出・移出に最適で、この品種の一般農家での試作を望むと結んだ[44]。

農事試験場では、従来のように北部のみの試験実施は、気候、土質などの要因から、中部、南部の品種がその特殊性を十分に発揮できないとして、中部・南部での試験実施の必要性を考慮するようになった。そこで、一九〇七年（明治四〇）以後、試験の方法を変更した。つまり、北部、中部、南部の優良品種を収集し、台中庁、阿緱庁下農会には地元品種の作付け試験を委託するようになったのである。一九〇九年（明治四二）当時、北部の品種試験では内地米と台湾米の両方を扱っており、数はそれぞれ一五種と三四種に増加した。大多数の内地米の生育状況は台湾米よりも良好であった。固定面積での平均収穫高は、内地米では多い順に都、江戸、穂増、巾着、佐賀万作、台湾米では低脚烏殻、低脚花螺、清油、花螺、烏殻となった。注意に値するのは、内地米のうち生産高の大きい一〇種の平均値が、農事試験場付近で広く栽培されていた台湾米花螺を上回っていたことだ[45]。農事試験場では試験と試作の成績が良好であったため、成績を取りまとめて印刷し、参考用として業者へ配布した[46]。

一九一〇年からは、農事試験場では三井物産会社に試植米の評価を依頼した。その結果、一五種の内地米全てが三等以上の評価を獲得しており、一等は、中村、三石、白道海、白藤など四種を数えた。一九一〇年の内地移出米の平均時価は一〇・五円で、内地米一～三等品の評定価格はそれぞれ、一三・五円、一三円、一二・六円であった。台湾米一～三等品の評定価格はそれぞれ、一一・三円、一〇・八五円、一〇・三円であった。平均収穫高は、江戸、中村、都、巾着、佐賀万作、三石に関して言えば、試験場付近に普及していた台湾米短広花螺のこの年の収穫高を上回っていた[47]。つまり、内地米は収穫量が台湾米を上回っていただけでなく、品質もおしなべて良く、評定価格も内地移出米より高かったのである。

以上の成績に鑑み、藤根は中南部における内地米の試植を拡大するべきだと主張した。その背景として、まず、北部における内地米の試作では、多くの品種において台湾米より収穫量が多いことを挙げた。当時は、中南部における内地米の研究はまだ不十分で、収穫量もそれほど多くなかった。しかし藤根は、こうした現状にあっても中南部に普及している台湾米烏尖や清油よりわずかに少ないだけで、価格は内地米の方が高いことを指摘した。その上で、もし中南部で内地米の栽培研究に尽力することができたら、間違いなく、農事試験場と同じ位の成績を収めることができるだろうと述べた。内地米栽培時の注意点として、出穂の際鳥害を防止すること、播種や田植えのタイミングは台湾米より一〇日から二週間遅らせること、そして、田植えの際、一回の量は台湾米よりも五株以上多くすることなどを述べた[48]。

当時、内地米を台湾で栽培しても成功しないとみる者もいた。例えば、台湾総督府殖産局農務課技師長崎常

（藤根の札幌農学校時代の同期生）は、内地米の沖縄県への移植に失敗した経験を挙げ、内地米を改良して台湾の新品種とするやり方に対して異議を唱えた。長崎は、農事試験場の試作が成功しても、士林や板橋などの地域での栽培に適しているとは言い切れず、試植の成果は少なくとも三～五年経って初めて判断できると主張した。仮に成功しても、これを台湾全土へ普及させるにはさらに四年の時間がかかると述べ、現在内地米の普及に着手するのは時期尚早ではと疑問を呈した。また、農事試験場では未だ優良品種を発見できておらず、しかも台湾の風土に合う内地米には、少なからぬ欠点があることも指摘した。それ故、農事試験場は内地米を台湾へ移植して改良の上台湾の新品種とするより、台湾米の中から内地米に劣らないものを探して改良に尽力した方が良いと主張した。(49)

このように批判や反対に遭ったものの、藤根は意志を貫き、農事試験場内の水田における内地米の試作実験を続けただけでなく、台北庁、桃園庁での普及に努めた。例えば、一九一一年（明治四四）一一月三〇日、桃園庁農会は「稲立毛競作会」を開催した。藤根は審査委員長として招かれ、挨拶のことばを求められた際、農事試験場における水稲の試作実験について紹介した。ここでは、江戸、中村、都、佐賀万作、三石など内地米の三年間にわたる平均収穫量は台湾米を上回っており、価格も高かった。それ故、試植希望の一般農家には、種籾を農会から無償配布した。(50)

また一九一三年（大正二）、台北庁の淡水、小基隆、金包里など三支庁で内地米の試植を実施したが、その結果、淡水と金包里では一ヘクタールあたりの平均収穫量はそれぞれ三四・三四石、三九・六九石となり、世論はこれを実に良好な成績であると評価した。(51)そこで一九一四年からは阿緱、台中、南投、嘉義、台南、宜蘭及び新竹庁などでも内地米の普及に着手した。(52)つまり、藤根は台湾での職を離れるまでに、内地米の試作を実施し、その結果これが台湾の風土に合い、品質も台湾米より優れていると確信した。これを根拠とし、内地米の北部、中南部の各庁での試植を奨励して普及に努めた。

その後、各地農会は栽培法の研究に力を入れるようになった。一九一九（大正八）～一九二二年（大正一一）、台中庁農事試験場では磯永吉技師の指導のもと、末永仁技手が「若苗植付法」を開発、提唱した。これにより内地米における早熟、草丈の低さ、分蘗（茎の根に近い節から新しく発生した茎）の少なさ、出穂の不揃いなどの欠点を克服できた。結果、品質は大幅に改善し、収穫量も顕著に増加した。[53] つまり、内地米の強みと市場での競争力を確立したと言える。一九二二年、台湾総督府は内地米栽培奨励施策を推進し、優良新種を「蓬萊米」と命名した。各州農会への原種田経営補助金を国庫より支出し、そこで栽培した優良原種を農家や組合へ配布した。蓬萊米の種植は急速に普及、発展し、ここに台湾の新しい稲作が確立した。[54]

以上、内地米の試作推進の基礎、内地米研究・栽培に従事する人材の育成、一般農民に対する内地米知識の普及の実態をまとめた。藤根はこの中で、内地米を栽培することの利点を主張した。彼はまた、台湾各地で農談会を開き、地方農民に試験成績を示しながら栽培のメリットを説いた。この藤根の働きは、のちの台湾稲作の盛況を導いた、とのちに澤田兼吉が回顧している。[55] この評価は極めて的確である。仮に、農事試験場で藤根がこれらを提唱、実践、そして貫徹しなければ、台湾は一九二〇年代の蓬萊米生産時代を順調に迎えることはなかったかもしれない。

四、西洋種豚・牛の台湾への導入と品種改良の提唱

清末期、台湾の農家においては、豚、牛、羊など家畜の飼養が盛んであった。しかし基本的には副業に属するものであり、専業畜産家はほぼ存在しなかった。そして、それらの家畜は、基本的に質が悪く、繁殖力が弱かった。そこで畜産改良を目指し、一八九六年（明治二九）、台湾総督府は、内地産牡馬二頭、西欧種及び雑種牡牛三

頭、牝牛一頭を購入した。このうち牡牛二頭は恒春支庁に飼養及び在来種牝牛との交配を委託した[56]。翌年内地から優良な西欧種牛四頭、綿羊五頭、豚九頭を購入して飼養し、台湾人に畜種の改良と畜産分野に励むよう勧めた[57]。

一九〇〇年（明治三三）以降、台湾総督府殖産局は数度にわたって殖産協議会を開き、豚種改良及び繁殖方法を話し合った。農事試験場では豚種の改良に力を入れ、一方では外国の優良品種豚を導入して繁殖させ、他方では、種豚用に在来優良品種豚の選定を行った。具体的には、イギリスから白毛豚ヨークシャー種（Middle White）と黒毛豚バークシャー種（Berkshire pig）を購入し種豚として試養し、繁殖のために在来豚と交配させた。牛種改良については、小柄な農用の在来牛「黄牛」改良のため、乳用のエアシャー種（Ayrshire）と肉用のデボン種（Devon）牝牛を購入し、農事試験場での飼養と民間への貸与を行い、牝牛との交配を通じた繁殖を進めた[58]。当時台湾総督府は乳牛を繁殖させるため、オーストラリアからエアシャー種牛六頭を購入し、藤根を神戸へ派遣し台湾へ向けて牛の移送をさせた[59]。藤根が取り仕切っていた台南農事試験場ではバークシャー種豚、エアシャー種牡牛を飼養し、また、農家を巡回して交配繁殖を進めた。その結果雑種牛が増え、牛畜改良の機運がいっそう高まった[60]。

藤根が台湾総督府農事試験場を主導し始めてからは、積極的にエアシャー種・デボン種牛と黄牛、並びにヨークシャー種・バークシャー種豚と台湾豚の飼養と交配繁殖試験を行い、できた牛や豚を各地の農会・組合・関連業者に貸与することで品種改良を進めていった[61]。

藤根は、この頃外国品種の豚牛を用いた品種改良の実施を積極的に宣伝していた。一九〇五年（明治三八）一一月一〇日、蕃薯寮庁では牛畜組合連合共進会を開催した際、藤根は審査委員長を担った。この共進会でデボン種牛の貸与と購入を行い、また同地では牛場を設置し牛畜の改良や繁殖を進め、短期間に好成績を収めたことを評価した[62]。また、記者の取材を受けた際、台湾黄牛は体が弱く、他方水牛については、体は強健だが労役には体力が不足しているとした。このため役牛であれ肉牛であれ、優良な品種を用いて品種改良をすべきだと主張した。

さらに、台湾の風土、気候、飼育材料の点から考えた結果、最も成績が良く品種改良に適していたのは、役牛ではデボン種、乳牛ではエアシャー種だったと述べた。そして、この点に関しては、内地の専門家も同様の考えであり、これらは牛畜改良に最適な品種であると結論づけた。[63]

藤根はさらに、深坑庁農会で養豚についての講演を行った時、種豚の選択は非常に大切で、骨格が大きく発育が良好で、さらに生殖能力が高いものを選ぶべきだと述べた。そして、台湾種の中にもそのようなものはあるが、外国種を種豚とするのは改良方法の一つとしては確実だろう、と主張した。[64] 一九〇七年（明治四〇）一〇月には、桃園庁における講演の中でエアシャー種牛、デボン種牛、黄牛、雑種牛を比較し、西洋種牛と黄牛の交配の結果できた雑種牛の成長が速く、体重も黄牛より重いことを指摘し、異種繁殖は改良の近道であることを明らかにした。[65] 同時に、農事試験場における繁殖成績が良好なのは、牛においてはデボン種と黄牛の雑種、豚においてはバークシャー種と台湾種の雑種だと述べた。そしていずれも交配用として民間に無償提供すると宣伝した。[66]

藤根は、台湾の気候風土に合った優良種畜類の導入に極めて積極的であった。一九〇八年（明治四一）、殖産局長宮尾舜治がインド牛の導入を考慮した際、藤根は大賛成し、恒春種畜場技師長長嶺林三郎・鳳山庁技師桑島逸覚・台湾総督府参事官増澤有の三名を推薦し、欧米諸国・インド・オーストラリア・南洋諸島へ出張させた。この時の目的は、牧畜業と農業の概況調査であった。翌年三月に一行が台湾に戻ると、長嶺は、インドの牧畜は台湾のものと酷似しており、水牛と黄牛が極めて多いと指摘した。また、水牛は労役・乳・肉用全てを兼ねており、品質は台湾水牛より良いと述べた。その上で、インドのシンド種（Sindhi）乳牛、カンクレージ種（Kankrej）乳牛の台湾への導入を提案した。[67]

その後台湾総督府は藤根吉春・東郷実両技師をインドとジャワに派遣し、農業及び経済の状況を視察させた。期間は一九〇九年（明治四二）三月三一日から一年であった。[68] 藤根はインドの農業、農事試験場、農業教育機関を視察したほか、少なからぬインド有用植物の種苗を持ち帰った。そして、殖産局の依頼通りカンクレージ種牡牛五頭・牝牛一〇頭を購入した。[69]これは恒春種畜場及び農事試験場でのインド種を用いた牛畜改良の端緒を開いた。

一九一五年（大正四）に藤根が台湾での職を離れた際、農事試験場ではちょうど役牛の改良に着手していた。具体的には台湾黄牛とデボン種・カンクレージ種牡牛との交配である。乳牛は、黄牛とエアシャー種・インドのシンド種牡牛との交配を実施していた。豚については、台湾種豚とバークシャー種牡豚との交配繁殖を進めた。これとは別に試験中であった役牛ブラウンスイス雑種とデボン雑種は、黄牛よりも大柄で体力があり労役に耐え、乳牛はエアシャー雑種の成績が優良で、泌乳期が黄牛よりも一五〇日あまり長く、乳量も比較的多かった。乳質は、エアシャー種及びその雑種牛の乳脂肪率が黄牛より高かった。インド種牛においては、役用・乳用問わず、台湾導入開始以来、気候風土への適応上問題は全く見られず、繁殖した仔牛の発育も健全であった。種豚の繁殖については、バークシャー種と在来種の交配でできた雑種が最も台湾の環境に適していた。これは一年で五〇～六〇斤にまで成長するなど発育状態も良好、そして肉質も良かった。[70]

これらのことから、藤根が積極的に提唱、推進した西洋種豚・牛による畜産品種改良は、交配が順調に進んだだけでなく、優良品種の民間への普及まで成功したことがわかる。

農事試験場では、台湾種の豚にバークシャーを交配させて生産量を増やし、肉質を改善しつつ、台湾種の獣疫への抵抗力は維持した。この改良により、台湾養豚業の安全、確実性を確保したのである。また、バークシャー種の純粋繁殖を行い、これを種豚として各地方農会へ配布した。台湾総督府もこの方針を奨励し続けた。これを基礎とし、台湾の養豚業は飛躍的に発展した。また、台湾の畜牛では、黄牛のうち体格の大きいものを選び、類似系統に属する印度牛即ちカンクレージ種及びシンド種との交配を通じた改良を行った。台湾総督府はこの方針を受け入れ、指導奨励を行うこととした。畜産の発達にしたがい、健康で体格の大きな黄牛が台湾全土に普及したのは、藤根の先見の明によるところが大きい[71]。以上の内容は、当時の論者の評論である。ここでは藤根の台湾畜産業に対する貢献が簡潔かつ的確に示されていると言えよう。

五、「農事講習生」制度の整備と台湾農村中堅人材の育成

一九〇〇年（明治三三）一一月、台北、台南県農事試験場はそれぞれ農事見習生、農事講習生を募集した。これは、台湾近代農業教育のはじまりを意味する。翌年一一月廃県置庁後、台湾総督府は台湾総督府農事試験場農事講習生規程を発布し、講習生入学資格を年齢一八歳以上、品行方正かつ身体強健、所有田畑二甲以上の農家の青年と定めた。そして、農事講習生を、農事に関する簡易なる学理と技芸を教える場所と定義し、修業年限を一年とした。一九〇二年（明治三五）五月、台北農事試験場は生徒募集を開始し、一九〇四年（明治三七）六月には第一回卒業生一二名を送り出した[72]。

藤根が農事試験場主幹となってからの農事講習生の様子は次の通りである。つまり、当時の台湾における一般農家の平均耕地はわずか一・二甲で、入学規程にあるような二甲以上の耕地を所有する者は極めて少なかったため、講習生募集は困難を極めた。また、入学者の学力は差が激しく、国語（日本語、以下同）を少ししか理解できない者もいたため、授業の進行にも影響した。修業年限についても、たった一年で一般農学を教えるということになっていたが、必要な知識を習得させるには短く、三年から五年とすると、家業などへの影響が懸念された。それ故、適切な規程について考慮を要する状態が続いた[73]。

一九〇四年（明治三七）五月、農事講習生規程を改正し、入学資格は田畑一甲以上所有の農家における満一七歳以上の青年で、かつ公学校第五学年以上の修了証書を持つ者、修業年限は二年とした。また、生徒募集の際には、

各地方庁に定員が割り振られ、それぞれで応募者を選抜して農事試験場へ推薦する、という形を取り始めた。生徒の生活費は、毎月食費、文具費、書籍費など合計約四・五円であったが、全員無料にて寄宿舎に居住し、さらに講習時間以外に労役に従事した場合は六円を支給されたため、毎月生活費に支出する以外に一・五円の余裕があり、家庭からの仕送りは必要なかった[74]。

講習科目については、国語、理科、数学、農学、土壌、肥料、作物、植物、害虫、土文《ママ》（漢文）、畜産、森林、獣医などで、一週間あたりの授業は二三〜二四時間、毎日二〜三時間にわたって実習地で実地の耕作作業に従事した。また、試作圃で自分の好きな作物の試作を行った。毎週金曜日には国語研究会が開かれ、講習生は国語で各自観察の感想を述べ、語学の上達を目指した。教育の責を担ったのは、藤根吉春、川上瀧彌、吉田碩造、千葉豊治（以上、札幌農学校卒）、西壮太郎、小笠原秀太郎、恵澤貞次郎（以上、東京帝国大学卒）、堀健（アメリカ農学士）、桑島逸覚（県立宮城農学校卒）、成瀬良一（鳥取県立農学校卒）、島田彌市（県立熊本農業学校卒）、原浩一、張家期（以上、台湾総督府国語学校卒）などであった。つまり、教員のレベルは相当に高かったと言える[75]。

農事講習生は内地の二〜三年制農業補習学校程度のものであったが、それでも初期と比べて台湾各地での応募状況は改善し、講習生の人数は増加し続けた。これに伴い農事試験場では教室と寄宿舎を拡充した。ある論者はこのような状況で、農事講習生拡大の提案を行っている。即ち、農事講習生はすでに進取の気風に富んでいるため、試験場では徐々に講習生の規模を広げ、彼らに各種学理を学ばせて実習もさせ、さらには経済学科を増設し、次第にこれらを一般農家でも応用させるべきだと述べたのだ。つまり、年々増加する講習生を台湾農事改良の中堅として活用することは急務であると示したのである[76]。

一九〇六年（明治三九）七月、内地人獣医の獣疫防遏作業の補助的人材を育成するため、また、獣医学を解する台湾人を育てるため、農事試験場規程を改正し、獣医講習生規程を制定した。ここでは、入学資格を農事試験場農事講習課程修了者あるいは同等の学力を有する満一九歳以上の者とした。獣医講習生の修業年限は六カ月で、獣医の技術と簡易なる学理を習得すると決めた。翌年八月、講習生規程を再度改正した。これは農事講習生の中から成績優秀者を選抜して獣医学、林学、高等農学を習得させるようにしたことが主な変更点であった。その目的は、第一に農事改良を図るため、第二に台湾産業界の顕著な発展に対応するためであった。具体的には、講習生を農事、獣医、林業の三種に分け、また、農事の下に甲、乙科を置いた。入学資格は、(農事)乙科では田畑一甲以上を有する台湾人子弟、公学校第五学年の修業証書もしくは同等以上の学力を持つ満一五歳以上の者とした。(農事)甲科、獣医、林学については、(農事)乙科の講習修了者もしくは同等以上の学力を持つ満一七歳以上の者とした。修業年限は、(農事)乙科は二年、(農事)甲科、獣医、林学は六カ月と定めた。(77)

この時期、毎週金曜日の国語研究会は引き続き開催されていた。開始以来一〇〇名あまりの講習生が順番に講演を行い、自分の考えを国語で表現してきた。授業の余暇、講習生は常に教員の指導のもと昆虫と植物の採集を行った。実習の授業では実地耕種や付近の建物や田園の測量、昆虫採集、害虫駆除、家畜の取扱いなどの作業を行った。注目に値するのは、講習生たちが、座学の授業の筆記だけでなく、国語による詳細な農場日誌の執筆と提出を求められていたことだ。(78)

一九〇八年(明治四一)六月、農事試験場官制改正により、教育部が設置され、ここで講習生の教育業務を取り仕切ることとなった。翌年三月、新たに制定された講習生規程では、分科・入学資格・修業年限は以前のまま、カリキュラムについては完全を期して変更を加えた。(農事)乙科は簡易なる学芸を習得するものとし、講習科目は、倫理、国語、土語《ママ》(台湾語)、地理、数学、博物、理化、農業大意、土壌及び肥料、作物、園芸、病虫害、畜産、獣医、森林、測量、体操、実習などとした。(農事)甲科は乙科の補習教育という位置づけであり、授業科目は稲作、肥料、病虫害、実習であった。獣医科と林学科は、初歩的な専門教育課程であり、前者の講習科目は病畜管理、解剖及び生理、病理、薬物、衛生、獣医警察、実習など、後者は造林法、林産物大意、測樹、測量及び製図、実習などであった。講習生の定員は全体で二二〇名とされ、全員寄宿舎に居住した。また講習生は授業時間外には労役に従事すること、それに対し報酬を支給することが定められた。これとは別に、講習生には在学中毎日二〇銭以内の生活費を与えた[79]。

一九一一年（明治四四）一二月、講習生規程を再度改正し、講習生予科、農科、獣医科とした。予科は修業年限一年で、農科や獣医科入学に必要な学芸を習得させると定めた。農科は、修業年限二年で、農事及び森林の簡易なる学理と技術を習得させると定めた。獣医科は修業三年で、獣医に関する簡易なる学理と技術を習得させると定めた。獣医科に関しては、卒業後検定や試験を経ず獣医免許状を与えるものとした。入学資格は、公学校六年の修業証書を持つ者とし、レベルを引き上げた。またこの時、蚕業講習生を設置した。入学資格は（農事）甲科・獣医科と同様で、修業年限を二年とした。引き続き全ての講習生を寄宿舎に居住させ、各科では毎日午後を実習の時間に当てた。講習生は実習の時間を利用して実地で技術面の向上を図り、労役報酬として毎日二〇銭を支給された[80]。

ここにおいて、農事試験場講習生制度の入学資格、修業年限、講習科目などの規定は内地の乙種農学校と同等になった。両者の相違点は、講習生の場合、終始農家の青年を入学対象としたこと、全員が寄宿舎を利用したこと、実習を特に重視したこと、農事試験場種芸・化学・昆虫・病理・畜産などの各部職員が本業の傍ら教壇に立っていたこと、講習生は労役に従事し報酬を得ていたことなどが挙げられる。

卒業生の進路を見れば、一九一五年までの総数は四五八名、そのうち公的機関・農会勤務一六三名（三五・六％）、自営農業一三七名（二九・九％）、会社員六九名（一五・一％）、公学校教員六七名（一四・六％）、進学・日本留学者九名（二％）、死亡一三名であった[81]。一九二二年（大正一一）講習生制度廃止までの各科講習生の卒業者数は、農科二九〇名、農科乙科四二九名、農科甲科八一名、獣医科一七七名、林業科四一名、蚕業科七一名、総計一〇八九名であった。[82] 台湾で正式な農業教育機関が存在しなかった日本統治前期、農事講習生は藤根が主導した特殊な教育制度であった。ここでは農村の優秀な青年を集め、公費によって近代農業の概要、専門知識及び技術を習得させた。結果、彼らは台湾人として初めて、台湾の地方農事改良における中堅人材となったのだった。

この他、一九〇五年（明治三八）四月、藤根は講習生と卒業生を中心として「台湾農友会」を組織し、機関誌として『台湾農友会会報』を発刊した。[83] 当初は不定期の刊行であったが、翌年四月、第四号以降は、隔月刊となった。一九〇八年（明治四一）四月に『台湾農事報』と名称を変更してからは月刊となり、台湾の農業研究者、農業実務担当者、農村指導者の成果発表、意見交換の主たる舞台となった。同時にそれは、近代農業に関する知識、技術、概念を普及するための重要な媒体であり続けた。

藤根の離職後、現役講習生と同窓生はその教えを懐かしんだ。そこで彼らは「藤根恩師謝恩会」を組織して寄付を募り、彫刻家齋藤静美に依頼して藤根の胸像をつくって試験場内に設置した。一九一六年（大正五）九月二一日、除幕式が開かれた際に出席した講習生と同窓生は総計八〇〇名以上であった。これは日本統治時代の台湾において唯一、生徒が教員を記念してつくった胸像であった。[84] 藤根が、講習生たちから如何に尊敬され、親しまれてきたかということを、この史実がはっきりと示している。

おわりに

一九一五年（大正四）九月、藤根は慢性マラリア罹患を理由とし、やむを得ず台湾での職を離れた。その後は故郷へ戻り、岩手県立盛岡農学校校長兼教諭となった。しかし、台湾の教え子たちとは引き続き連絡を取り続けた。

一九二八年（昭和三）五月、藤根は在校生と卒業生を主体として組織された「台湾農窓会」の特別招待により台湾を再度訪問した。藤根はこの機会に台湾農業の現状を視察し、そして会員たる多くの教え子たちと思い出話に花を咲かせた。[85]

一九三五年（昭和一〇）一〇月二七日、台湾農窓会は、台湾総督府中央研究所農業部藤根吉春銅像前広場で、会員大会並びに「藤根恩師寿像建設二〇周年記念式」を開催した。参加者は三〇〇名あまりに及んだ。[86]会員総代獣医科第一回卒業生楊漢龍は祝辞で、藤根が台湾における産業革新の政策に参画し、また十数年にわたって農業教育に尽瘁、その功績は枚挙に暇がなく、台湾が今日のような産業発展を見ることができたのは、藤根の精励に拠るところが大きいと指摘した。また、藤根は高潔で、愛情深い温和な人格者と言え、生涯忘れることのできない恩師であるとし、[87]終始真摯に仕事に向き合っていた藤根の姿を振り返った。

総じて言えば、藤根は日本の台湾統治開始直後に渡台し、技術系職員の身分から、積極的に台湾総督府による産業開発の企画とその推進に関わった。適切な専門人材を登用して農事試験場の運営に全力であたり、また、水稲と家畜の品種改良に尽力し、近代台湾の稲作と畜産の発展における基礎を築いた。農事試験場農事講習生については、日本統治時代の台湾で、台湾人の農事改良人材を初めて育成した。彼は台湾総督府の職員の一人に過ぎないが、その貢献は否定できるものではない。一九四一年（昭和一六）二月、台湾農会は、藤根の功績の大なることを理由とし、台湾農業界の功労者として彼を表彰している。[88]

一九四一年三月五日、藤根は心臓衰弱症に急性肺炎を併発してこの世を去った。同月二〇日、台湾農窓会は台北市曹洞宗別院にて遥吊式、つまり藤根をしのぶ会を粛々と執り行った。[89]台湾の教え子たちが、藤根を変わらず慕い続けていたことがわかる。

註

（1）呉文星「札幌農学校と台湾近代農学の展開――台湾総督府農事試験場を中心として」、『日本統治下台湾の支配と展開』、中京大学社会科学研究所、二〇〇四年、四八一～五二二頁。呉文星「札幌農学校卒業生と台湾近代糖業研究の展開――台湾総督府糖業試験場を中心として（一九〇三～一九二一）」、松田利彦編『日本の朝鮮・台湾支配と植民地官僚』、国際日本文化研究センター、二〇〇八年、八九～一〇五頁、を参照。

（2）古武士「十五年前の人」、『台湾日日新報』第四二八一号、一九一二年五月一日五三面。

（3）淡溪生「台湾を去りし奇傑藤根吉春」、『新台湾』一〇月号、一九一五年一〇月、一二～一四頁。

（4）澤田兼吉「嗚呼藤根吉春先生」、『台湾農事報』第三七年五月号、一九四一年五月、四三二頁。橋本左五郎・藤田経信「故藤根吉春君追憶」、『札幌同窓会第六十五回報告』、一九四一年一二月、九頁。淡溪生「台湾を去りし奇傑藤根吉春」、一八頁、を参照。

（5）「岡田真一郎外五名雇員任命」、『明治二八年台湾総督府公文類纂』第五巻、第二五文書、簿冊番号四六。

（6）「宜蘭庁管下植民地調査技手藤根吉春同森貞蔵復命書」、『明治三〇年台湾総督府公文類纂』第一五巻、第九文書、簿冊番号四五三二。「植民選地」、『台湾新報』第一五六号、一八九七年三月一九日二面、を参照。

（7）「苗栗管内植民地調査ノ為出張藤根吉春名復命書」、『明治三〇年台湾総督府公文類纂』第五巻、第一文書、簿冊番号四五一九。

（8）「旧新竹県下植民地」、『台湾協会会報』第三号、一八九八年一二月、四二～四五頁。

（9）「藤根農事試験場学監を憶ふ」、『実業之台湾』第七一号、一九一五年一〇月、三頁。

（10）「内地観光蕃人状況藤根〔吉春〕技師復命」、『明治三〇年台湾総督府公文類纂』第三六巻、第六文書、簿冊番号一八〇。

（11）「藤根吉春技師ニ任叙」、『明治三〇年台湾総督府公文類纂』追加第五巻、第二文書、簿冊番号二三一。

（12）「藤根農学士技師任命ノ件（元台南県）」、『明治三一年台湾総督府公文類纂』第一七巻、第一一文書、簿冊番号九五三九。

（13）「新殖産課長」、『台湾日日新報』第五九号、一八九八年七月一四日三面。

（14）末武美佐「産業奨励的試行――一八九九年台南県農産物品評会」、『台湾文献』第六八巻第四期、二〇一七年一二月、四四～八〇頁、を参照。

（15）「設品評会」、『台湾日日新報』第八二二号、一九〇一年一月三〇日三面。

（16）「総督府技師藤根吉春民政部殖産局台南出張所長ヲ命シ事務嘱託東條秀介民政部殖産局台南出張所勤務ヲ命ス」、『明治三四年台湾総督府公文類纂』進退追加第一四巻、第四三文書、簿冊番号六九六。「技師藤根吉春台南農事試験場長ヲ命シ技師青柳定治台北農事試場長ヲ命ス」、『明治三四年台湾総督府公文類纂』進退追加第一六巻、第三六文書、簿冊番号六九八。

(17)「総督府技師新渡戸稲造台湾総督府農事試験場長兼勤ヲ命セラレ総督府技師藤根吉春農事試験場主幹ヲ命ス」、『明治三六年台湾総督府公文類纂』進退追加第二三巻、第一〇文書、簿冊番号九二七。

(18)「技師藤根吉春農事試験場長ヲ命セラル」、『明治三七年台湾総督府公文類纂』第一一巻、第五〇文書、簿冊番号一〇二一。

(19)「川上瀧彌総督府技師ニ任命」、『明治三七年台湾総督府公文類纂』第一巻、第一九文書、簿冊番号一〇一一。「鈴木真吉台湾総督府農事ニ関スル事務ヲ嘱託セラレ農事試験場勤務ヲ命ス」、『明治三六年台湾総督府公文類纂』追加第二三巻、第二一文書、簿冊番号九二七。

(20)「堀健農事試験ニ関スル事務ヲ嘱託セラル」、『明治三七年台湾総督府公文類纂』第一二巻、第七文書、簿冊番号一〇二二。「深坑庁技手千葉豊治総督府技手ニ任セラル」、『明治三七年台湾総督府公文類纂』第二一巻、第三〇文書、簿冊番号一〇三二。

(21)「国語伝習所教諭小野田鎮三郎昇進及書記萩尾三郎同件、吉田碩造農事試験事務嘱託ノ件」、『明治三八年台湾総督府公文類纂』第四巻、第一九文書、簿冊番号一一二〇。「石田研農事試験事務嘱託採用ノ件」、『明治三八年台湾総督府公文類纂』第一〇巻、第八三文書、簿冊番号一一二六。

(22)「一〇六　藤根（吉春）場長へ照復の件」、「一一三　藤根技師へ照復の件」、『明治三八年札幌農学校公文録』第一冊、秘密文書永久、一九〇五年一一月一八、二八日。「木村東次郎農事試験場事務嘱託ノ件」、『明治三八年台湾総督府公文類纂』第一七巻、第三五文書、簿冊番号一一三三、を参照。

(23)「小田代慶太郎ニ農事試験ニ関スル事務嘱託ノ件」、『明治三九年台湾総督府公文類纂』第九巻、第六四文書、簿冊番号一二三〇。「井街顕ニ農事試験ニ関スル事務ヲ嘱託シ農事試験場勤務ノ件」、『明治三九年台湾総督府公文類纂』第一二巻、第二九文書、簿冊番号一二三三。

(24)「一八六　鈴木力治に関する件」、『明治三九年札幌農学校公文録』第一冊、秘密書類、一九〇六年九月七日。「故鈴木力治君小伝」、『札幌同窓会第三十三回報告』、一九二五年一二月、一〇頁。「鈴木力治ニ農事試験ニ関スル事ヲ嘱託シ農事試験場勤務ニ命スル件」、『明治三九年台湾総督府公文類纂』第一五巻、第三三文書、簿冊番号一二三六、を参照。

(25)「高木道二郎総督府技手ニ任用殖産局勤務ノ件」、『明治三九年台湾総督府公文類纂』第一一巻、第六三文書、簿冊番号一二三二。

(26)「素木得一農事事務嘱託」、『明治四〇年台湾総督府公文類纂』第一四巻、第四文書、簿冊番号一三四三。
(27)「石川寛農事事務嘱託」、『明治四〇年台湾総督府公文類纂』第一二巻、第四二文書、簿冊番号一三四一。
(28)「高橋新民農事試験ニ関スル事務嘱託」、『明治四〇年台湾総督府公文類纂』第一二巻、第二六文書、簿冊番号一三四一。
(29)藤根吉春「農事試験場の過去及び将来」、『台湾農友会会報』第一二号、一九〇七年九月、六頁。
(30)台湾総督府農事試験場編『台湾総督府農事試験場』、台湾農友会、一九一三年、九頁。
(31)台湾総督府編『台湾総督府文官職員録』(明治四二年分)、台湾日日新報社、一九〇九年、一六八～一七一頁。「山田秀雄農業ニ関スル事務嘱託」、『明治四一年台湾総督府公文類纂』第八巻、第一文書、簿冊番号一四四〇。「網野一壽嘉義庁技師兼斗六庁技師ニ任用ノ件」、『明治四二年台湾総督府公文類纂』第七巻、第一文書、簿冊番号一五四九。
(32)前掲、呉文星「札幌農学校と台湾近代農学の展開」、前掲『日本統治下台湾の支配と展開』、四八一～五二二頁、を参照。
(33)前掲『台湾総督府農事試験場』、一三七～一四三頁、を参照。
(34)同右、一三四頁。
(35)同右、一九～一一九頁を参照。
(36)同右、一二七～一三三頁。台湾総督府殖産局『台湾農業年報告』、台湾総督府殖産局、一九二九年、一四五～一四七頁、を参照。
(37)澤田兼吉「嗚呼藤根吉春先生」、前掲『台湾農事報』第三七年五月号、四三四頁。
(38)台湾総督府民政局殖産部『台湾産業調査録』、台湾総督府民政局殖産部、一八九六年、七八、八六頁。
(39)島田彌市「米」、『台湾農事報』第一〇〇号、一九一五年三月、一一〇～一一三頁。
(40)台湾総督府『(明治三〇年分)台湾総督府民政事務成績提要』第三編、台湾総督府民政部文書課、一九〇〇年、一二九頁。
(41)台湾総督府『(明治三六年分)台湾総督府民政事務成績提要』第九編、台湾総督府民政部文書課、一九〇六年、三六〇頁。
(42)台湾総督府農事試験場『(明治三九年一一月)農事試験成績』第四報ノ一、台湾総督府農事試験場、一九〇六年一二月、四～二七頁。
(43)台湾総督府『(明治四〇年分)台湾総督府民政事務成績提要』第一三編、台湾総督府民政部文書課、一九一〇年、四〇九～四一〇頁。
(44)藤根吉春「農事の改良に就いて」、『台湾農友会報』第七号、一九〇六年一一月、五～八頁。

(45) 台湾総督府農事試験場『(明治四二年二月)農事試験成績』第六報ノ一、台湾総督府農事試験場、一九〇九年三月、四~一六頁。
(46) 台湾総督府『(明治四二年分)台湾総督府民政事務成績提要』第一五編、台湾総督府民政部文書課、一九一〇年、三八九頁。
(47) 台湾総督府農事試験場『(明治四三年一二月)農事試験成績』第八報ノ一、台湾総督府農事試験場、一九一〇年一二月、一一~一五頁。
(48) 藤根吉春「内地米を試作すべし」、『台湾農事報』第五一号、一九一一年二月、一~二頁。
(49) 長崎技師談「内地米種之於本島」、『台湾日日新報』第三九六三号、一九一一年六月五日二面。
(50) 「桃園庁農会稲立毛競作会概況」、『台湾農事報』第七四号、一九一三年一月、七四~七五頁。
(51) 「米作改良事業(中)」、『台湾日日新報』第四六六四号、一九一三年五月三〇日二面。
(52) 台湾総督府『(大正三年分)台湾総督府民政事務成績提要』第二〇編、台湾総督府民政部文書課、一九一〇年、二二八頁。
(53) 末永仁「台中州下に於ける内地種米栽培に就て」、『台湾農事報』第二〇七号、一九二四年二月、二七~三八頁。
(54) 磯永吉「最近十年箇間に於ける蓬萊米の発達に就いて(上)」、『台湾米報』第六六号、一九三五年一一月、一六~一八頁、を参照。
(55) 澤田兼吉「嗚呼藤根吉春先生」、前掲『台湾農事報』第三七年五月号、四三五頁。
(56) 台湾総督府『(明治二九年分)台湾総督府民政事務成績提要』第二編、台湾総督府民政部文書課、一八九八年、八一頁。
(57) 台湾総督府『(明治三〇年分)台湾総督府民政事務成績提要』第三編、台湾総督府民政部文書課、一九〇〇年、一二九頁。
(58) 台湾総督府『(明治三三年分)台湾総督府民政事務成績提要』第六編、台湾総督府民政部文書課、一九〇三年、二一九~二二〇、二三二頁。台湾総督府『(明治三四年分)台湾総督府民政事務成績提要』第七編、台湾総督府民政部文書課、一九〇四年、二〇六~二〇八頁。
(59) 「濠洲産種牛の到着」、『台湾日日新報』第一三五八号、一九〇二年一一月一一日二面。
(60) 台湾総督府『(明治三六年分)台湾総督府民政事務成績提要』第九編、台湾総督府民政部文書課、一九〇三年、三六〇~三六二頁。
(61) 台湾総督府『(明治三九年分)台湾総督府民政事務成績提要』第一二編、台湾総督府民政部文書課、一九〇九年、四二四頁。
(62) 藤根吉春「蕃薯寮庁下牛畜組合聯合共進会」、『台湾農友会会報』第二号、一九〇六年五月、二七~三一頁。

(63)藤根技師「本島牛畜改良に就いて」、『台湾日日新報』第二二六六号、一九〇五年一一月一九日二面。
(64)藤根吉春「豚の話」、『台湾農友会会報』第三号、一九〇六年六月、一二～一四頁。
(65)藤根吉春「牛の改良に就いて」、『台湾農友会会報』第一四号、一九〇八年一月、一～二頁。
(66)藤根吉春「農事試験場の過去及び将来」、『台湾農友会会報』第一二号、一九〇七年九月、四頁。
(67)呉文星「長嶺林三郎与近代台湾牛畜改良事業之展開」、『台湾学研究』第一八期、二〇一五年一二月、六～七頁。
(68)「技師藤根吉春印度及爪哇へ派遣ノ件」、『明治四二年台湾総督府公文類纂』巻号不詳、簿冊番号一五四六。
(69)藤根吉春「印度所感」、『台湾農事報』第三九号、一九一〇年二月、一～六頁。澤田兼吉「嗚呼藤根吉春先生」、前掲『台湾農事報』第三七年五月号、四三一～三頁。台湾総督府殖産局『恒春種畜場事業報告』第一回、台湾総督府殖産局、一九一〇年、八頁。
(70)台湾総督府農事試験場「(大正五年四月)農事試験場要覧」、台湾総督府農事試験場、一九一六年、一二五～一二七頁。
(71)橋本左五郎・藤田経信「藤根吉春君追憶」、前掲『札幌同窓会第六十五回報告』、一〇頁。
(72)呉文星「日本統治前期の台湾実業教育の建設と資源開発――政策面を中心として」、『日本台湾学会報』第三号、二〇〇一年五月、一〇七頁。
(73)「農事講習生規程改正」、『台湾日日新報』第一八〇八号、一九〇四年五月一二日二面。
(74)「農事講習生概況」、『台湾農友会会報』第一号、一九〇五年五月、二三～二四頁。
(75)同右、二四～二五頁。
(76)孤憤大俗「農家と経済思想」、『台湾農友会会報』第四号、一九〇六年五月、一一頁。
(77)前掲、呉文星「日本統治前期の台湾実業教育の建設と資源開発」、前掲『日本台湾学会報』第三号、一〇九～一一〇頁。
(78)「農事試験場(二)」、『台湾日日新報』第二七九八号、一九〇七年八月三〇日四面。
(79)前掲、呉文星「日本統治前期の台湾実業教育の建設と資源開発」、前掲『日本台湾学会報』第三号、一一〇頁。
(80)同右、一一一～一一二頁。
(81)台湾総督府農事試験場「農事講習生一覧」、台湾総督府農事試験場、一九一五年、六〇～六一頁。
(82)吉野秀公『台湾教育史』、台湾日日新報社、一九二七年、二二八頁。
(83)「台湾農友会発会式景況」、『台湾日日新報』第二〇七四号、一九〇五年四月三日二面。

(84)「寿像除幕式」、『台湾日日新報』第五八三〇号、一九一六年九月二一日二面。澤田兼吉「嗚呼藤根吉春先生」、前掲『台湾農事報』第三七年五月号、四三六頁。
(85)「台湾農窓会招待藤根氏渡台」、『台湾日日新報』第一〇〇二〇号、一九二八年三月一六日四面。
(86)「台湾農窓大会並農事研究発表」、『台湾日日新報』第一二七八〇号、一九三五年一〇月二八日八面。
(87)楊漢龍「会員総代楊漢龍氏祝辞」、『農窓会報』第一五号、一九三五年一二月、一二頁。
(88)澤田兼吉「嗚呼藤根吉春先生」、前掲『台湾農事報』第三七年五月号、四三七頁。
(89)橋本左五郎・藤田経信「故藤根吉春君追憶」、前掲『札幌同窓会第六十五回報告』、一二頁。

中川小十郎にとっての「アジア」

山崎有恒

はじめに

京都大学、そして立命館大学の創立者であり、教育者・教育官僚として知られる中川小十郎は、実は元老西園寺公望の秘書をはじめ、実業家、銀行家、植民地官僚などいくつもの顔を持ち、生涯多彩な活躍を展開した人物である。しかしながらこれまでその活躍はあまり歴史研究の俎上に載ることはなかった。彼の国家主義的思想傾向へのある種の忌避感から、彼が創立した立命館大学においても伝記編纂などの試みが本格的にはなされなかったこと[1]、また中川小十郎のまとまった史料が発見されていなかったことなどの理由による。しかし近年になって中川小十郎の実家、及び生家からかなりの量の史料群が発見され、立命館大学史資料センターを中心に、その整理・研究が進んだことにより、中川小十郎の事績はかなりの程度明らかになってきた[2]。筆者は二〇一二年に成立した「中川小十郎研究会」の代表としてそうした研究活動に参与してきたが、その過程で中川小十郎という人物の関わった歴史的事業の多彩さに驚き、なぜ彼がかくも多様なキャリアを積むに至ったのか、彼の思想の根底にあったものは何なのかを考えるに至った。

さて彼の多彩なキャリアを考えるためのキーワードの一つに「アジア」がある。中川の詳しい経歴については

中川小十郎（なかがわ・こじゅうろう
1866～1944）

後述するが、最果ての植民地樺太において第一部の部長を務め（これは実質的に樺太庁の副長官、ナンバー2の地位であった）、また転じて南の台湾で、台湾銀行副頭取（後に頭取）を務めた。さらに彼の教え子の中から、南方経営に参与し主に鉄鉱石の採掘で成功した石原広一郎が出るなど、中川小十郎と「アジア」は切っても切れない関係にあった。中川にとって「アジア」とはどのような意味を持つ地域であったのか。なぜ彼は「アジア」を自らの活躍場所と定めるに至ったのか。彼は「アジア」をどのような眼差しで見つめ、「アジア」に何を求め、「アジア」とどのように関わろうとしたのか。本稿は近年発掘された様々な史料により、こうした課題を解き明かしていこうとするものである。

一、中川小十郎の生涯と「二つの資源」

中川小十郎は、幕末の風雲急を告げる一八六六年（慶応二）一月四日、丹波国桑田郡馬路村で父禄左衛門重直、母さきの嫡子として生まれた[3]。父の禄左衛門は人見・中川両苗と呼ばれる勤皇郷士集団の中心的人物であり、その後西園寺公望が山陰道鎮撫総督として丹波地方平定に赴くと、その配下に馳せ参じている。この縁が後に小十郎と公望との深い人間関係形成に寄与していったのは有名な話である[4]。

小十郎は六歳の時に父の実弟である武平太重明・みき夫妻の元に養子として入った。これは子供のない武平太家の継承を考えての措置であったが、これにより地主の嫡子としての役割から解放された小十郎は、やがて東京遊学を経て、官界へとその活躍の場所を求められることとなった。

さて、地元馬路村の小学校を出た小十郎は、叔父謙二郎（東京女子高等師範学校長）の勧めもあり、一八七九年（明治一二）数え一四歳の時、東京へ出て、叔父の家に下宿しながら東京帝国大学を目指すことになる。小十郎は、一八九三年（明治二六）二八歳にしてようやく東京帝国大学法科大学政治学科を卒業し、文部省の官吏となる。詳細な経緯は省略するが、この間一四年、親の仕送り額は累計で約一億円に達したという。実家が豪農、地方名望家であったとはいえ、大変な負担だったことが想像される。

帝国大学在学時代に小十郎が何に興味を抱いたのかについての詳細な史料はない。しかしながら二つのエピソードが残されており、そこからある推論が立つ。

その一つは、在学中に文部大臣懸賞論文に応募し、見事に一等に当選していることである。この論文は「男女の文体を同一にする法」というタイトルであり、それにより女子教育を推進しようという狙いを持つものであった。彼が女子教育について本気だった証左として、この時の賞金四〇円をすべて投じて婦人啓蒙雑誌『以良都女』を創刊したこと、また後年成瀬仁蔵や広岡浅子を助けて、日本女子大学校の創設に尽力したことなどがあげられる。もう一つのエピソードは、帝国大学卒業に際して小十郎がその進路を農商務省に求めようとしたというもので、後年その動機について次のように語っている。

学生時代の吾輩は実業界に入るつもりで、随分その準備をしたものだった。東北地方から九州地方に至るまで、坑山を見て歩いたりして、将来は農商務省に入って活動するつもりであった[5]

結論からいえば、彼は農商務省には入らなかった。それは恩師木下廣次（第一高等学校長）から紹介された斎藤修一郎農商務次官に二時間以上も控え室で待たされるという待ちぼうけを食らわされたからであり、それに怒った小十郎は農商務省ではなく文部省に入り、文教官僚としてのキャリアを積むことになるのである。[6] この二つのエピソードには共通するキーワードがあるように思われる。それは当時の日本に不足していた「資源」だったのではないだろうか。そして小十郎にとってその「資源」は二つの方法で得られるものと考えられていたのではないか。一つは農商務省のエピソードにみられるごとく、ストレートに「鉱山」の開発によって得られる鉱産資源、そしてもう一つは彼が女子教育にその可能性を見出したごとく、教育によって啓発しうる人的資源だったと考えると、その後の彼のキャリアについても一定の理解が可能となる。

文部省官僚としての小十郎が取り組んだ課題は、第一に実業教育、第二に東京帝国大学以外の「大学」（後に大学となる専門学校も含む）の設立であったが、これは初等教育を終え、社会人となっている若き人材にさらなる教育のチャンスを与えるもの、そして東京近郊以外の地方の人々に高等教育による人材開発の機会を作ろうとするものと読み替えられる。そして文部省退省後に彼が京都法政学校（後の立命館大学）、日本女子大学校の設立に参与していくのも、これまでチャンスを与えられずにきた人的資源の発掘・育成という観点が共通しているのである。

一方で官界を離れた小十郎は、当初実業界に転じ、加島屋の次期当主に嫁いだ広岡浅子を助けて加島屋の鉱業部門企業の理事となるが、その加島屋が九州の炭田開発で成長したことを考える時、これは第一の資源獲得に自ら参与しようとしたものだと考えられる。その後転じて、再度官界の人となり樺太庁の第一部の部長となるが、これも樺太の鉱産資源開発を狙っての就任と考えられる。もっとも樺太の石炭開発が本格化するのはもう少し時期が後のことであり、樺太庁時代の小十郎はむしろ樺太に初の中学校を設立した点に功績があるのであるが、これも「二つの資源論」でとらえれば理解できる。

さらに小十郎は転じて台湾銀行副頭取となるが、後述するように、台湾銀行において彼がもっとも熱心に取り組んだのは、南洋資源開発のために、台湾を金融・物流の中心地に作り替えていく試みであった。実際にそれが功を奏して、南洋での鉱山開発を目的に設立された南洋鉱業（後の石原産業）によるマレーシアの鉄鉱石開発などにつながっていくことを考えると、これもすべて資源開発の文脈で理解することができる。

すなわち、一見きわめて多様に展開していったかに見える小十郎のキャリアは、「二つの資源」という視点で整理すると、明確に一本の筋が通ったものとなるのである。

それではこうした小十郎の人生において、「アジア」という地域がどのような意味を持ってくるのか、実際に小十郎がアジアと深く関わった二つの時期、すなわち樺太時代と台湾時代のそれぞれについて、小十郎の意識と行動を追いかけてみることにしよう。

二、中川小十郎と樺太

樺太庁時代の中川小十郎について、『立命館百年史』第一巻では、①左遷人事のように見えたが、軍部による樺太統治を避けるべく設立された樺太庁（拓務局の管理下）の最初の人事ということで、首相西園寺公望の肝いり人事であっただろう、②長官であり、帝国大学時代の同期でもある平岡定太郎との折り合いは悪く、人間関係の面で苦労が多かったようだ（後年、平岡の南満州鉄道株式会社社長への就任人事をめぐり、小十郎が平岡の悪行を訴えて、反対したエピソードがひかれている）、③積極的に視察・調査に赴いているが、その目的はやや不明、と述べられているに止まる。(7) 確かに当該期の小十郎の意識と行動を知る史料はあまり多くなく、また在任期間も四年と短いことから、この時期の小十郎を深く理解することは難しく、この問題については、今後研究の余地が大いにある。ただそれでもいくつか手がかりがあるので、可能な限りその実態に迫ってみよう。

東海大学北海道キャンパスに所属する池田裕子氏による講演（中川小十郎生誕150周年記念講演会、二〇一六年、立命館大学朱雀キャンパス）では、樺太教育史の専門家である池田氏により、樺太豊原に設立された中学校が、対岸の稚内にも中学校がない時代に建設が敢行され、極めて大きな話題となった事実が紹介された。小十郎が北の大地においても人的資源の開発に余念がなかったことを証左する一事であろう。(8) その際、司会を務めた筆者から、鉱産資源についての小十郎の関わりを質問したところ、池田氏からは「樺太の石炭開発が大きく進展するのはもう少し後のことであり、小十郎氏の樺太庁在任時にはまだ林産資源と水産資源が開発の主体であった」との回答を得た。もちろん林産資源も水産資源も資源の一つではあるが、日本内地の鉱産資源不足を実感していた小十郎が、ただ手をこまねいて莫大な埋蔵量を誇る（台湾の四倍、朝鮮の三四倍とされる）樺太の石炭を放置していたとは考えがたく、その後様々な文献にあたっていたところ、サハリン公立大学ロシア史講座主任教授であるテチュエワ・M・B氏の論考「樺太庁期の南サハリンにおける石炭産業」に出会った。(9)

ロシア側所蔵の史料群を用いたこの研究によれば、樺太庁期の石炭資源開発は確かにスローペースだった。その原因は炭田の調査が進まず、また石炭埋蔵の主力である南西海岸と樺太中心部との間に鉄道など物資輸送の手段がなかったことによる。しかしながら、それでも小十郎の在任時（一九〇八～一二）に樺太における最初の石炭開発が始まっているという興味深い事実を氏は明らかにしている。一九〇八年（明治四一）に後に樺太最大の炭田となる川上炭鉱（シネゴルスク）が開かれ、樺太庁の直轄事業となった（その翌年には泊居［トマリ］にも炭鉱が開かれた）。さらに西海岸の安別（ヴォズヴラシチェニエ）と西柵丹（ボシニャコヴォ）には民間の炭鉱が開発され、一九一一年には出炭を記録している。

この状況の中、小十郎は精力的な視察を行っている。一九〇九年（明治四二）七月四日から八月二二日まで、小十郎は樺太庁の警備船吹雪丸で樺太の南西海岸を集中的に視察している。この時の視察の中身を知る史料は残念ながら残されていないが、視察に現地で同行した岩野泡鳴はこの時の調査について、「〔中川小十郎は〕官吏としては鳥渡《ちょっと》毛色が違つてゐる。而も経済思想に富んでゐるので、調査の仕方が一般の官吏とは違〔っていた〕」と述べ（『樺太通信』）[10]、小十郎が経済的目的で南西海岸の調査に取り組んでいたことを明らかにしている。ではその目的とは何だったのだろうか。それこそ、膨大な石炭資源を埋蔵していながらも、開発が緒に就いたばかりの当該地域の石炭資源開発をどう進めていくかの模索に他ならなかったのではないか。

実はこの時期、樺太庁直轄で鉄道建設計画が進められていた。大泊港から樺太の中心地豊原を経て北の栄浜海岸に至る、樺太の大動脈となる鉄道が完成するのは一九一一年（明治四四）。そしてそこから川上炭鉱への支線が計画され、竣工するのが一九一四年（大正三）。さらに西海岸への分岐線も計画されていた[11]。第一部長である小十郎がこの計画にどこまで深く関わっていたのかは推測の限りでしかないが、長官の平岡が樺太の業務にあまり真剣に取り組まず、しょっちゅう内地に出張していた事実を考えると[12]、事実上の樺太庁長官代理である小十郎のイニシアチブの下にこうした計画が進められていたと考えてしかるべきだろう。特に先にあげた大泊―栄浜線は、もともと日露戦争期に陸軍を中心に設営された大泊―豊原間の鉄道を、東海岸の拠点たる栄浜まで延伸し、さらに「物資輸送に耐えうるよう」軌間を拡幅したものであり、単なる軍事目的の軽便鉄道を、本格的な物資輸送目的のものに切り替えようとした点で、樺太の経済開発のためのインフラ整備の色彩を強く帯びていると言ってよい。

小十郎はおそらく南北の動脈を整備し、それを樺太庁直轄下の川上炭鉱へとつなぐ段取りをつけつつ、次なる開発対象として、豊富な石炭資源を埋蔵する西海岸への調査を進めていたのだと思われる。しかしその道半ばにして一九一二年（大正元）九月に小十郎は台湾銀行副頭取への転任を命じられる。小十郎の去った後の樺太庁は鉱山経営への意欲を失い、同年二つの炭鉱をともに民間に払い下げる。そのうちの一つ、川上炭鉱は、桜井組を経て工業採掘権を手中に入れた三井鉱業の手により大きな躍進を遂げ、やがて西海岸の炭鉱群も経営が軌道に乗っていく。その出炭は当初樺太の主力産業である製紙業の動力源として珍重され、後年には日本内地にも輸送されていくこととなる。

以上で樺太における小十郎の軌跡についての検討はいったん終了とするが、北の大地においても小十郎の「二つの資源」開発への取り組みは熱心に展開されていたことが推察できた。その詳細については後日の稿を期したい。

三、台湾と南洋開発

一九一二年（大正元）九月一二日小十郎は株式会社台湾銀行の副頭取に任命された。なお台湾銀行は一般の銀行ではなく、法律に基づき植民地金融の中枢的存在として設立された特殊銀行である。この人事には西園寺公望が深く関わっており、植民地金融の根幹を握る台湾銀行への転任は小十郎に広範囲の実験を委ねるものであるとともに、いまだ軍部の勢力が強い植民地行政を官僚主導に切り替えていこうとする狙いがあったものと推定される。

着任当初、佐久間左馬太台湾総督（陸軍大将）主催の宴会でその第一歩は始まる。末席に案内された小十郎は、席次が無作法だとして憤然と席を立って帰路につく。慌てた警視総長が飛んできて、慰撫陳謝に努めたといい、これ以後台湾銀行関係者の待遇が一変したと伝えられている。

さて、台湾銀行のリーダーとして、在任中に小十郎が取り組んだ大きな仕事が、南洋経営のための環境整備を積極的に推進することであった。すなわち、台湾を南洋経営のハブ的存在とし、まず内地からこの地に来て、そこで様々な準備を整え、それから南洋各地に雄飛していくというルートづくりに取り組んだのである[13]。

これは当初、台湾の鉱産資源に期待して赴任したものの、意外とその多くがすでに開発済みであり、今後の伸びしろがさほど多くはないことに気付いた小十郎が、むしろ手つかずの資源が大量に埋蔵されていると推定されていた南洋に目を向け、その資源開発のためのハブへと台湾の役割を変えていこうとしたことによると考えられる。

こうした目的に沿って、小十郎の在任中、一九一九年（大正八）に株式会社華南銀行を、一九二〇年に南洋倉庫株式会社を設立し、台湾銀行副頭取に在任したまま、これら二つの会社の顧問に就任している。その目的について『南洋倉庫株式会社十五年史』は次のように語っている[14]。

南支南洋への経済的発展は、台湾を枢軸とせざるべからず。而して彼地主要都市に銀行業並に倉庫業を営むことは、彼我経済的連携を緊密にして、永遠の商権を確保する所以なりとの趣旨により、日支資本の合弁を以て華南銀行に次で当社（南洋倉庫のこと）の設立を見たものであった。（中略）南支南洋への経済的発展は台湾総督府の夙に待望せし所にして、其事業の一として彼地に倉庫業を開始する事は我国永遠の商権を振興確保する上に於て最も必要なりしと、時の総督明石元二郎並に台湾銀行頭取中川小十郎両氏の意見一致。（後略）

また小十郎は、一九一七年（大正六）一一月に総督府民政長官の下村宏と合議のうえ、「台湾ト南支南洋地方トノ親善ヲ図リ通商貿易其他ノ事業ノ調査及援助ヲ為シ以テ共同ノ福利ヲ増進スル」[15]ことを目的とする財団法人善隣協会設立申請を提出し、翌月総督によって認可されている。同会は台湾をハブとした南支南洋経営の上で、様々な役割を果たしていくこととなる。総督府の補助金を得て、福建省で新聞（福州の『閩報』と厦門の『全閩新日報』）を発行したのもその事業の一つであり、金融・物流に加えて、情報メディア分野でも総督府と組んで細やかな対応がなされていたことがわかる。

ところがこうして小十郎のイニシアチブの下で進められた南洋経営のための台湾ハブ化計画は、必ずしも上手くいったとは言い難かった。台湾銀行は本来の業務に加えて、これら新たな会社設立のために過剰な融資を行い、そのことが台湾銀行本体の経営を圧迫していった。そして小十郎が退任した翌年、いわゆる金融恐慌に際して経営破綻し、大きな問題となったことは周知の事実である。

小十郎はこのことについて、後年息子勝田重之助に対して次のように書き送っている[16]。

台銀の頭取であつた間のことは職務上に於ても、又一己の上から云つても成功ではなかつた。力が足らなかつたために結果は見ることが出来なかつたが、不都合なことは何もない。大蔵大臣と日銀総裁と頭取たる自分と協議の上最善の努力はしたのである。不都合なことはなくても頭取であつた以上はその責任のあることは勿論だ。

小十郎は自分の人生を「失敗の一生」だと嘆き、特に「金と云ふことについては、自分は全然失敗したのである」として、「自分のやった様な失敗はお前にはさせたくない」から「この書面を書いた」とまで語っている。かなりの反省がうかがえる。しかしそれでも上記引用部分に続いて、小十郎は次のように述べている[17]。

併しこの在任中に石原君の事業を打ち立てたことは、公から云つても、私情から云つても、一つの成功であつたと思つてゐる。大阪時代には立命館が出来て、台銀時代には南洋鉱業が出来たのである。

南洋鉱業の設立こそ台湾銀行時代の最大の成果と胸を張る小十郎。これはいったいどのような事実を物語っているのだろうか。

南洋鉱業の創立者石原広一郎は、一八九〇年（明治二三）京都吉祥院に生まれた。農家の子であり、農林学校を卒業して京都府農業技手となったが、より大きな夢を捨て切れず（高等文官試験に合格して官僚になりたいという夢があったという）、働きながら学べる立命館大学法科専門部（夜間部）に入学、そこで石原は中川小十郎の教えを受けることとなる。結果英語が壊滅的にできなかったため（本人談）、高等文官試験はあきらめざるを得なくなるが、その代わりに国際的な活躍を志向し、南洋で資源開発に従事したいと考えるに至った。そして南方に雄飛し、各地を探査、その途上マレーシアのスリメダンで大規模な鉄鉱山を発見する。その時のことを石原は後年次のように回想している[18]。

サンバン（丸木舟）を二人のマレー人にこがせてパトパハ川の支流、シンバンキリ川の褐色の濁流をさかのぼった。わにが甲羅干ししている気味の悪い川を十時間、夕方近く、行く手にちらほら土民の部落が見え始め、やがてバレスロンというところに着いた。私たちはそこの村長の家に宿を求め、翌朝またサンバンで上江した。両側の緑は川をおおうばかりに茂り、頭上には幾百匹とも知れぬ野猿が群れをなしていた。

昼すぎ、私たちはパトメタンの岸で舟を捨て、ハンマーを手に雑木の茂る丘陵地を登っていった。二時間ほどすると前方が明るくなったのでその方向へ進むと、急に巨木が消えて一面の灌木地帯に出た。強行軍に疲れたのでそこで一休みすることにした。こんども失敗だろうなあと思いながら腰をおろしかけたとき、脚下に目をやると妙に黒い岩がある。岩はだはつやがあり、黒光りしている。オヤ変だぞ――。見回せば、あたり二、三百坪はみなその黒光りの岩だ。私はものも言わずにいきなりその岩にハンマーをたたきつけた。

なんとその断面は鉄鉱独特の金属光沢に輝いているではないか。

「鉄鉱石だぁ」――三人は飛び上がって歓声を上げた。もう、休むどころではない。手当たりしだい、片端から割っていく。全部鉄鉱石で石ころは一つもない。まさに宝の山に入ったのである。

さらに頂上目ざして登っていくと、どこもかしこも山はだは鉱石ばかり。特に頂上近くの二丈もあろうかという断崖は全面がみごとな鉄鉱だった。この調子では何千トン埋蔵しているのか見当もつかない。私たちは時間を忘れてあちこちさまよった。

この大発見を事業化すべく、石原は恩師である台湾銀行頭取中川小十郎に相談、小十郎から八幡製鉄所所長白仁武氏を紹介され、事業化の同意を得る。またその資金は小十郎の口利きで台湾銀行が出資することに決し、ここに後の石原産業の母体が完成するのである。

石原産業が内地にもたらす鉄鉱石は、その後日本製鉄業の根幹を支える存在となり、戦前戦中の日本を支える大きな役割を果たすこととなる。

さて、後年のことだが、一九二五年（大正一四）になって小十郎の息子重之助が立命館大学専門部を卒業する。その際小十郎は勝之助に次のように書き送っている[19]。

来四月より立命館大学部に入学する異議なきも、何を専攻する意見なるや、それが第一なり。寧ろ此上私立大学にて勉強するよりも、此際直に実業に従事しては如何とも考へ居れり。立命館出身者の石原広一郎と申す京都人が南洋にて鉄山を有し、其鉄鉱石を日本に輸入し居り。見込みのある事業にて今回台湾銀行より有力なる者入社せり。本社は神戸に在り、此方へ従事することにしては如何。

（一月一七日付書簡）

石原産業に対する台湾銀行あげての支援体制がうかがえるとともに、自分の息子の大学進学を止めてでも、石原産業に就職させせようと考えるほど高い評価をしていたことがわかる。

重之助は結局そのまま立命館大学部に入学するのであるが、一九三〇年（昭和五）に同大学部を卒業するに当たり、石原産業への入社を希望したらしく、小十郎がその斡旋に努めて入社決定に至った事情を記した書簡が残っている。[20] これによれば、すでに新卒の採用がほぼ決定していたところにかなり強引に押しこんだらしく、石原を結構困らせたらしい。それゆえに重之助に対しては誠実を旨として仕事するように諭している。

入社後の一九三〇年五月七日には、小十郎は再度重之助に書簡を送り、「石原産業に入社したに就いては、成るべく最近の機会に於て南洋に赴任することの出来るのを希望する。実業と云つても内地に在つて機械的の仕事ばかりやつてゐるのは面白くない」[21] と述べて、実際に南洋に出かけてみることを勧めている。石原産業の主力業務が鉱産資源開発であることを考え合わせると、重之助にもその一員として、小十郎がずっと自己の目標としてきた資源開発業務を担わせようと考えていたことがわかる。

以上の検討より、小十郎が大学在学時以来ずっと温めてきた鉱産資源開発構想は、台湾銀行時代に大きく展開したことがわかる。確かにこれにより過剰融資を抱えた台湾銀行の経営は大きく傾き、小十郎がその責任を痛感するに至ったのは事実である。しかしそれ以後も台湾をハブとした南洋経営は、様々な形で展開していくこととなる。その一例をあげるならば、一九三六年（昭和一一）一一月に台湾総督府と日台民間資本の共同出資により台湾拓殖株式会社が設立され、南支南洋開発のための積極的な投資を展開することとなる。その事業の主力はやはり鉱産資源開発であり、開洋燐鉱（台北）、飯塚工業（東京）、印度支那鉱業（ハノイ）、台湾産金（台北）、台湾石炭（台北）、帝国石油（東京）、台湾石綿（台北）、クローム工業（台北）、稀元素工業（台北）などを傘下に収めて、多角的な資源開発に取り組んでいる。台湾銀行の経営破綻後も台湾をハブとした南支南洋経営計画は着実に進展しており、その道筋を作った中川小十郎の諸事業は着実に受け継がれていったことが確認できる。

さてそれではもう一つの資源開発である人材養成＝教育についてはどうだったのか、次に検討してみよう。

中川小十郎の台湾銀行在任時代、台湾の教育制度の整備は大きく進展することとなる。一九一九年（大正八）には第一次台湾教育令が制定されて、台湾における教育制度の根幹が決められた。またその三年後の一九二二年（大正一一）にはその改正バージョンである第二次台湾教育令も出されている。しかしながらこれら台湾における教育制度整備にどの程度中川小十郎が関与していたかは不明である。とはいえ、植民地台湾で展開するあらゆる分野の事業に深く参与し、金融面で支えていた台湾銀行の頭取が、まったくノータッチだったとも考えにくい。

例えばこの教育令では、様々な職業・階層の人民に教育を受けさせることで、知的レベルの向上を目指すべく、正規の諸学校の他に、実業学校、専門学校、女子教育の三分野の強化を図る趣旨が盛り込まれているが、西園寺文相期にまさにこの三つに取り組んでいたのが小十郎だったのである。文部大臣秘書官と兼務する形で専門学務局第三課長を務めていた小十郎は、一八九五年（明治二八）一一月一五日に実業教育補助取調委員となり、実業学校の整備に尽力している（そしてそれが評価され、一八九八年五月には実業教育局長も兼務することとなる）。また専門学校の整備に関しては、立命館大学の設立をはじめとする実績を持ち、さらに女子教育に関しては、先にあげたように叔父中川謙二郎がそのパイオニア的存在であり、小十郎自身も深い関心を持っていた。一八九七年（明治三〇）には成瀬仁蔵らとともに、日本女子大学校創立事務幹事を務めるなど、この短期間に多くの実績をあげている。

こうした小十郎の文部官僚としての教育制度に関する理念と経験が、その十数年後に台湾総督府が策定した教育政策にどの程度影響を与えていたかについては、今後本格的な研究を加えたいと考えているが、台湾教育令の内容は奇妙なほど、西園寺文相・中川文部省秘書官時代の教育改革と理念が共通しており、この共通性は注目すべきではないかと考えている。

おわりに

本稿は、文部官僚・植民地官僚・実業家・教育者などとして活躍した一人の明治生まれの人物にとって、「アジア」という地域がどのような意味を持っていたかを検討したものである。まだまだ残された課題は多いが、とりあえず本稿の検討によって浮かび上がったいくつかの論点を整理しておきたい。

中川小十郎が若き青春時代から生涯の課題として取り組んだのは、日本に決定的に不足している「資源」をどのような形で入手していくかということであった。そしてその「資源」には、物質的な「鉱産資源」、そして人材育成（教育）による「人的資源」の二種類が含まれていた。

小十郎はその多彩な活動の中で、時に前者の「鉱産資源」を、時に後者の「人的資源」を追い求め、その開発に尽力していった。

そしてそのような課題を追求する小十郎が、最後に目を向けたのが、広大な土地に未開発の鉱産資源が眠り、またしっかりとした教育機関がないために、人材育成が上手く進んでいなかった（少なくとも小十郎の目にはそう映っていた）、「アジア」の地だったのである。北の大地樺太において、小十郎は樺太庁の実質的な副長官として、積極的な鉱産資源、特に石炭の開発とそのためのインフラ整備に全力を傾注した。また教育においても、樺太経営の中心地豊原に中学校を設立するなどの努力を重ねた。本文では触れなかったが、樺太の遊郭に学齢児童たる年齢の女児が多くいることを知った小十郎は、そうした女性を救済し、教育機会を与えるよう指令を出したこともあり、女性も含めた人的資源開発に取り組む熱意は並大抵のものではなかったと評価できよう。

また転じて台湾銀行副頭取として赴任した台湾では、莫大な埋蔵量を誇る南支南洋の鉱産資源開発を進めるべく、台湾をハブとした開発システムの設立に全力を投じる。そして小十郎の作り上げた金融・物流・情報メディアのネットワークは、やがて石原産業の設立に見られるように、アジアの鉱産資源開発に大きな役割を果たしていくこととなったのである。台湾の教育と小十郎との関わりについて、今後研究を深めていく必要があるが、当該期に台湾の教育制度が大きく整備されたのは間違いない。

総じて多彩で行き当たりばったりで、つかみどころのないように見られがちな小十郎の人生であるが、彼が生涯重要視していた「二つの資源」という考え方をもとに整理していくことで、そうしたキャリアを彼が選択していった理由が理解可能となる。中川小十郎にとって、「二つの資源」が無限に広がる「アジア」は、まさに希望の大地だったのである。

註

（1）終戦直前には太田亮・松本仁の両氏を中心に「故中川小十郎先生伝記編輯委員会」が成立し、精力的に活動を進めたが、終戦後の混乱により伝記刊行には至らなかった（松本皎「学園創立者中川小十郎の事績抄」（『立命館百年史研究』第二号、一九九四年）。また一九七〇年代には「立命館中川小十郎研究会」が組織され、史料の収集整理に取り組んだことが、立命館大学史資料センター所蔵の「会報」からわかる。

（2）そろそろ本格的な伝記編纂がなされてよい段階に入っているように思われる。

（3）こうした経歴については、松本皎、前掲論文を参照のこと。

（4）人見・中川両苗と中川小十郎の関係については、奈良勝司「人見・中川両苗新撰組――幕末における二つの「郷士」集団」（『立命館創立者生誕150年記念 中川小十郎研究論文・図録集』、立命館大学史資料センター、二〇一七年）を参照のこと。

（5）「中川総長訓話」年不明、立命館大学史資料センター所蔵「中川家文書」。

（6）同右。

（7）学校法人立命館編『立命館百年史』通史一（一九九九年）、四八頁。

（8）詳しくは、池田裕子「日本統治下樺太における学校政策の端緒――初等教育機関を中心に」（『日本とロシアの研究者の目から見るサハリン・樺太の歴史』、北海道大学スラブ研究所、二〇〇六年）を参照のこと。

（9）同右『日本とロシアの研究者の目から見るサハリン・樺太の歴史』所収。テチュエワ教授の修士論文にあたる研究である。

（10）『岩野泡鳴全集』第一一巻、国民図書、一九二一年。なお、この調査については、真杉侑里が詳細な分析を加えている（「樺太庁制初期における入植と産業振興の問題」『立命館大学史資料センター紀要』創刊号、二〇一八年）。合わせて参照されたい。

（11）イバチェフ・H・B「樺太庁期のサハリンにおける鉄道輸送の歴史」（前掲『日本とロシアの研究者の目から見るサハリン・樺太の歴史』）。

（12）ちなみに後年の小十郎による平岡批判はこのあたりが原因と考えられる。

（13）こうした台湾の南洋経営のためのハブ化構想については、久末亮一「「華南銀行」の創設――台湾銀行の南進における「大華僑銀行」案の形成と結実」（『アジア経済』第五一二号、二〇一〇年）、十河和貴「台湾銀行頭取時代の中川小十郎と南進への理想――戦後不況と積極的財政整理方針の終焉」（『立命館大学史資料センター紀要』創刊号、二〇一八年）などを参照のこと。

（14）南洋倉庫編『南洋倉庫株式会社十五年史』、一九三六年。

（15）陳文添編『台湾総督府事典』国史館台湾文献館、二〇一五年、二三八～二三九頁。

（16）勝田節子『暖流』（非売品、一九九〇年、立命館大学史資料センター所蔵）、六七頁。

（17）同右。

（18）石原広一郎他『私の履歴書』第二二集（日本経済新聞社、一九六四年）。

（19）前掲『暖流』、二七頁。

（20）同右、六三頁。

（21）同右、六五頁。

日中関係における「中国通」外交官——石射猪太郎をめぐる人々

劉　傑

はじめに——外交官・石射猪太郎

盧溝橋事件勃発一周年を迎えようとしていた一九三八年（昭和一三）六月九日、外務省東亜局長石射猪太郎が宇垣一成外務大臣に意見書を提出し、次のような中国政策論を高々と表明した。

吾人ノ考フル所ヲ以テスレハ今ヤ帝国ハ其ノ対支政策ニ於テ右スヘキカ左スヘキカ重大ナル岐路ニ立チツツアリ右スルハ飽迄強圧ヲ以テ支那ニ踏込ミ之ヲ植民地的ニ料理シ去ラントスル途、左スルハ歩ヲ起スニ当リ荆莿アルモ後ニハ日支融和ノ境地ニ達スルノ途ナリ（中略）此ノ際巨腕ヲ振ツテ日支融和ノ境地ニ到達スルノ途ニ向テ針路ヲ確取シ粛々ト国民ヲ率ユヘキコトヲ以テ政府ノ大責務ト見、大乗的和平ヲ切言スルモノナリ、然レトモ吾人ハ日支国交ヲ整フルニハ単に此事変ノ大乗的結末ヲ以テ足レリトセス更ニ進テ日支国交調整何年計画ト云フカ如キ建設的国交目標ヲ協定シ日支共同シテ之カ実現ニ努ムヘキコトヲ唱導スルモノナリ(1)。

石射猪太郎（いしい・いたろう　1887〜1954）

「今後の事変対策に付ての考案」と題するこの意見書は、同年一月一六日に発表された蔣介石国民政府を「対手とせず」という政府声明を修正し、蔣介石が率いる国民政府を相手に事変を解決するよう、政府に方針変更を促すために作成されたものである。意見書は外交官石射猪太郎の中国認識と外交政策論を象徴するものとして、日中戦争史研究のなかでしばしば取り上げられる。日中戦争が拡大するなかで、多様な政策論がひしめいていたことを示すものとして、注目されている。意見書のなかで提示された外交政策論は外務省の一官僚の意見に過ぎず、後の歴史が物語るように、この意見は政府の対外政策に直結したわけでもない。しかし、後述のように、外交官の意見は、戦前日本の対外政策の形成過程において、無視できるものではなく、少なくとも日中戦争の初期まで、政府の中国政策に強いインパクトを与えた。

このように、戦前日本の対外政策の形成過程における「外交官」の役割は、極めて興味深い問題である。具体的には、日中関係が崩壊に向かうなかで、「支那通」と言われた外交官が何を考え、どのように行動したのか、そして、彼らの思想と行動が日本の対中国外交にどのような影響を及ぼしたのかということは、検討すべき課題である。本論では東亜同文書院出身の石射猪太郎とその周辺の外交官らを通して、この課題にアプローチしてみたい。

一八八七年（明治二〇）二月六日に福島県西白河郡に生まれた石射猪太郎は、日露講和会議が開催された一九〇五年（明治三八）八月に上海東亜同文書院の第五期生として中国大陸に渡った。同期の学生数は八六名で、各都道府県から集まったエリートであった。一九〇八年（明治四一）六月の卒業まで、石射ら第五期生は中国での生活を経験した。石射は戦後に書かれた回想録のなかで、同文書院での学生生活について多くは語らなかった。しかし、回想録には、「私は一総領事の身分として世界平和のために貢献するなどという、ビジョンの広い理想の持ち合わせはなく、ただ、霞が関外交の伝統たる国際協調政策の一使徒たるに過ぎなかったが、中日関係についてはユートピア的の理想を温存していた。それは学生時代、同文書院で培われた中日両国の唇歯《しんし》輔車《ほしゃ》観念から生育したものというべきで、中日両国が心から融け合い、各自の利害をプールして中日兄弟ブロックを形成し得るならば、この東亜はいかに住みよい天地となるであろうか、また、かくすることによってのみ、中日両国は共存共栄し得るのだ[2]」と述べた一節があり、中国大陸での体験が後の人生に大きな影響を及ぼしたことを窺わせる。

上海東亜同文書院を卒業した石射は満鉄に入社して働いたが、父の仕事を助けるために、まもなく退職した。しかし、父の事業も失敗したため、進路に迷った石射は猛勉強を経て一九一三年（大正二）に文官高等試験に、一五年には外交官試験に合格して外務省に入省した。この進路の変更について、石射は「それまでは、同文書院出身者にして国家試験を試みた者は一人もなかったが、図らずも私の合格が先駆をなして、若杉要《かなめ》、堀内干城《たてき》、山本熊一の諸氏が、次々と後に続いたのは、母校の声価のためにも悦ばしい現象であった[3]」と述べている。外務省に入省した石射は、広東総領事館、天津総領事館、サンフランシスコ総領事館での勤務を経て、ワシントン大使館三等書記官に任命された。そのあとはメキシコ公使館二等書記官、本省通商第三課長を経て、満洲事変前の一九二九年（昭和四）に吉林総領事として満洲に赴任した。満洲事変の処理をめぐって、中国に理解を示した石射は陸軍からの激しい反発を受けた。片倉衷《ただし》は「吉林石射総領事は事変開始以来其行動兎角面白からず、動もすれば軍部の行動を白眼視し妨害を敢へてし、又出先局地軍憲吉林政府とは好からず、（中略）中央部に之を打電し、外務側より警告せしめ、要すれば更迭を要求せり[4]」という記録を残している。一九三二年（昭和七）上海総領事となり、有吉明公使のもと、満洲事変後の日中関係の改善に尽力した。三六年七月シャム特命全権公使に任命されたが、バンコクでの駐在は半年程度で、三七年四月に帰国し、佐藤尚武《なおたけ》外務大臣のもとで外務省東亜局長に就任した。まもなく盧溝橋事件が勃発し、日本と中国は全面戦争に突入するが、石射は事件の不拡大と戦争の早期終結に奔走することになる。

一、外交官がリードした日中関係改善

塘沽停戦協定で満洲事変が一段落すると、蔣介石は政敵だった汪兆銘と協力し、「安内攘外」の方針のもと、内外政策の調整を行った。国民政府は、行政院長汪兆銘が自ら外交部長を兼任し、唐有壬や高宗武ら日本留学経験者を対日外交の重要ポストに起用し、日本を対象とした情報収集を展開すると共に、対日外交建て直しに力を入れた。国民政府のなかで、英米中心の外交を進めた外交官顧維鈞は汪兆銘外交部長時代の外交について次のように述べている。

私は一九三四年七月初め、上海に戻った。（中略）それから上海で一年半過ごした。（中略）私は華北に対する日本の軍事的侵略に注目していた。（中略）私が知りたかったのは、政府の満洲事変後の対応であった。（中略）委員長と汪精衛との会見ではっきりと分かったのは、彼らはいずれも連盟に失望していたということである。彼らがもっとも関心をもっていたのは、日増しに激しくなっていた日本の軍事侵略と華北における傀儡の活動であった。(5)

一方、一九三四年（昭和九）五月外交部に入り、科長、幇弁を経て三五年五月亜洲司長に就任した高宗武は、国民政府の外交布陣について、国民政府による日本重視の現れと見ていた。彼は次のように分析した。

それまでの中国外交は対欧米を中心に展開されてきた。中国は伝統的に英米重視であり、英米に信頼を置いた。外交部で出世した人はほとんど欧米留学組であった。少なくとも英語を解する人間でなければならなかった。対日外交を担当する人も欧米留学組であった。中国は隣国日本をあまり重視しなかった。対英米外交が上手くできたら、対日外交も簡単に処理できると人々は信じて疑わなかった。日本人は、中国人は英米文化に毒されたと言って、この点に強い不満を抱いていた。英米は中国に多数のミッションスクールをつくり、親英米の人を多数養成していた。

満洲事変以降、国際連盟の無能さが露呈した。それまで国連中心を高唱した人々は自信をなくしていった。政府も日本問題を重視するようになった。外交部の部長と次長のなかで、少なくとも一人は日本通でなければならないというのが、暗黙の了解となった。

私は外交部で三年間亜洲司長を務めたが、私が就任以前は「連盟中心」であり、対日外交は存在しなかった。私が去った後は両国が戦争状態に入り、当然ながら外交などあり得なかった。(6)

一方、日本側も有吉明公使のもと、出先外交官を中心に対中政策の調整を進めた。一八七六年京都に生まれた有吉は、東京高等商業学校専攻部を卒業後、一八九八年（明治三一）外交官及領事官試験に合格して外務省に入り、同年領事官補として漢口に赴任した。その後、ロンドン、釜山、パリにも在勤したが、辛亥革命前の一九〇九年（明治四二）から第一次世界大戦終了後の一九一九年（大正八）までの一〇年間、上海総領事として中国に長期在勤した。スイスとブラジルで公使と大使を務めたあと、再び特命全権公使として中国に赴任したのは、満洲国が建国されて四カ月後の一九三二年（昭和七）七月であった。

有吉は、一九三四年（昭和九）以降の中国の政策転換に注目し、国民政府内の日本派の努力について、「中国側の態度につき、とかくの説をなすものがあるが、私は汪兆銘氏の誠意は充分認むべきものがあると思う。漸次日中関係をよくしようと努力している。（中略）空気がここまで緩和したのは、相当の努力の賜だ」[7]と高く評価している。

有吉は時代の変化に対応して、日本の外交手法の修正を求め、対中国外交の基本姿勢について、次のように述べている。

今日のように交通、通信機関の発達している時代では、各国の情報はだいたい正確に不断にかつ迅速に相手国に伝わるのである。このような時代にビスマルク外交の時代における駆引、術策は効果なく却って害がある。それよりも我が国の要求を認めることが結局相手国の利益をもたらす所以を、充分な資料によって、相手国の各方面に理解せしめることに努力すべきである。すなわち素直に熱心に、この正しい方針を理解せしめるということが最上の方法である。この場合、我方の目的の全部を認めさせることができなくても、相当な部分が認められればある程度の満足をしなければならない。そして、残りは、さらに他の機会を得て根強く努力すべきである[8]〔傍線は筆者。以下同様〕。

有吉明公使をはじめとする中国に駐在した外交官らは宋子文ら国民政府の実力派と積極的に接触し、中国に自動車産業の可能性を積極的に提案した。有吉公使のリーダーシップのもと、日本の対中国外交は幣原外交の中国政策を復活させ、経済政策を梃子に日中関係の改善に向けて動き出した。これには欧米派の宋子文も積極的な姿勢で受けとめ、日中経済協力の拡大が見られた。しかし、外交官たちの活躍に対し、日本政府の対応は必ずしも積極的なものではなかった。経済中心の外交に転換すれば、欧米勢力の中国への進出を加速させるのではないかと警戒したのである。上海総領事時代の石射は、日本の対中外交姿勢は、中国と日本の間に距離をつくり、中国を欧米側に接近させるものだと批判した。

石射は、蔣介石国民政府との信頼関係を構築することの重要性を強調し続けた。外務省に残されたこの時期の石射の意見書は決して多くないが、限られた記録を確認する限り、石射は国民党部や蔣介石国民政府に概ね好意的であった。石射は中国の「反日」は共産党の扇動に起因しているとの見解を本省に報告し、蔣介石国民政府との関係改善を促した。例えば、一九三五年（昭和一〇）一二月三〇日、石射は中央党部代表斉世英の談話を次のように本省に報告している。

日本側ニテハ学生運動ハ党部カ裏面ニ於テ種々扇動シ居ルヤニ曲解シ居ル向鮮カラサルヤニ見受ケラルル処、現在ノ国民党ハ完全ニ蔣介石ト一心同体ニシテ、蔣カ行政院長トシテ国難ノ矢面ニ立ツ決意ヲ為シタル今日、蔣ノ政策ニ不利ナル結果ヲ招来スル運動ヲ党部カ扇動スルガ如キ矛盾ヲ為ス筈絶対ニ無ク、党トシテモ、政府ト共ニ随分之カ弾圧ニ苦心シタリ。（中略）今後、反動派等カ右学生運動ニ着眼シ、之ヲ利用シ政府攻撃ノ具ニ供スルコトアルヘキハ、現ニ親日派ヲ集メ、対日関係ノ積極的改善ニ当ラント努メツツアル蔣介石ノ最モ惧ルル所。(9)（後略）

石射によれば、日中関係改善の鍵は日本が握っている。つまり、「この際日本側が、何か一つの問題で親切心を中国に見せてくれさえすれば、中国には一〇倍にもありがたく響いて、中日関係は面目を一新する」[10]。

日本の対中国外交政策を決定づけるものとして、中国国民政府への認識がある。北伐を経て一九二八年（昭和三）に成立した南京国民政府は中国を統一する中央政府として十分な力をもっているのか、また、同政府には日本との関係改善の意思があるのかをめぐって、日本人のなかで認識が分かれていた。中国の統一に懐疑的で、蔣介石政府の本質を「反日的」とみなす意見は、関東軍の強硬な大陸進出政策を背景に、日本各界に存在していた。外務省内にもこのような見解を持するものが存在した。例えば、広東にいた須磨弥吉郎は、満洲事変期に、「帝国ノ政策トシテハ理不尽ナル蔣、張（学良）ヲ除キ、我方ニ理解アル者ニ宰配セシムルノ措置ヲ執」[11]るべきであるという意見を持っていた。須磨にとって、日本が執るべき唯一の国策は、「新タナル勢ヲ以テ反蔣、否、寧ロ討蔣ニ趨カムトスル政府ニ、事実上ノ声援ヲ与フルコト」である。

このような考えを基調とする意見書を完成させた須磨には軍部の考え方に同調する傾向も見られたが、反蔣の勢力として旧軍閥に期待を寄せたわけではない。孫文の流れを汲む広東政府こそ中国の民意を代表する新興勢力だと主張したのである。彼によれば、「広東政府ト雖モ、謂ハバ一個ノ支那政府ナリ、国民党ヲ根基トスル政府」である。「成立以来先ヅ故孫文ノ遺訓ニ基キ特ニ日本トノ提携ヲ高唱シ、（中略）満洲事件ナル絶大ノショックニ遭フモ、依然其ノ日華提携論ヲ以テ終始シ居リ、現ニ一層強ク之ヲ高唱セン為改メテ反蔣ノ気勢ヲ挙ゲントシツツアルノ真摯ナル態度ハ之ヲ認メザルベカラズ」[12]。

つまり、蔣介石政府は「反日」的であるため、これを否定すべきであり、広東政府は「親日的」であり、日中関係の改善にこの勢力に依存すべきだというのである。須磨からみれば、広東政府こそ台頭する中国のナショナリズムを代表する勢力である。すなわち、「今吾人ハ孫文ノ唱道セル所謂三民主義ノミヲ云為セントスルモノニアラズ。寧ロ孫文トハ離レテ培養セラレ来レル国民トシテノ自覚ヲ重要視セムトス。不平等条約ノ撤廃、関税自由権ノ恢復、領事裁判ノ排除、租界ノ回収等ニ所謂国民的運動ハ何レモ茲ニ萌芽シ、何レ一定ノ形式ニ於テ名実共ニ純然タル独立国ヲ形成スル迄ハ恐ラク消エザルベキ底ノ国民的意識ヲ無視スルトキハ殆ド予想シ得ザル結果ヲ招来スルコトアルベキヲ虞ル[13]」。

しかし、反蔣介石の広東政府にいた汪兆銘が一九三二年（昭和七）以降、蔣介石と協力政権を成立させると、須磨の意見は一変する。南京総領事に転任した須磨弥吉郎は、地方政府ではなく、蔣介石国民政府との直接交渉の重要性を強調するようになる。

さて、一九三五年（昭和一〇）に入ってから、日中両国が関係改善に向けて急速に動き出した。議会での演説で広田弘毅外相は、中国の統一を歓迎し、自分の外相在任中に中国との戦争はないという趣旨の議会演説を行い、中国との関係改善の意思を表明した。蔣介石も中国の雑誌に「敵か友か」という論文を発表し、日中双方が一歩下がって、関係改善に努めるべきだと呼びかけた。これを受けて、一月二九日、有吉が汪兆銘と会談し、中国の排日運動が日中の関係改善の障害であることを指摘する一方、関係改善の重要性を確認した[14]。一月三〇日、有吉は蔣介石とも会談し、中国の反日と日本の対中優越感を同時になくさなければならないと指摘した[15]。

二月一四日、蔣介石は朝日新聞の記者と会見し、日本が東北（満洲）で取った政策が、中国における反日の国民感情の原因だと指摘する一方、「道義」の二文字が日中の問題解決の根本原理と強調し、中日は提携しなければならないと呼びかけた。また、日中の経済提携は互恵を原則としなければならないと論じた。

二月二〇日、汪兆銘は中央政治会議で中日関係について報告を行い、日本と中国の歴史的つながりを強調した。また、広田外相の演説は、中国側の従来の主張と完全に一致し、日中の対立は「誠意」で解決できると主張した。そのあと、蔣介石の論文が「日本は敵か友か」という題名で『中央公論』四月号に全文翻訳され、中国側の関係改善の意思が日本側に伝えられた。

日中関係が急速に改善するなかで、四月八日有吉公使は中国各地に駐在していた外交官を上海公使館に集め、日中経済提携について討議する「総領事会議」を主催した。会議の出席者は有吉公使の他、若杉要参事官、堀内干城一等書記官、芦野弘、有野学二等書記官、横竹平太郎商務参事官、川越茂天津総領事、坂根準三青島総領事、西田畊一《こういち》済南総領事、石射猪太郎上海総領事、須磨弥吉郎南京総領事、三浦義秋漢口総領事、河相達夫広東総領事、塚本毅厦門総領事らであった。

会議の目的は、広田外相が打ち出した外交原則に基づき、有吉明公使を中心に日中国交調整の具体案を作成することであったが、具体案の骨子は、日中経済提携の目標を策定することであった(16)。

会議二日目、次のような内容を含む意見書を政府に提出することが決められた(17)。

A、中国の軍事、政治は未だ完全なる統一を実現していないものの、統一に向かいつつある。日本としては中国の現状維持に最善を尽くすべきであり、なかんずく山東、河北、山西、察哈爾《チャハル》、綏遠《すいえん》を含む華北地域の現状維持に努めなければならない。

B、中国経済は崩壊の瀬戸際にある。日本としてはこの機会を利用して中国への投資を拡大すべきである。有利な条件による投資の結果、中国を貧困から救い出し、日本製品の市場を拡大することができる。同時に、中国経済の中枢に浸透することも可能である。英米の中国進出を阻止する視点から考えても、必要不可欠である。

C、文化事業部の組織を充実させ、中国人の国民感情を善導することも重要である。

D、日中学会を組織し、南京、上海の両総領事がこれを担当すること。

一九三五年（昭和一〇）頭からの日中関係改善の動きは、有吉明や石射猪太郎ら中国駐在の外交官のリーダーシップで展開された。外交官たちは中国の情報をタイムリーに外務省に発信し、政府の方針転換を大陸から促した。総領事会議一か月前の三月八日、石射は上海各方面の「対日空気」について詳細に報告している(18)。

報告によれば、中国中央政府の対日姿勢は上海市政府にも影響を及ぼし、上海市の役人が対日本問題を処理する際、従来より「和やか」になった。呉鉄城市長は排日的な宣伝を禁止する命令を発したり、東亜同文書院卒業式で親日演説を行ったりして、関係改善に向けて積極的な発信を行っている。また、漢字新聞の対日論調も著しく「穏健」になり、日中関係の改善や経済提携に反対意見を掲載するものがほとんど見られなくなった。

とりわけ経済界の変化に注目した石射は、その変化ぶりについて次のようにまとめている。

華商中ノ一流筋モ最近弗々邦人商社ニ姿ヲ現ハシ始メタルノミナラス商機ヲ見ルニ機敏ナル支那人中ニハ日支合弁事業邦品代理店ノ引受乃至邦人投資者ノ物色等ヲ開始スルモノスラ現ハレ来ル由ナルカ最近金曜会（商工会議所員ヲ中心トスル隔週例会）席上大阪貿易調査所ハ邦品雑貨類ノ引合カ最近頓ニ増加シタル由砂糖組合代表ハ之迄全然売レサリシ日本品カ売レ始メ、長江上流宜昌沙市方面ニモ売行アル旨又三井支店長ハ其ノ取扱商品ニ対シ排日空気緩和シ支那人ノ買気漸ク現ハレ来リタル旨夫々報告シ居レリ。

日中関係の改善は経済界に止まらず、学生や一般国民の相互訪問が急増していること、日中の「思想団体、学術団体」などの往来が始まっていることについても石射が報告している。

このような緻密な観察と詳細な報告は、政府の対中政策の転換に重要な影響を与えていると推察できよう。

もちろん、石射の現状認識は、在中国外交官たちに共有されるものであった。四月二四日に招集された外務省幹部会で有吉公使は次のように発言した。

南京政府が、今春来、我が国に対する態度に一大転換を試みて、親日態度を表明してからは、日中関係は満洲事変以来の変則的関係を離れて、幾分両国本来の軌道に乗ってきた感がある。しかし、この新しい動向は、いまだ中国政局の全局を通じて親日化したというほどの楽観を許すべきものではない。だが、少なくとも南京の国民政府が対日態度に一大転換をしたことは、日本にとって千載一遇の好機だと捉えらるべきであり、本省としては、充分の自重をもって、徐ろに今後の中国対策を本格的に準備すべきものである。[19]

軍部が満洲問題を中心に中国に対する圧力を強めるなかで、有吉や石射をはじめとする出先の外交官たちが、日本の対中国政策の転換をリードし、経済提携のかたちで日中関係を一応軌道に乗せたことは、日中戦争前における日本外交のもっとも注目すべき事象の一つである。

さて、一九三七年（昭和一二）二月に再発足した林銑十郎内閣のもとで、日本政府は塘沽停戦協定以降現地軍が中心になって進めてきた華北自治工作の路線を修正し、「北支の分治を図り、若しくは支那の内政を紊す虞あるが如き政治工作は之を行はず」（「対支実行策」）とした。[20] また、日本の華北政策の核心は「実質上確固たる防共親日満の地帯」に建設することや中国大陸から「国防資源の獲得」をすることであるが、この目的を実現するために、「差し当たり、先ず北支民衆を対象とする経済工作の遂行に主力を注ぐ」（「北支指導方策」[21]）こととした。この路線変更は佐藤尚武外務大臣期に実現されたものだが、佐藤はその対中国宥和政策を推進するための布石として、東亜局長という対中国外交の要に石射猪太郎を据えたのである。この職を引き受けるにあたって、石射は「対華問題につき、大局的見地より軍側とそりの合わぬことをご承知のうえならば、よろしくお取り計らいを乞う[22]」と外務省に打電し、軍と妥協しない姿勢を貫いた。

しかし、佐藤外交は長く続かず、石射が東亜局長に就任してまもなく近衛内閣が成立し、広田弘毅が外務大臣に就任した。一九三七年（昭和一二）六月一六日、近衛内閣の中国政策に影響力を行使するために、東条英機関東軍参謀長は、外務次官官邸において、堀内次官、東郷欧亜局長、石射東亜局長と会談し、関東軍の対中対ソ政策を披露している。その要点は次の通りである。⑴塘沽停戦協定に関する事項は四月に決定した「対支実行策」と「北支指導方策」によって何ら変更なし、⑵対支経済工作は単に金儲けを目的とすることを差し控え、満洲国の開発に支障無き範囲に止めるべきこと、⑶内蒙工作を従来通り継続すること、⑷冀東政権の解消は冀察政権の態度明確とならざる限り、実現し難いこと、⑸冀東貿易の解決は税率の引き下げ、冀東の収入援助などの条件で外交上有利に利用すべきこと。[23]

外務省に残されているこの会議の記録によれば、東条関東軍参謀長の要望に対し、外務省側の立場を説明したのは、堀内次官と東郷欧亜局長であり、石射東亜局長は沈黙を守り続けた。史料の空欄に、東条が「対支経済工作について」述べた部分に対し、「具体的ニ如何ナルコトヲ意味スルヤ明カナラズ」「外務省トシテモ関東軍、北支駐屯軍間ニ明確ニ話ヲ付ケテ貰ハネバ迷惑ナリ」という書き込みがあり、外務省と関東軍の方針の違いが示されている。

この会議において、対中政策にもっとも関係の深い石射がほとんど発言しなかったこともあり、この時点での石射の外交政策案や軍部に対する認識を確認できないが、回想録に記された広田外相に対する人物論を通して、石射の胸中を推測することができよう。

私には広田外相に新味も強味も感じられなかった。ワシントン在勤時代からこの人に対して持った私の崇拝と期待は、この数年来急にさめつつあった。先年広田内閣組閣の際、軍部からつけられた注文に唯々として聴従したり、軍部大臣現役制を復活したりなどした弱体ぶりに幻滅を感じたのだ。この人が心から平和主義者であり、国際協調主義者であることに少しも疑いを持たなかったが、軍部と右翼に抵抗力の弱い人だというのが、私の見る広田さんであった。(24)

東亜局長に就任した石射は軍部と対立しても自らの信念を貫こうとしたのだろうか。就任早々石射は「大乗的な構想」を立てて対華私案を練り、これを国民政府外交部亜洲司長高宗武との私的会議で話し合う計画を立てていたが、盧溝橋事件の勃発により頓挫した。(25)

二、事変拡大を阻止する石射猪太郎

一九三七年（昭和一二）七月七日、北京郊外の盧溝橋で日中両軍が衝突した。盧溝橋事件の勃発である。石射は広田大臣、堀内次官、東郷欧亜局長らと「事件不拡大、局地解決」の方針をいち早く決定した。しかし、七月一一日、緊急閣議において、陸軍大臣から三個師団動員案が出されるという情報が流れ、事態が緊迫化した。石射は静養先から帰京した広田外相を東京駅に出迎え、中国側を刺激することは絶対禁物であると力説し、閣議で動員案を食い止めるよう進言した。しかし、石射の工作も功を奏せず、緊急閣議において動員案が可決された。この日、石射は日記に「広田外務大臣がこれ程御都合主義な、無定見な人物であるとは思はなかった。所謂非常時日本、殊に今度の様な事変に彼の如きを外務大臣に頂いたのは日本の不幸である」(26)と記し、広田への強い不満を表明した。

この頃の石射は、広田外相の行動に失望し、事変の拡大を阻止するために、日々深く悩んでいた。

例えば、七月一八日の日記に、「外相が五相会議へ出るので口をきく材料を調べる。馬鹿げたものを承知でならべてやる。どうせ好い案をさずけても、主張するのをいやがる広田外相だ。果せる哉午後帰つて来てからの外相の話によれば、五相会議なんかタワイの無いものだ」と記し、さらに七月二二日の日記に「朝柴山君来訪、外交工作をして呉れぬかと昨日の話をむしかへす。それは無用と答ふ」と書いてある。

七月二〇日現地の衝突拡大が伝わり、閣議で派兵の決定がなされることになった。これが最後の機会と判断した石射は、上村伸一東亜局一課長と連名で嘆願文を作成し、広田に渡そうとした。(27) 嘆願文は「動員は事件拡大の端を開き、回復し難い事態を招来すること必然ゆえ、中日関係百年の計のため、閣議におけるご奮闘を嘆願する」という趣旨のものであった。

ところが、閣議は内地三個師団動員・派兵を決定した。石射は「辞職、少なくも休職の決意をしつゝ帰宅」したが、(28)翌日、上村と共に、外務次官と大臣に面会し、辞表を提出した。辞表では、事変を解決する唯一の方法は「第二十九軍の受諾せる諸条件の履行を見極め、且南京側の軍事行動停止を条件として、速に増援部隊を帰還せしむるの態度を明かに中外に宣示し、以て信を世界に繋ぐ」ことだと指摘し、「陸軍は今般更に内地師団動員方提議し来る趣の処、此の際斯かる措置に出ることは前記局地解決、事態不拡大の主義に依る局地収拾策に背馳し、局面の和平収拾を愈々困難ならしむるのみならず、遂には派兵に継ぐに派兵を以てせざるべからざる破目に陥り、最善の場合に於ても長期対陣の余儀なきに立至り、国力之が為めに困憊し、蘇連の覬覦を誘致する虞甚大」と軍部の行動を批判した。(29) 石射は広田外相に一喝され、辞表を撤回したが、戦争の拡大を阻止する努力はその後も続いた。

まずは軍部の「和平派」との連携である。盧溝橋事件勃発後、現地の状況を視察すべく、陸軍は柴山兼四郎陸軍省軍務局軍務課長を現地に派遣した。石射と柴山は、広東に駐在した頃以来の旧知であった。七月二一日、視察を終えた柴山は帰朝した。

柴山からもたらされた中国の状況は、「現地は実に冷静、条件は次第に実行されつゝあり、増兵なんか要求はしておらず[30]」というものであった。石射は柴山から得た現地情報を広田外相にも報告した。

石射の辞表にどれだけの影響を受けたのか、確認できないが、七月二二日の閣議で「広田大臣は局地解決、次で日支国交打開に大きな手を打つべし」と主張した。広田大臣の態度の変化もあり、七月二三日陸、海、外三局長会議が開催された。陸軍は柴山が代理として出席した。会議では、「1、満洲問題ニハ触レサルコト　2、北支ニ於テ日華共同シテ経済開発ヲ行フコト　3、日本ハ支那カラ全面的ニ撤兵スルコト」という三大要綱のもとで詳細は交渉に譲ることを決め、「之ヲ近衛首相広田外相米内海相杉山陸相等ニ提出シ何レモ賛成シ之ヲ極秘裡ニ川越大使ヲシテ伝達セシムルト決定」した[31]。

七月二五日石射は、広田外相の名義で中国に駐在する外交官に政府の方針として、次の内容を伝えた。

一、状況ニ大ナル変化ナキ限リ飽ク迄現地解決、事態不拡大ノ方針ヲ堅持シ、コノ上ノ派兵ハ中止スル事。

二、現地協定履行ノ見据エツキ、且我方ニ於テ不安ナシト認メタル時ハ、自主的ニ速カニ増派部隊ヲ関外ニ撤収スル事。

三、適当ノ機会ヲ捉ヘ前記一及ヒ二ノ趣旨ヲ声明スル事[32]。

これを受けて、当地では日高公使は二五日午後、外交部亜洲司長高宗武と会談し、国民政府内の空気、特に蔣介石の対日態度を探り出すことに一応成功した。しかし、七月二五日に郎坊事件、二六日に広安門事件が続発し、軍部の強硬意見が勢いを増していった。

次は中国への使者の派遣である。華北の状況が緊迫するなかで、七月二九日、石射局長は柴山（陸軍）、保科善四郎（海軍）、上村（外務）の三課長と今後の対策について話し合った。外務省東亜局は七月三〇日「北支時局収拾に関する外務省の意見」[33]を作成し、一九三六年（昭和一一）以降外務省が構想してきた、南京国民政府を相手とした直接交渉の方針を確認した。この意見は蔣介石政府との直接交渉を一貫して主張してきた石射の意思を反映したものである。意見書の冒頭で強調したのは、「地方政権ノ樹立ハ絶対不可」という点である。また、「意見」は、中国の中央政権との直接交渉について二つの方法を提案している。第一は、蔣政権を中央政府と認め、武力による城下の盟をもって蔣をして日本の希望するところをそのまま承諾せしめること。第二は、中央軍撃破の結果、中国側内部の副作用として、蔣政権の瓦解をもたらし、新中央政権の成立を待って、これと直接交渉することである。

石射の構想をサポートしたのは、芳沢謙吉であった。芳沢は中国に長く駐在した代表的な中国通外交官である。堀内外務次官への意見書のなかで芳沢は、「表面的外交交渉を進むるため、広田外相自ら南京に乗り込むと共に、裏面工作として、其の事前に支那当路者と直接に話合の出来る親密なる関係ある有力者を近衞公及び広田外相の代弁者として南京に特派し、蔣介石及び張公権、呉鼎昌氏等其他の人々に対し、我方の根本方針を内示する一方、上海方面に於ては浙江財閥方面に対し同様工作を施し、局面の打開に努め、政治的解決の歩を進むることが最も肝要ならずや」と提案している。

この提案を受けて、石射は在華紡績同業会理事長船津辰一郎に依頼し、「支那側より停戦提議をなさしむべく」、同氏を上海に急派することを決めた[34]。船津は国民政府の対日外交の第一人者高宗武亜洲司長と親交があったからである[35]。船津は急遽上海に向けて出発し、高宗武との面会にも成功したが、上海事変の勃発により、日本側の意思を中国側の上層部に伝えることができなかった。

九月に入ってから、石射、柴山、保科の三者会談が繰り返し行われた。三者会合の内容は、石射日記から推測すれば、石射の事変解決案と陸軍から提起された意見との調整であった。一〇月一日の四相会議において、石射の意見をベースにした「支那事変対処要綱」が承認された。石射はこの要綱を「従来の対支処理方針の如きありふれたるものに比すれば、日支国交調整と云ふ線にふれて居るものではある」と評価する一方、「現内閣に果して之を実行に移す勇気ありや心細い(36)」と記し、内閣に対する不信を匂わせた。

さて、四相会議において決定をみた「支那事変対処要綱」の「附属具体的方策(37)」は、「時局収拾ノ条件」と「日支国交ノ全般的調整」に関する事項を規定している。時局収拾の条件として、中国に非武装地帯の設定を要求する代わりに、⑴必要に応じて日本駐屯軍の兵数を事変勃発当時の兵数範囲内において、できる限り自発的に縮小する意思ある旨を表示すること、⑵現に河北省内に進出している中央軍が省外に撤退することを条件に塘沽停戦協定、土肥原・秦徳純協定、梅津・何応欽協定を解消すること、⑶冀察及び冀東政権を解消し、「日支融合ノ具現ニ適当ナル」行政首脳者のもとであれば、南京政府が任意右地域の行政を行うことができること、などが決められた。

中国側に対する要求として、満洲国の正式承認、日支防共協定の締結、内蒙古方面において、錫、察両盟における徳王の現状を認め、同地域を「満支間ノ緩衝地帯トシ、双方右状態保持ヲ尊重ス」ること、抗日排日の取り締まり、邦交敦睦令の徹底、特定品の関税引き下げなどが列挙された。

一方、中国に対し譲歩を示した項目は、自由飛行を廃止することと、冀東特殊貿易の廃止並びに非武装地帯海面における中国側密輸取り締まりの自由を回復することの二項目であった。

しかし、戦争の拡大と共に、日本が中国に求めた講和条件は次第に厳しさを増していった。事変の拡大を食い止めようとする石射の可能性は著しく狭められた。

三、石射の意見書と外務省の政策転換

一九三八年（昭和一三）に入ると、近衛内閣はドイツを仲介にした和平工作を断念し、「爾後国民政府を対手とせず」という声明を発表した。石射が進めてきた蔣介石国民政府を相手とする外交交渉は暗礁に乗り上げた。事変の解決をめぐって八方ふさがりの近衛首相は五月に内閣改造を実施し、蔣介石との直接交渉で事態打開を目指す宇垣一成を外相に任命した。宇垣新外相は多様なチャンネルを活用して、蔣介石国民政府の代表との接触を試み、事変の早期解決を目指した。宇垣外相の中国政策をより確実なものにするため、石射は先に述べた「今後の事変対策に付ての考察」という長文の意見書を宇垣外相に提出した。

石射は「最短期間内ニ今次事変ヲ終局セシムル方策」として、「消極論」「新中央政権樹立論」「三大政権合流論」「国民政府相手論」という四つのシナリオを描いた。「消極論」とは、漢口攻略後に日本軍の配置を縮小し、華中と華北の一定の地域に「防御陣地ヲ構築シ之ニ最少限度必要ノ兵力ヲ配シツツ各地帯内ノ治安工作及経済開発ニ精進スヘシ」という主張である。「新中央政権樹立論」とは、「臨時維新両政府及今後漢口ニ出現スルコトアルヘキ政府ヲ合流シ其ノ上ニ中央政府ヲ樹立シ、唐紹儀、呉佩孚等ヲ出馬セシメ中央政府ノ枢軸トシ我方之ヲ承認ノ上日支国交ノ調整ヲ協定シ事変ニ毸《けり》ヲ付ケントスル」ものである。また、「三大政権合流論」とは、臨時維新両政府ヲシテ国民政府ニ工作セシメ三政権ヲ合流シ此所ニ新ナル中央政権ヲ実現セシメ之ト和ヲ講セントスルモノ」である。そして、「国民政府相手論」は勿論、「国民政府を対手とせず」声明の否定であり、「国民政府ヲ相手ニ東亜ノ大事ヲ談スルヨリ外途ナシ」と石射が唱えたのである。

石射にとって、「消極論」は事変の再発を招く下策であり、当然採用の可能性はなかった。「新中央政権樹立論」と「三大政権合流論」は何れも新たな中央政権の出現を目標にしており、年来の石射の主張と悖反《はいはん》する考えであ

る。石射は意見書で「消極論」と「新中央政権樹立論」的なものを排除し、「国民政府相手論」を提唱した。和平の基礎条件として、「寛厚ノ度量ヲ持シ成ルヘク支那側ノ面目ヲ立テヤルコト、支那主権ニ制限ヲ加ヘサルコト、蔣介石ノ下野ヲ絶対ノ条件トハセサルコト、支那ノ内政ニ干与セサルコト、国民党ノ解消ヲ要求セサルコト、経済提携ニ重点ヲ置クコト」の六カ条を掲げた。この石射の「国民政府相手論」に対し宇垣は「概ネ本大臣ノ所見ニ合致ス」と賛意を表したのである。

石射の意見書に勇気づけられた宇垣外相は、矢田七太郎を香港に派遣し、国民政府との和平の可能性を探らせた。東京朝日新聞の客員神尾茂もこれに加わり、宇垣外相のところに国民政府関係の情報が多数届けられた。九月四日、宇垣外相は石射を私邸に招き、蔣介石政府に対する和平工作の重要性と実行の時期について話し合った。宇垣は、次のように述べた。

事変ノ終局ニ付テハ君ノ提案ノ如ク蔣介石相手ノ和平ヨリ外ナカルヘシト思フ、自分モ大臣就任ノトキ近衞首相ニ対シ一月十六日ノ声明ハ場合ニヨリ乗リ切ルコトトノ了解ヲ得テ居ルノタ、只急ニ蔣相手ノ和平ヲ提案シテハ騒カレルハカリタカラ潮時ヲ見テ居タノタカ最近ノ状勢カラ見テ最早其工作ニ取掛ツテ然ルヘキ時ト思フ、出来ルナラハ漢口攻略前ニ蔣ト話ヲ付ケ度シト考フ(38)。

このように、宇垣外相は石射のサポートを受けて、蔣介石国民政府と和平の可能性を探っているなか、中国に駐在した同盟通信の松本重治、満鉄社員西義顕らが国民政府外交部亜洲司第一科長董道寧、司長高宗武に働きかけ、日本と蔣介石以外の「第三勢力」の育成を目指す和平工作を進めた。この和平工作は国民党副総裁汪兆銘を対象に定め、蔣介石に替わる新中央政府の設立を目指した。陸軍省軍務課長影佐禎昭、参謀本部支那課員今井武夫らもこの工作を強力に推し進めた。

しかし、石射が局長を務める外務省東亜局はこの流れを強く牽制した。一九三八年九月一六日、東亜局第一課が「新中央政府組織ニ関スル一考察」[39]と題する意見書を作成し、「新中央政府ハ全支ヲ打ツテ一丸トスルカ如キ名実相備ハレル政府タルヲ理想的トスルコト勿論ナル処現下ノ情勢ヲ以テシテハ漢口陥落後蔣介石ノ下野乃至蔣政権ノ改組分裂ノ如キ到底実現不可能ナルヘシ」との判断を示した。

蔣介石の権力基盤について、意見書は「蔣介石ノ統制力ハ事変後益々鞏固ヲ加ヘ国民党員ハ勿論一般民衆ノ信仰的尊敬ヲ集メ其ノ独裁能力ハ事変当初ノ比ニ非サル模様ナリ」と述べ、日本政府の注意を促している。東亜局は国民政府内の現状をつぎのように分析している。

本年七月袁良ノ斎セル平和条件（佐藤安之助ヨリ私案トシテ提示ス）ニ関シテモ汪精衛、張群、孔祥熙等ハ蔣下野ノ部分ハ之ヲ削除シ蔣介石ノ閲覧ニ供セル位ニテ彼等モ正面ヨリ蔣ニ下野ヲ勧告スル勇気ナク何応欽、程潜、熊式輝等ノ穏健派モ蔣ノ前ニ於テハ恰モ猫ノ前ニ出テタル鼠ノ如ク殆ント命令ヲ鵜呑ニシ居リ平時蔣介石ニ対シテ多少トモ政治的財政的意見ヲ吐露シテ蔣ノ啓発ニ努メタル呉鼎昌スラ今ヤ眼ヲ塞キテ蔣ニ盲従セサルヲ得スト述懐シ居ル程ナリ。
今日国民政府ノ傘下ニハ種々ノ異分子混在シ居ルモ此等ハ何レモ蔣介石ヲ首領トシテ推戴シ其ノ統制ノ下ニ服シ居リ蔣ハ正ニ支那ニ於ケル軍事的政治的経済的活動ノ源泉タルノ観アリ彼ニシテ直ニ下野スルカ如キコトアランカ漢口政権ハ拾収付カサル状態ニ陥ルコト必定ナレハ此ノ点ヨリスルモ蔣介石ノ下野ハ事実上不可能ナルヘシトノ観測頗ル多シ。

また、蔣介石政権を分断させる工作について、悲観的な展望を示している。すなわち、「蔣政権ノ分裂改組ノ如キモ目下ノ蔣介石ノ統制力、民衆ノ抗日意識、列国殊ニ英米仏蘇ノ対支態度ノ存続スル限リ大分裂大改組ヲ助長セシムルコト亦不可能ニシテ蔣政権ヨリ単独離反者ヲ出サシムルコト位カ関ノ山ナルヘシ尤モ南支方面ニ於テ謀略ノ請負ヲ希望スルモノナキニ非サルモ実力ヲ有スルモノ殆ントナク従テ成功ノ可能性ニ乏シキ次第ナリ」という見解である。

要するに石射は東亜局長の立場から、蔣介石の国民政府を相手として事変の解決を訴え続けたのである。しかし、二つの和平策が競合するなか、九月下旬、事態は急転直下の勢いをもって一変した。陸軍は「対華中央機関」設置問題を持ち出し、宇垣外相を辞任に追い込んだのである。[40] 石射と堀内謙介次官も「大臣に対する輔弼《ほひつ》よろしきを得なかった責を負って、辞表を提出した」。[41] 一九三八年（昭和一三）九月三〇日のことである。

蔣介石との直接交渉を強く求めた宇垣と石射が外務省を去った後、汪兆銘を対象とした新中央政権樹立工作が加速していった。東亜局の外交政策論も一変した。一一月二五日に作成された「中国及び第三国に対する外交方針骨子」[42]では、次の内容が書き込まれた。

蔣介石政権トノ和平ハ第三国ノ橋渡シニ依ルト蔣政権自体ノ申出ニ依ルトヲ問ハス之ヲ行ハス但シ蔣政権ヲ解消シテ新中央政権ノ傘下ニ合流シ来ルカ如キ場合ハ別個ノ考量ヲナシ得ヘシ

既存並ニ新ニ樹立セラルヘキ親日諸政権ヲ基礎トスル強国ナル新中央政権ノ成立ヲ助長シ其ノ確立ヲ俟チ右トノ間ニ左記各項ヲ実施ス

（イ）日満支一般提携就中善隣友好、防共共同防衛、経済提携原則ノ設定

（ロ）北支及蒙疆ニ於ケル国防上並経済上（特ニ資源ノ開発利用）日支強度統合地帯ノ設定

蒙疆地方ハ前項ノ外特ニ防共ノ為軍事上並政治上特殊地位ノ設定
（ハ）揚子江下流地域ニ於ケル経済上日支強度結合地帯ノ設定
（ニ）南支方面ニ於テハ沿岸特定島嶼ニ特殊地位ノ設定ヲ図ル外重要都市ヲ起点ニ日支協力提携ノ素地ヲ確保スルニ努ムルコト

蒋介石政権を相手とする講和を全面的に否定した外務省東亜局案が初めて示されたのである。

おわりに

外交官石射猪太郎は日中関係史のなかで、それほど脚光を浴びてきた人物ではない。日記と回想録を残したものの、日中関係史のなかで石射のような一外交官を位置づけることは容易なことではない。外務省に入省した頃、外交官という職業について、パンを手に入れるための手段以上の価値を見いださなかった石射は、満洲事変と日中戦争を処理する第一線で活躍したとき、もはや「鮮明に外務人」になりきっていたのである。

吉林総領事在任中、軍部の横暴に抵抗し、関東軍に排斥された。上海総領事に赴任してから有吉明公使と協力し、中国との関係改善や経済提携に全力を注いだ。そして、東亜局長在任中、外務省の中国政策に決定的な影響力を行使した。石射の影響下にある東亜局は、蒋介石の国民政府を相手とする一連の外交方針を打ち出し、特使を派遣した和平交渉も推進した（「船津工作」「宇垣―孔祥熙工作」）。彼の努力は、最終的には日中戦争の拡大を阻止することができなかったが、彼の理念は、彼が東亜局を去るまで、外務省の対中国政策に色濃く反映され、その核心の部分は外交交渉のかたちで現実化されたのである。

註

（1）外務省記録「支那事変処理ニ関スル外務省案3-1、今後の事変対策に付ての考案」、ＪＡＣＡＲ（アジア歴史資料センター）Ref. B02030513200.
（2）石射猪太郎『外交官の一生』、中公文庫、二〇〇七年、二三二～二三三頁。
（3）同右、一八頁。
（4）片倉衷「満洲事変機密政略日誌」、『現代史資料7』、みすず書房、一九六四年。
（5）顧維鈞『顧維鈞回想録』第二巻、中華書局、一九八五年。
（6）高宗武『日本真相』、湖南教育出版社、二〇〇八年。
（7）松本重治『上海時代』、中央公論社、一九七七年、一八四頁。
（8）同右、一八二頁。
（9）外務省編『日本外交文書　昭和期Ⅱ、第四巻上巻』、昭和一〇年対中国関係、二〇〇六年、一二三～一二四頁。
（10）前掲『外交官の一生』、二五三頁。
（11）須磨未千秋編『須磨弥吉郎外交秘録』、創元社、一九八八年、一四七頁。
（12）同右、一四五頁。
（13）同右、一三九～一四〇頁。
（14）台湾中央研究院近代史研究所檔案館所蔵国民政府外交部檔案「関於改善中日関係」第一冊。
（15）同右。
（16）『国聞週報』第一二巻第一四期、一九三五年四月。
（17）前掲、国民政府外交部檔案「若杉代弁・堀内参賛・岩進（井）参議・芦野情報部長合提『審査各報告意見書』請公決案」。
（18）前掲『日本外交文書　昭和期Ⅱ、第四巻上巻』、二二三～二二四頁。
（19）『東京朝日新聞』一九三五年（昭和一〇）四月二五日付夕刊。
（20）臼井勝美『日中外交史研究』、吉川弘文館、一九九九年、一九五頁。
（21）同右。

(22) 前掲『外交官の一生』、二九〇頁。
(23) JACAR Ref. B02030160800 外務省記録「帝国ノ対支外交政策関係一件」第七巻(A-1-1-0-10_007)。
(24) 前掲『外交官の一生』、二九三頁。
(25) 同右、二九五頁。
(26) 前掲『石射日記』一九三七年七月一七日の条。
(27) 同右、一九三七年七月二〇日の条、および前掲『外交官の一生』、三〇〇頁。
(28) 同右、一九三七年七月二〇日の条。
(29) 島田俊彦「『船津工作』など」、日本国際政治学会編『日中戦争と国際的対応』、有斐閣、一九七二年、一一〇~一一一頁。
(30) 前掲『石射日記』七月二二日の条。
(31) JACAR Ref. B02030663000 外務省記録「支那事変・善後措置」A-1-1-0-30_43.
(32) 外務省編『日本外交文書 日中戦争 第一冊』六一書房、二〇一一年、二九頁。
(33) JACAR Ref. B02030512700 外務省記録「支那事変関係一件」第二巻(A-1-1-0-30_002)。
(34) 前掲『石射日記』一九三七年八月三日の条。
(35) 前掲『外交官の一生』、三〇六頁。
(36) 前掲『石射日記』一九三七年一〇月一日の条。
(37) 防衛庁防衛研究所戦史室『支那事変陸軍作戦・一』朝雲新聞社、一九七五年、三四九~三五〇頁。
(38) JACAR Ref. B02030573400 外務省記録「支那事変関係一件」第三〇巻(A-1-1-0-30_030)。
(39) 前掲『日本外交文書 日中戦争 第一冊』、三九〇頁。
(40) 伊藤隆「解説」、前掲『外交官の一生』、五一六頁。
(41) 前掲『外交官の一生』、三五一頁。
(42) 前掲『日本外交文書 日中戦争 第一冊』、四三〇頁。

※本稿は拙論「石射猪太郎と日中戦争」(戸部良一他編『日中戦争とは何だったのか』ミネルヴァ書房、二〇一七年)を土台にしている。

あとがき

総論でも述べたが、本書は二〇一八年一〇月に開催された一般財団法人霞山会創立七〇周年記念シンポジウムの成果を基礎に編まれたものである。霞山会は二〇一六年一二月以来、四回にわたって近代日本とアジアに関するシンポジウムを開催してきた。以下に各回のテーマと報告タイトルを記しておく。

「近衛篤麿とその時代――近衛篤麿と明治アジア主義」（二〇一六年一二月一〇日、会場・立命館大学衣笠キャンパス、共催・立命館大学アジア日本研究所、後援・公益財団法人陽明文庫、京都新聞社）

〈報告〉

クリストファー・スピルマン（上智大学講師）「明治アジア主義の可能性」

嵯峨隆（静岡県立大学教授）「近衛篤麿と清末の政治変動」

高木宏治（陸羯南研究会）「近衛篤麿と明治言論人」

栗田尚弥（國學院大學講師）「同人種同盟論を巡って」

〈コメンテーター〉

山崎有恒（立命館大学教授）

「歴史に学ぶ　明治期アジアへのまなざし――より良き関係構築を目指して」（二〇一七年一二月一〇日、会場・

立命館アジア太平洋大学、共催・立命館アジア太平洋大学、後援・公益財団法人陽明文庫、中国書店、陸羯南研究会）
〈報告〉
藤田佳久（愛知大学名誉教授）「東亜同文会――教育者としての近衛篤麿」
山崎有恒（立命館大学教授）「中川小十郎の〈アジア〉」
クリストファー・スピルマン（帝京大学教授）「一九世紀の人種論とアジア論――近衛篤麿のドイツ留学の経験を中心に」
嵯峨隆（静岡県立大学教授）「樽井藤吉と大東合邦論」
高木宏治（陸羯南研究会）「東邦協会――近衛篤麿・陸羯南等のアジアへの視線」
栗田尚弥（國學院大學講師）「揺れ動くアイデンティティ――欧州への〈思い〉と『同人種同盟論』の間で」
〈コメンテーター〉
阿部純一（霞山会常任理事・研究主幹）

「明治アジア主義と東北・津軽――近衛篤麿、陸羯南そして東亜同文会をめぐる人脈」（二〇一八年四月八日、会場・弘前商工会議所、共催・陸羯南研究会、後援・弘前市教育委員会、弘前商工会議所、公益財団法人陽明文庫、東奥日報社）
〈報告〉
池田維（霞山会理事長）「東亜同文会から霞山会へ継承されたアジア観」
伴武澄（萬晩報主宰）「孫文と津軽の山田兄弟」
高木宏治（陸羯南研究会）「近衛篤麿・津軽英麿兄弟と陸羯南」

嵯峨隆（静岡県立大学名誉教授）「戴季陶の弘前講演をめぐって」
松田修一（東奥日報社特別解説委員）「青森県と近衞篤麿」
〈コメント〉
栗田尚弥（國學院大學講師）「東北の風土と明治アジア主義」
〈総括〉
阿部純一（霞山会常任理事・研究主幹）

「人物からたどる近代日中関係史」（二〇一八年一〇月一九日、会場・霞山会館、後援・公益財団法人陽明文庫、愛知大学東亜同文書院大学記念センター、国書刊行会）
〈報告〉
山田辰雄（慶應義塾大学名誉教授）『近代中国人名辞典』の修訂と人物研究」
嵯峨隆（静岡県立大学名誉教授）「根津一の興亜思想について」
栗田尚弥（國學院大學講師）「〈興亜〉と〈文明〉――近衞篤麿を中心に」
小山三郎（元杏林大学教授）「魯迅――作家人生のなかの日本」
劉傑（早稲田大学教授）「中国通外交官と一九三〇年代の日中関係――石射猪太郎をめぐる人々」
家近亮子（敬愛大学教授）「西安事件再考――蔣介石に対する評価と日本の対応」
〈総括〉
阿部純一（霞山会常任理事・研究主幹）

以上のシンポジウムについて付言すれば、最初の二回は霞山会の前身である東亜同文会の創設者・近衞篤麿とその周辺の人物、そしてアジア連帯の思想をめぐる報告が中心となっていた。そこでは、初期アジア主義が今なお検討されるべきテーマであることが確認された。第三回は開催地の地域性を考えてテーマを設定したが、地域史とアジアとの接点をめぐって一般参加者を交えて興味深い意見の交換がなされた。第四回がそれ以前に比べて広いテーマとなっているのは、一九九五年に霞山会から刊行された『近代中国人名辞典』が、この年に二三年ぶりに修訂版〈国書刊行会より発売〉を出版したことに合わせ、日中関係をより広い視点で考えてみようとしたためである。

本書出版の企画が本格化したのは昨年六月のことであった。一〇月のシンポジウムでの報告予定者には、本書のための原稿を別途提出していただくことをお願いしていた。それ以外の新たな執筆者は、編集委員それぞれの人脈をたどって人選を進めた。その結果、台湾の研究者からも寄稿いただけるなど、多彩な執筆者を揃えることができた。なお、数回にわたる編集会議は霞山会の会議室を利用させていただき、原稿の取りまとめと諸連絡に当たっては、同会文化事業部のみなさんの手を煩わせた。ここに厚く感謝の意を表したい。また、編集の労を取って頂いた朝浩之氏、国書刊行会の永島成郎氏にも大変お世話になった。併せて感謝申し上げる次第である。

二〇一九年五月一〇日

池田　維
嵯峨　隆
小山三郎
栗田尚弥

人名索引

＊第一部〜第三部の本文を対象とする。

[さ行]

[た行]

[な行]

[は行]

[ま行]

[や行]

[ら行]

[わ行]

図版出典一覧

35頁　近衛篤麿
［写真提供］一般財団法人霞山会

52頁　根津一
［出典］東亜同文書院滬友同窓会編『山洲根津先生伝』、根津先生伝記編纂部、1930年

78頁　近衛文麿
［出典］https://ja.wikipedia.org/wiki/近衛文麿

104頁　魯迅
［出典］https://ja.wikipedia.org/wiki/魯迅

136頁　蔣介石
［出典］https://ja.wikipedia.org/wiki/蔣介石

166頁　汪精衛
［出典］「お人好しの情熱政治家——汪精衛の素描」『国際写真新聞』第98号

200頁　加藤高明
［出典］伊藤正徳編『加藤高明』上巻、加藤伯伝記編纂委員会、1929年

226頁　藤根吉春
［出典］『台湾農事報』第19号（1908年７月）

256頁　中川小十郎
［写真提供］学校法人立命館

274頁　石射猪太郎
［出典］https://ja.wikipedia.org/wiki/石射猪太郎

関 智英（せき・ともひで）
1977年生まれ。東京大学大学院人文社会系研究科博士課程単位取得退学／博士（文学）。現在、公益財団法人東洋文庫奨励研究員・明治大学他兼任講師。
［主要著書］
『文革――南京大学14人の証言』（共編著訳）、築地書館、2009年
『『順天時報』社論・論説目録』（共編）、東洋文庫、2017年
「公議所・集議院の設立と「公議」思想」（明治維新史学会編『維新政権の創設』〈講座明治維新 3〉、有志舎、2011年）
「満鉄付属地行政権の法的性格」（浅野豊美・松田利彦編『植民地帝国日本の法的展開』、信山社出版、2004年）

櫻井良樹（さくらい・りょうじゅ）
1957年生まれ。上智大学大学院文学研究科博士課程単位取得退学／博士（史学）。現在、麗澤大学外国語学部教授。
［主要著書］
『国際化時代「大正日本」』〈日本近代の歴史 4〉、吉川弘文館、2017年
『華北駐屯日本軍――義和団から盧溝橋への道』〈岩波現代全書〉、岩波書店、2015年
『加藤高明――主義主張を枉ぐるな』〈ミネルヴァ日本評伝選〉、ミネルヴァ書房、2013年

呉 文星（ご・ぶんせい）
1948年生まれ。国立台湾師範大学歴史研究所文学博士。台湾師範大学歴史学系名誉教授。
［主要著書］
『日拠時期台湾師範教育研究』〈台湾師範大学歴史研究所専刊8〉、台北：台湾師範大学歴史研究所、1983年
『日拠時期在台「華僑」研究』、台北：学生書局、1991年
『日治時期台湾的社会領導階層』、台北：五南図書出版公司、2008年

山崎有恒（やまざき・ゆうこう）
1964年生まれ。東京大学大学院人文科学研究科日本史学専攻博士課程単位取得退学。現在、立命館大学文学部教授。
［主要著書・論文］
『西園寺公望関係文書』（共編著）、松香堂書店、2012年

劉 傑（りゅう・けつ）
1962年生まれ。東京大学大学院人文科学研究科博士課程修了／博士（文学）。現在、早稲田大学社会科学総合学術院教授。
［主要著書］
『日中戦争下の外交』、吉川弘文館、1995年
『中国人の歴史観』、文藝春秋、1999年
『中国の強国構想』、筑摩書房、2013年

［翻訳］

末武美佐（すえたけ・みさ）
現在、国立台湾師範大学文学院歴史学系博士候補人。
［主要論文］
「産業奨励的試行：1899年台南県農産物品評会」（『台湾文献』68：4、台湾文献館、2017年）
「日治初期台湾家畜疫病預防政策之試行――以海港獣類検疫為中心（1896-1911）」（『台湾師大歴史学報』62、2019年、掲載予定）

執筆者略歴

［編著］

池田 維（いけだ・ただし）
1939年生まれ。東京大学法学部卒業後、外務省に入省。アジア局長、官房長、オランダ特命全権大使、ブラジル特命全権大使を歴任。現在、一般財団法人霞山会理事長。
［主要著書］
『カンボジア和平への道』、都市出版、1996年
『日本・台湾・中国——築けるか新たな構図』、産経新聞出版、2010年
『激動のアジア外交とともに——外交官の証言』、中央公論新社、2016年

嵯峨 隆（さが・たかし）
1952年生まれ。慶應義塾大学大学院法学研究科政治学専攻博士課程単位取得退学／博士（法学）。静岡県立大学名誉教授。
［主要著書］
『近代中国アナキズムの研究』、研文出版、1994年
『戴季陶の対日観と中国革命』、東方書店、2003年
『アジア主義と近代日中の思想的交錯』、慶應義塾大学出版会、2016年

小山三郎（こやま・さぶろう）
1952年生まれ。慶應義塾大学大学院法学研究科政治学専攻博士課程単位取得退学／博士（法学）。
［主要著書］
『魯迅　海外の中国人研究者が語る人間像』（監修）、明石書店、2011年
『魯迅』〈人と思想195〉、清水書院、2018年
『近現代中国人作家の政治』、晃洋書房、2016年

栗田尚弥（くりた・ひさや）
1954年生まれ。明治大学大学院政治経済学研究科博士後期課程満期退学。現在、國學院大學文学部講師。
［主要著書］
『上海東亜同文書院』、新人物往来社、1993年
『地域と占領』（編著）、日本経済評論社、2007年
『米軍基地と神奈川』（編著）、有隣堂、2011年

［執筆］ ※掲載順

高村聰史（たかむら・さとし）
1964年生まれ。國學院大學大学院文学研究科博士後期課程満期退学。現在、世田谷区史調査員、國學院大學文学部兼任講師。
［主要論文］
「軍港都市の中の陸軍——要塞砲兵連隊と旧豊島村」（『市史研究横須賀』15号、2016年）
「占領軍への労務提供と米海軍艦船修理廠（SRF）の創設——横須賀海軍工廠の解体と旧工廠技術者の行方」（上山和雄編『軍港都市史研究Ⅳ』、清文堂出版、2017年）
「横須賀の軍港化と地域住民——軍港市民の『完成』」（荒川章二編『軍都としての帝都——関東』〈地域の中の軍隊２〉、吉川弘文館、2015年）

家近亮子（いえちか・りょうこ）
慶應義塾大学大学院法学研究科政治学専攻博士課程単位取得退学／博士（法学）。現在、敬愛大学国際学部教授。
［主要著書］
『蔣介石と南京国民政府』、慶應義塾大学出版会、2002年
『蔣介石の外交戦略と日中戦争』、岩波書店、2012年
『現代東アジアの政治と社会』、放送大学教育振興会、2019年

人物《じんぶつ》からたどる近代日中関係史《きんだいにっちゅうかんけいし》

二〇一九年五月三〇日初版第一刷印刷
二〇一九年六月一〇日初版第一刷発行

編著者　池田　維　嵯峨　隆　小山三郎　栗田尚弥

発行者　佐藤今朝夫
発行所　株式会社国書刊行会
〒一七四-〇〇五六
東京都板橋区志村一-一三-一五
電話〇三-五九七〇-七四二一
ファクシミリ〇三-五九七〇-七四二七
URL：http://www.kokusho.co.jp
E-mail：sales@kokusho.co.jp

編集協力　朝　浩之
装丁者　長井究衡
印刷所　創栄図書印刷株式会社
製本所　株式会社ブックアート

ISBN 978-4-336-06369-4 C0021